U0920461

我们的语文课

王丽 主编

上海教育出版社
SHANGHAI EDUCATIONAL
PUBLISHING HOUSE

目录

Contents

再版序言

Reprint Preface

眼下，我生长的江南正是“芳草鲜美”“杂花生树”“群莺乱飞”的时节。眼前的美景让这些借由中小学语文课本进入我们记忆的词语，又一次被激活。

就在这样一个季节，由我主编并于2002年出版的《我们怎样学语文》，改名为《我们的语文课》，又一次再版。作为此书的编者，这已经是我第三次作序了。此书曾于2007年由一家大学出版社再版，改名为《名家谈语文学习》，当时已有5位作者辞世。而这一回，距离第一次出版已过去了16年，书中的71位作者，已有29位不在人世了。其中最年长者是出生于1911年的北京师范大学历史系教授何兹全先生，最年轻者是出生于1960年的《求是》杂志原副总编朱铁志先生。看着目录中这一长行已逝作者的名字，想起当年他们的慷慨赐稿和那一张张亲切诚挚的面容，心中怎能不怃然！不过，转念一想：他们的情感、思想、经历，经由他们的文字，得以长留人间，惠及后世。念及此，又不能不悲欣交集。

这次再版，增加了一篇洪水平先生的《我的少年阅读经历》。另外，在目录编排上，重新按照作者的出生年份进行排序，从1910年始，到1969年止，以10年为一段，60年共分六辑。每辑前面，均加了辑封文字，简要说明其时代背景和语文课特点，以反映百年间中国语文教育演变之历史轨迹，同时与每辑中的文章相呼应，即相当于“文史互证”，以帮助读者更好地了解和把握。

本书71位作者中，出生于20世纪20年代与30年代的居多，共计51位，占总人数的一多半。这些作者均于民国时期完成中小学教育。我因为这本书的约稿，有幸与他们相识，得以亲炙他们的风仪。他们以深情、温暖的笔触，追忆个人早年母语教育的经历，勾勒出在新旧交替时期中国母语教育的生动图景，留下一代人的集体记忆。从某种意义上说，他们也是民国教育的最后一批亲历者。因此，他们写下的这些“命题作文”（他们当年这样戏称我的约稿），为后世的人们提供了一份弥足珍贵的历史见证。

而在我看来，这本书还有一层价值。一些西方学者认为，中国人是缺乏信仰的。但在中国人的心目中，“天、地、君、亲、师”即是信仰。“师”是与“天、地、君、亲”并提的。中国人的“一日为师，终身为父”，深深植根于传统中。在西方文化中，差不多只有牧师可以相比。这本书中的不少文章，作者在写自己亲历的母语教育的同时，也塑造了国文教师的群像。他们的音容笑貌、学识修养、风骨情操，透过学生的追忆跃然纸上，感染着我们，令我们肃然起敬，也让我们更深切地理解“师”在中国文化中的意义。

值得注意的是，在本书的一些篇目中，也有作者对自己语文学习的反思。曾任中共中央宣传部新闻局局长的钟沛璋先生说：“至今回想起来，我深深地感到内疚。对我这样一个终生从事文字工作的人来说，缺乏国学基础，缺乏对我国传统文化的深刻理解，缺乏对我国精练的语言文字的认识，已成为我这一生难以弥补的缺憾。”而著作等身的冯其庸先生则感叹：“如果能给我加一倍年寿的话，我一定从现在开始从头学起，以前学的，实在太少太浅了！我感到中国的学问实在太深太广了，如果真的让我再从头学起的话，现在我可能知道该如何学习了！”那时冯先生已经77岁了。其情其言，怎不令我后辈羞赧！

当年编此书时，21世纪中国基础教育课程改革刚刚启动，很多作者对当时的语文教育现状表达了深切的忧虑。16年过去了，在社会各界持续不断的努力下——其中包括一批批先后参与语文课程改革的学者、教师，中国语文教育已开始慢慢步入“正道”。“潮平两岸阔，风正一帆悬。”继承传统，开放创新，已然成为全社会的共识。中华优秀传统文化正在通过中小学语文课本，成为哺育下一代成长的精神养料。这也是当年许多作者的殷切希望。在这样一个时刻，重新出版这本书，无疑有新的意义。而作为此书的编者，当我重读这一篇篇温热的、发自肺腑的、至情至性的文字时，还是时不时地眼睛湿润。再次向当年应约赐稿的作者致谢，并借用出生于1895年，参加过“五四”运动的教育家王森然先生的话来做结。

> 人们承受古代文化而发展为现代文化，又将现代文化传达后代，便是社会生命的寄托。未来社会之创进，正赖于人们现在的努力。所有新人生的启示与指导，理想世界的显现，非有语文之传达，何由表布？故知社会生命的永久与否，全基于此。

王丽

2018年3月26日于浙江省乐清市

第一辑
（1910 — 1919 年生）

1910 — 1919 年出生的作者，上中小学大约是在20世纪20年代。

■ 时代背景

20世纪初清政府的教育改革措施（制定新学制和废除科举制度），促进了新式学堂在全国大规模的兴起。1920年，北洋政府教育部训令全国各国民学校先将一、二年级的国文课文改为语体文（白话文），并规定至1922年止，凡旧时所编的文言文教科书一律废止，改用语体文教科书。1922年11月，北洋政府颁布了《学校系统改革案》（壬戌学制），开始推行小学六年、初中三年、高中三年、大学四至六年的新学制。1929年8月，国民政府教育部颁布了《中小学课程暂行标准》。

■ 语文课特点

私塾和新式学校同时存在。私塾的先生或学校的老师多是饱学之士，其中不乏前清的举人或秀才，教学时大多强调背诵。本辑中的多数作者都是先上几年私塾，再转入新式学校学习的。白话文进入教材后，新的教学法也随之问世。这个时期比较有影响的是浙江省立第一师范学校的教育改革试验，语文教育家陈启天提出的“因文而异”的程序教学法，以及源于美国的设计教学法和道尔顿制教学实验。

香谷老师的教诲

/ 何兹全

何兹全　1911 年生，山东省菏泽市人。1950 年从美国回国，后在北京师范大学历史系任教，先后任副教授、教授，兼任魏晋南北朝史研究室主任。主要研究领域是中国社会史（隋唐以前）、汉唐寺院经济和汉唐兵制。代表作有《中国古代社会》《中国文化六讲》等。

我幼年时，我的家乡（山东菏泽）有两位教育家，当时在全省都是有名的，一位是山东省立第六中学的校监葛像一老师，一位是南华学校校长曹兰亭 —— 香谷老师。两所学校，都在菏泽城里。我高小（小学五、六年级）是在南华学校读的，中学是在第六中学读的，两位老师都教过我，都是我的老师。我现在想说说香谷老师。

菏泽当时交通不便，比较闭塞、落后，但香谷老师却能接受新思想，有浓厚的爱国、民主思想。1925 年，孙中山先生逝世。菏泽举行了隆重的悼念活动，追悼会就是在南华学校大礼堂前的大操场上举行的。香谷老师是主要组织者。这之后，好几位南华学校的毕业生跑到广州参加了黄埔军校。他们后来有的加入了国民党，有的加入了共产党。

高小学生大都住校，不住校的也很早就到校。大冬天，天不亮，香谷老师就吹哨子把我们叫起来，跟着他在校园里跑步。我们一面跑一面睡，你撞我、我碰你。路两旁挖了些植树的小坑，我们一不小心就会摔到土坑里去，摔得又哭又笑。

跑完步，天已大亮，香谷老师就把我们召集在大礼堂前。他在礼堂外的明柱上面挂了个小黑板，上面写着一句句、一段段古圣先贤的话，有孔子的、孟子的、文天祥的，等等。香谷老师一句一句地给我们讲解，还连带着讲人、讲事、讲历史，并要求我们背诵。所谓“教书育人”，更重要的是育人，是品德教育。有才无德，才越高，对社会危害越大。香谷老师是能教书育人的。香谷老师每天跟我们讲的话，对我一生做人、做事都有很大影响。下面举几句话做例子。

①己欲立而立人，己欲达而达人。己所不欲，勿施于人。

②请看风急天寒夜，谁是当门定脚人。

③是非审之于己，毁誉听之于人，得失安之于数。

第一句“己欲立而立人，己欲达而达人”，说的是一种积极的友爱互助精神。这种高尚的团结互助的精神，今天还是需要的。同样，“己所不欲，勿施于人”，也是一种推己及人的宽恕精神。

第二句“请看风急天寒夜，谁是当门定脚人”，说的是在困难、危险面前，要站得住，不动摇，不低头。这种精神，每个人都应该有。

第三句“是非审之于己，毁誉听之于人，得失安之于数”，说的是事情来了，应该怎么办，要自己拿主意、做决定。拿主意、做决定之前，先要慎重考虑，深思熟虑，此之谓“审”。别人说好说坏，由他去说，不要动摇。我们今天要略做补充的是：别人的意见，要考虑；好的意见，要尽可能吸收。但“是非审之于己，毁誉听之于人”这句话的精神，是说遇事要自己认真考虑，拿出主意、决断，不要遇事犹豫不决，听了别人的意见就动摇。“得失安之于数”，则有点听天由命的意味，“数”有点“命定”的味道。我想不要这样来理解。“安之于数”，也可以理解为安之于客观实际，不要强求，更不要用不正当的手段来强争。如此理解，“是非审之于己，毁誉听之于人，得失安之于数”，还是可取的做事之道。

小学生理解力不高。听香谷老师给我们讲解古圣先贤的这些话时，理解不深，有的甚至不理解。在漫长的人生道路上，遇到坎坷，遇到陷阱，遇到不幸，才慢慢对老师的教诲有了体会、理解，对老师的怀念也随年龄的增长、随岁月的变迁而加深。

香谷老师是我永远怀念的一位老师。

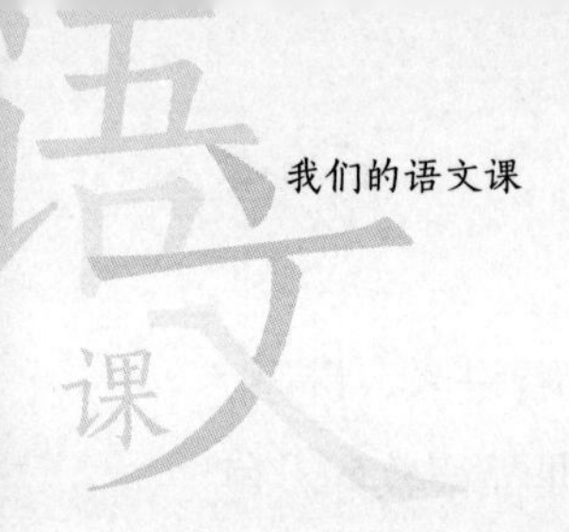

有恒斋求学记

/ 程千帆

程千帆　1913 年生，湖南省宁乡市人。南京大学中文系教授，古典文学专家，尤精于唐宋诗词，曾培养出中国第一届古典文学博士。主要著作有《史通笺记》《文学发凡》《古诗考索》《闲堂文薮》《文论十笺》《被开拓的诗世界》（与人合著）等。

1928 年秋天，我由于一个偶然的机会，从在私塾学习改读新式学校，从汉口来到南京，成为金陵大学附属中学初中三年级的一名插班生。此后，便一直接受现代教育直到 1936 年大学毕业。

在到南京之前，我的知识主要来自私塾，并以从 1925 年到 1928 年这几年所得为多。我当时的老师是堂伯父君硕先生。他名士经，号苞轩，是叔祖子大先生的长子。他自幼才华出众，十多岁时便出版了第一部文集《曼殊沙馆初集》。但那也是他唯一的文学结集。和那时多数文士一样，他的才华被困厄的生活压折了。

君硕先生那时流寓汉口，在家中办了一个名为“有恒斋”的私塾，招收了十名左右十二三岁到二十岁的青少年，教读自给。20 世纪 20 年代，即使在像汉口这样的大城市，新式学校还是不多的，能够出钱送子弟进这类学校的人家也不多，所以私塾也还不少。这个私塾就设在他的家里，先在汉口模范区蔼吉里，后在特二区三教街。

有恒斋的主要特点是档次高。按照君硕先生的设想，他几乎要把传统士大夫应当具备的文化知识都教给我们，所以学习是艰苦而繁重的。

在这段时间里，我们学过的主要经典著作有《论语》《孟子》《诗经》《左传》《礼记》《昭明文选》《古文辞类纂》《经史百家杂钞》《资治通鉴》，其中除《礼记》《昭明文选》外，都是通读的。课程中没有其他私塾里常念的《古文观止》《唐诗三百首》，是因君硕先生认为这类书是不知义法的俗学，而《龙文鞭影》《幼学琼林》等书亦不在其列，就更不足为怪了。

君硕先生授课时常常是文辞义理并重，所以选授《礼记》时，《曲礼》《少仪》《内则》以及有关丧服诸篇说得颇详，尤其重视《礼运》《大学》《中庸》。这对我一辈子做人，起了一定的作用。

君硕先生虽然生活很贫困，但仍有些藏书。他常常指点我们在正课之外读些书。我从《日知录》初识考据门径，从《近思录》《呻吟语》初识理学面目，从《小仓山房尺牍》略知应酬文字写法。

注意写作训练是有恒斋的另一特点（当然全是用文言文）。我们每天一定要写日记，记下自己的日常生活、读书心得。这既练习了文笔，又锻炼了恒心，当然是十分有益的。记得这些日记我在大学时还保存着，我还将有关《礼记》的一部分整理出来发表过。汪辟疆老师看到了，曾夸奖说："今天的学生肯治经的不多了。"我可没有敢对老师说，这是从读私塾时的日记中摘抄的。那时我的兴趣已经不在经学了。

除了日记之外，每周还要写一篇作文，这可是正儿八经的。君硕先生改得可仔细了，差的墨杠，好的圆圈，赏罚分明，我们也就不敢随随便便。记得我在一篇游记中写下了"隔江灯火，下垅牛羊"之句，又云："烟波荡我心胸，晨昏异其观感"。他老人家看后高兴地说："也难为你了。"

写字也是每天必做的功课，这包含两个要求。一个是正确，即不准写错字、别字（包括碑帖上的异体）。这颇与今天要求的汉字规范化相同。另一个是优美，即要把字写得好看，这就要读帖和临帖。我常用的帖：小字是《洛神赋》《灵飞经》，大字隶书是《张迁碑》《曹全碑》，楷书是颜真卿的《颜氏家庙碑》《颜勤礼碑》，褚遂良的《倪宽赞》《大唐三藏圣教序》，欧阳询的《九成宫醴泉铭》等，但没有学过篆书和草书。总之，能知能行，写作俱佳，都包括在君硕先生的教学目的之内。

说实在的，当日读那些书，许多地方没有懂，其中部分至今茫然。但懂了的，逐渐成为我知识结构的一部分。用现在的话来说，就是在国学上打了一些底子了，在吸收和表现能力两个方面也有了一点基础。

上高中时，我遇到一位极好的化学教师，宁波的王实铭先生。在他的循循善诱之下，我对化学兴趣大增，成绩也极好。因此，我升入金陵大学时，准备读化学系。但当我去注册交费时，发现竟然要付一百多块钱。我父亲当时失业，无力负担，于是我遍查各系交费情况，发现中文系的学费只要化学系的一半，我就进了中文系而走上了一条完全不同的道路。这也似乎有些偶然。人生道路是被偶然所决定的呢，还是有其必然性？对此，我感到迷惘。我不知道“偶然性只是在诸多必然的交叉点上出现”的说法，是否能说明这个令人迷惘的问题。总之，我没有机会当戴安邦等老师的学生，却做了黄侃、吴梅诸位老师的学生，我对祖国做出的一点点贡献也仅仅限于对祖国古代文化、文学的研究方面。但我还是这样设想，如果我当初成了戴老师的学生，也会在配位化学方面努力做出成绩来，不会当戴老师不争气的门徒。

师恩似海

/ 冯英子

冯英子　1915 年生，江苏省昆山市人。曾为《新民晚报》副总编辑，写有新闻、通讯、评论、杂文超过 2000 万字。著有《苏杭散记》《长江行》《移山集》《我所走过的道路》等。

我六岁的那一年，父亲说要送我去上学。

过了清明节，有一天父亲拿了一只板凳，把我送到离家很远的学校里去。

学校在东门大街一家店铺的后面，以一间客厅作为教室，约莫有七八个学生。老师三十多岁，头戴绍兴人常戴的那种毡帽，身穿一套淡灰色的布衣，腰间还系了一条昆山人流行的“作裙”，很像一位工人师傅。父亲命我向老师叩头，老师命我向挂在墙上的孔子画像叩头。我向老师及孔子画像叩过头后，老师叫父亲把板凳放在一张条桌的边上，作为我的座位。

父亲走后，老师把我叫到他坐的八仙桌前，拿出用红纸写好的“天、地、日、月”四个字，开始教我认字。他教了我这四个字的读音，叫我记住，让我连续读几十遍，第二天要背给他听，他再教我新字。

大概我这个人很有一点天分，不用多少时间，我就把这四个字读熟，而且背诵如流了。第二天老师又教了我四个新字。那一年从清明节到年底，我一共学了三百多个方块字，以及《三字经》《千字文》《百家姓》《神童诗》等几本书。到年底时，我已经在读“大学之道，在明明德”了。可惜一过年，我就随母亲离开昆山了。

我始终不知道这位老师姓什么，大家叫他“铁匠阿松”，我也不明白这四个字的来由。他对我和蔼可亲，在将近一年的时间里，他的那支“戒尺”从未碰到过我。那时因为我家距学校远，每逢下雨天，他总是给我几枚铜币，要我去吃一碗阳春面，不要回家吃饭了。碰到这种日子，他还常常留我在他家中吃饭。“阿雪，今天不要吃阳春面了，在我这里吃吧！”我小时名叫雪泉，家里人叫我“阿雪”，老师也叫我“阿雪”。“阿雪”“阿雪”，此音几十年不闻矣，思之凄然。

20世纪80年代，我重回昆山，对这位启蒙老师思之如醉，但遍问城东父老，咸不知其人，而昆山市区在改造之后，书院旧貌亦不复可识矣。

母亲把我从昆山带到了纪王庙，我在纪王庙小学从“人、手、足、刀、尺”开始学起。纪王庙小学大概是一所乡村小学，有4个年级，我上的是一年级。学校有一位校长姓陈。为什么我知道他姓陈呢？因为他同我家打过直接的交道。大概我读了没有多久，母亲说因为交不起学费，叫我不要去上学了。校长就到我家里来找我母亲，说这个孩子不上学太可惜了，他们可以不收学费，这样我才继续上了学的。

那年秋天，学校里要开一次全校运动会。学校对学生的要求是，每个学生都要穿一件用一种蚂蚁布做的罩衫。蚂蚁布是当地出产的一种土布，售价非常低廉，可是我母亲就是没能力为我缝制这件罩衫，我哭了两天也没有用，只好不去参加全校运动会。

放寒假时，我考了全校的第三名，考在我前面的是两位各比我大五六岁的女同学。我因没得到全校第一，回家大哭了一场。

我在纪王庙小学读了一年书，第二年，母亲把我带到了吴江的同里镇。同里镇上有好几所小学，最出名的是同川小学。同川小学的校长金石遗先生，是当时江南的名士。我去的二铭小学是一所私立的六年制小学，校长费质夫先生在前清时是一个秀才，这所小学是他一个人独立创办的。

费校长当时五十多岁，头发也有白的了。他最喜欢学生，课余时间常常和学生们在一起，有时还会摸出一包橘红糕来，这个学生一颗，那个学生一颗，学生们围在他的身边，替他拔掉白发，师生之间，其乐融融。

费校长自己担任高年级的国文课老师，他上课的时候，常给我们讲书上的故事，《三国演义》《海公大红袍全传》等都是他的教材。到四年级的时候，他教我们读两本古书，一本叫《幼学琼林》，一本叫《古文观止》。费校长读一句，我们也跟着读一句。《幼学琼林》上讲的“气之轻清上浮者为天，气之重浊下凝者为地”，这种自然观当然是不科学的，但是这本书在社会、历史、伦理道德方面，却收入了不少我们在教科书中接触不到的典故。教授《古文观止》时，费先生在台上高声朗读，我们学生都听得津津有味。其中我特别喜欢李陵的《答苏武书》、诸葛亮的《出师表》、李密的《陈情表》、王勃的《滕王阁序》、韩愈的《祭十二郎文》以及苏东坡的《赤壁赋》，等等。这些书，当时读的时候，根本不知道有什么用处，后来做了新闻记者，靠爬格子生活，才知道儿时无意中得来的学问，对我实在是影响太大了。

我在同里镇的二铭小学读到五年级就出外做学徒谋生了。1932 年被报社吸收，先是做外勤记者，后来做编辑，写言论，手不释卷，边学边做，已经经过了将近 70 年的风风雨雨。这中间，虽说先后写过 2000 万字以上的文章，从 1940 年到 1953 年间，先后做过 10 家报纸的总编辑，“文革”后结集出版了 20 本书，但实际上我是没有学历的。当然，我不能不感激我的几位启蒙老师。如果没有他们为我打下基础，如果没有他们为我打开文学的大门，我能进入文学的殿堂吗？今天，我已经是一位老人了，回想起这些老师的音容笑貌，依然是老泪纵横。师恩似海，受益不尽！

语文第一课

/ 周汝昌

周汝昌　1918年生于天津市。中国艺术研究院研究员，历任全国政协五、六、七、八届委员。代表作《红楼梦新证》影响深远，另著有《曹雪芹新传》《红楼梦与中华文化》《红楼艺术》等十几部红学专著，编有《杨万里选集》《范成大诗选》等学术著作。

语文水平可以说是衡量一个人的“第一标准”。语文教材及语文教学的重要性不待烦言而自明。今日我想谈谈自己的一些感受、感想。

我到1954年才离开学校，这之前包括了从小当学生和后来做教师的日子。自1918年我降生人世至离校，对语文的学习、研究和讲授有36年之久。在各级学校中所读、所学的课程，可谓五花八门、种种名色，但若问我最喜爱哪一门功课，我将毫不迟疑地敬答两个字：语文。

一提“语文”，思绪就纷纷然，不易一下子理清、讲明了。这是为何？是因为由“语文”而引申的“问题”太多了。

我刚上小学时，没有“语文”这名目，这是现今的词语，那时叫“国文”——好像一度又改称“国语”。

为什么弃“国”字而不用？大约是受外来文化的影响，以为应当“国际化”吧。但我因从小对它产生了感情的缘故，至今仍喜欢这么说，意思是：我们中华民族的文字、文章。这有什么不好？今日的体育界不是还有“国脚”“国手”吗？“国”岂能置而不论？

且说我一入小学，读的就是“国文”。那时还没有统一规定的课本，上海著名的大书局，都自编、自印“教材”，学校有采用选择权。记得让我受益最多的是世界书局的课本。我出生时，已是“五四运动”的年代了——所以不能把我看成是“古旧派”时代的人物。“白话”逐步占了上风，可是要被“打倒”的“文言”还有一定的地位。我们这一辈人，注定了要带着这种奇特的“文化矛盾”生存、成长，并被这种“矛盾”拨弄得十分烦恼苦闷。这话年轻一代人就不大容易理解体会了，也非三言两语能向他们“说明白”的。

我父亲是清朝光绪年间末科（最后一次科考）的秀才，熟悉“四书五经”，不懂新鲜的白话文，但对我们的新式教育却不加干涉，很民主。等我长到九岁（虚岁），他就让我上学了（此前是学认“字号”，即方块纸印好的“看图识字”）。一入学，第一课的“课文”是“人”“刀”“尺”三个大字。这教材有意义吗？你可以“破译”说：从小开始自知为“人”，人为万物之灵嘛！人能使刀，会制工具呀——切菜剁肉，自卫杀敌……又会用尺，能计量了，就一步步走近科学了……这只能是玩笑。不管怎么研究，那“人、刀、尺”除了笔画最少，实在太没意思了。小孩子的感受是：人、刀、尺、马、牛、羊……这还不如在家里认“字号”有趣呢！——有“批评”的声音潜伏于幼小的心中。

大约第二阶段的课文是“大公鸡，喔喔啼”一类了。这进步倒有“文理”“句意”可寻了，有的还多少带点“文学性”，学起来更高兴些，但心里也有疑问：从小听母亲、妈妈（保姆）讲故事，大公鸡也时常出场，无一例外地是“咕咕根儿——大天亮！”那声音离“喔喔”很远，我也没听公鸡这么叫过。老师（那时概称先生）还教给读音：喔念“窝”，不念“屋”（其实这只是入声字在北方语音里的“分化”）。反正我们家乡的鸡不会“喔喔”地“打鸣儿”（我们也从来不说“鸡啼”！）——心中有许多想不通。

要我回忆小学的语文教学情况，只限于此——这并非只因年代久远记忆消失之故，真正的原因是这种课本不大懂得学童的智力发展特点和语文学科的发展要求，只从成人的“想当然”出发而把这一最重要的奠基教育弄得那么简单乏味——所以那段课堂教学没有给我留下任何值得说起的印象。不客气地说，那是一种失败的做法。就拿“笔画数量”这一简单标准来说，专家们似乎不曾意识到：小孩子对待汉字的学习兴趣与掌握程度，一点也不取决于一个字的笔画数。实际上，他们对“人、刀、尺”的兴趣远远不如那些笔画多的字，而且学写的速度与优劣也与笔画数成正比。事实上，笔画越少的汉字越难写好，小孩子写起来时常很难看。“高”“喜”等字总比“刀”“尺”写来有趣又好看。

记得一入高小，换用了世界书局的国文课本，效果立显不同了。课本所选的历代短篇名作，都是“文言”的了，从《苛政猛于虎》到《岳阳楼记》，从《秋声赋》到《病梅馆记》，体制风格，文采情操，极为丰富美好，没有单一感（千篇一律的文风气味、语式口吻等），没有明显的说教性，篇篇打动心弦，引人入胜。学童们一拿起这种新课本，就面露惊奇色，也有喜色。他们并没有喊“这可太难了”，也绝没有“奈何”之叹，更不见愁眉苦脸之态。这是令人深思的。

很奇怪：从小学读的“白话文”，现在一字背不出；而那些“文言”名篇杰作，总难忘却——至少还能背出其中的若干警句。这或许是我自己的“天性”和“偏好”吧。我不敢妄断。此疑留待专家解说。

以上是幼时做学童的感受和思绪，略述如此。以下不妨从当教师的立足点再来说几句。我在燕京大学中文系研究院（当时的名称）做研究生时就充当过西语系翻译课“特邀教员”；本科毕业论文的内容是英译晋代陆机的《文赋》，研究生毕业论文是《宋词曲中的特用词语之研究解释》；毕业后我到两所大学教翻译课，一直没离开“语文”二字。我是一个语文迷，或者说是汉字迷。我的教学效果不错，很受学生欢迎。揆其由，最重要的有两条。

第一，我有较好的语文根底和较广泛、较丰富的语文知识，尤其是能够深透地理解、运用汉字（能够说明音、义、字词组联的常见方式与特例、奇例……），能够揭示选词铸句的识解与功夫。学生们特别喜欢我就一个字、一个词列举出古今例句，比较品评，分析鉴赏……这样既有趣味，又可大开眼界与“脑界”。他们从未见过如此教学法，因此十分兴奋，积极性高涨，进步大大提速。

第二，我的口号是：教学不是一门职业、职务，也不是办事、办公。教学是一门“艺术”。

教学是“艺术”吗？是的。要会教，而不是会“表演”；是了解学生，尊重学生，用各种适宜有效的方式来调动学生的求知欲、学习主动性，提高他们的接受力，而不是“教训”“灌输”什么教条和现成的死知识。这样，语文课就不再“没意思”了。

在我心中，总以为我们的教学要把语文放在首位，切勿误把此事视为“非当务之急”，因为这是素质教育的根本。我很难相信一个语文不好或文笔拙劣的人能在工作和事业中做得优秀良好、有所成就。

我 1954 年离开教育岗位，对目前有关情况不太了解，只听到有些人士说问题不小，常见报道称言应不断提高改进……但毕竟弄不清问题的症结何在以及是否改进了。师资是个大关键，教学方法要研究改善。教学制度、规定不宜束缚名师的特长。教育部门应高度重视语文教学的现状与前景。语文的“细胞”是汉字。汉字规范化是一个方面，另一方面，现行简化字方案实行已有几十年，基本效果良好，但因历史条件所限也并非没有缺点，故宜进行一次针对文化教育界人士的调查，听取他们的意见，加以修正改善。到小学高年级，应逐步让学生接触繁体字。最晚到初中，应让学生培养出阅读浅易文言文的能力。这一条，从“百年大计”而观照之，是非常重要的。中华文化之弘扬与复兴光大，离开这一条就会趑趄。

我脱离现实过久，所说的一些拙见，未必切合今日之需要，只是仅供参考之意。不当之处，敬祈指正。

我是吃过亏的

/ 李普

李普　1918 年生，湖南省湘乡市人。抗日战争时期曾任重庆《新华日报》记者、编辑、专栏作者。中华人民共和国成立后曾在新华通讯社、中共中央宣传部、北京大学、中共中央中南局工作。著有《光荣归于民主》《开国前后的信息》《记者甘苦谈》《刘伯承元帅传》《洋女婿土老帽》《我们只举行过一次婚礼》（与妻沈容合著）等。

十多年前我收到过一份小朋友们编的报纸，名称记不得了。我很高兴，因为我自己念初中的时候也曾在两张日报上编过两个周刊。那是在青岛市立中学，同黄宗江一起编的。那时候我 15 岁，黄宗江 13 岁，现在他是影剧界和文艺界的一位大名人。我在高兴的同时还起过投稿的念头，不知怎么没有写。后来那份报纸不再寄给我了，没法联系，至今引以为憾。

我想写的是建议读者重视背诵，最好从小开始背诵一些东西，因为我在这方面是吃过大亏的。一则，小时候背熟了的东西一辈子记得住；二则，更重要的是，记忆力是需要培养、需要锻炼的，背诵是最好的办法。过目不忘的人确实有，那种人得天独厚，但是为数不多。

鲁迅先生说："外国的平易地讲述学术文艺的书，往往夹杂些闲话或笑谈，使文章增添活气，读者感到格外的兴趣，不易于疲倦。"我写文章也想这样，但是那种笑谈或闲话之类往往记不确切，下笔的时候用不上。这是针对举例而言。多数场合，需要用到的并不是闲话或笑谈，而是打算据以为文的很重要的内容，常因这些内容在动笔的时候记不准确也找不着了，想写的那篇文章就只好放弃。这才痛感记得住读过、听过或经历过的事多么重要，特别是记得住读过的东西多么宝贵。每逢这种时候，懊恼之情可想而知，但是已经追悔莫及了。

我不是个很笨的人。拿记忆力来说，本来也不算太坏，问题在于我不仅没有有意识地加以培养，反而以不记忆为荣，以记不得自喜。人们也许会觉得奇怪，世界上竟有这样的人吗？我写过一篇小文章——《我要埋怨三个人》，其中的一位，是我初小（小学一至四年级）时期的柳老师。请他的在天之灵宽恕我，宽恕我把责任推给他。若不抬出他老人家来，这件事说不清。这位柳老师很严厉，背不出书的要打手心，是真打，不是做做样子吓人的。他的儿子也在我们班上，他打得特别凶，但是他唯独不打我。同学们当然不平，有一天便鼓噪起来："李普也背不出，老师为什么不打他？"正当我惶惶然不知所措的时候，柳老师一脸正气，凛然说道："背书是为了写作文，李普作文好，我为什么要打他？你们要向他学。"

请读者诸君想想看，当时我多么高兴啊！后来我才知道伯乐与千里马的典故，其实那时与其说是柳老师发现了我这匹千里马，不如说是我发现了我自己。一是发现自己作文好，二是发现我背不得书不仅没有什么不好，而且背不得有理，背不得光荣之至。

今年（2002 年）我已 84 岁，回想这几十年来，在通常情况下，我可以说没有一天离开过书本，但是阅读得很不认真。随手抓过一本书来，翻得倒是挺快，几乎像个才子，不过书中究竟说了些什么，却只有隐隐约约的印象。别人是书到用时方恨少，我是读的时候根本没有装进去。顺便说一句，最近这十多二十年来，我很勤奋，很用功。要是从小就这样，我这个人也许会很了不起。现在我补课认真阅读，间或练习背诵格律诗，还是有点好处。可以说我现在每天都能享受到学到一些新知识的快乐，记忆力似乎也有所长进。所以我很高兴地说：只要想进步，永远不太迟。

有一次，我同我的一位亦师亦友的老朋友黎澍谈天，他是大历史学家、思想家，文章也写得很漂亮。我说起我的这段经历，他说，他的老师很看重背诵，叫他们背《水浒传》。说着说着他就背起来，真正如俗话所说，滚瓜烂熟。我大吃一惊，从没听说过长篇小说也是可以背诵的，难怪他中学时期的同学都佩服他记忆力好。他喜欢辩论，引经据典，张口就来，不用查书。他同钱钟书是好朋友，两位大学者探讨学问，旁征博引如探囊取物。钱钟书对人说过，他年轻的时候确实过目不忘，我想那真是天赋。至于黎澍，禀赋固然不错，小时候背诵《水浒传》之类的锻炼，对于加强他的记忆力，想必也是起了很大作用的。

旧时代的所谓读书人，必须背“四书”、背古文。在20世纪初新式学校兴起以前，青少年都只有那一门课，没有史地、数理化之类。那时候有些人学古文的方法，是把唐宋八大家的文章贴在墙上，背熟了之后天天揣摩钻研。那些文章一般都不长，每篇不过千把字或两三千字。这样精心背诵揣摩过的文章，我猜想一辈子大概也忘不了。

现在背什么好？我建议背《千家诗》，现在有新编的版本，最好从三四岁开始背。去年老友侯祥麟院士九十初度，在寿宴上他那个三岁多的重孙女背了好几首唐诗，背完一首自己先鼓掌。什么“故人西辞黄鹤楼”，什么“朝辞白帝彩云间”，她当然一点也不懂，这没关系。我的意思还是那两句话：将来懂了用处很大，更重要的是培养了记忆力。格律诗讲究平仄，又必须押韵，因此极好吟唱。孩子们背起来朗朗上口，像唱儿歌一样。那天我跟着她背，跟着她鼓掌，玩得十分痛快；同时得到了很大的启发，随后就买了好几本《千家诗》，分送给亲戚家的小孩子。

王丽女士主编这本书，我想用意是希望本书可以帮助青少年提高语文阅读和写作水平，这一点我十分赞成。写到这里，再说两句。首先是要多读课外书。接受正规的学校教育很要紧，从小学上到大学，目的是学习做一个真正的人，养成独立思考的习惯，这方面我不多说。我这里只说学知识，我认为学校主要是教授一种方法，指点门径。这意思是说，在课堂上老师讲解的内容很有限，等于一小匙一小匙地喂，虽然必不可少，但是分量很不够。所以，孩子要想成大器，必须多读课外书。拿我自己来说，很惭愧，我这一辈子除了耍耍笔杆，百无一能。而且之所以还能做做这件事，全靠课外看书。虽然从小学到中学，所有的“国文”老师都喜欢我，我也喜欢他们，但是我从课堂上学到的东西，恐怕不很多。我深深感谢的，是他们增强了我的信心。就说那位柳老师吧，我埋怨他，同时也感谢他，感谢的成分也许更多一些。

其次，讲到写作，希望人人都成作家，那是不可能的。但是写封信、写篇论文，准确和明白地表达自己的意思，却是人人都应当做到，也是能够做到的。我认为这是一个人文化水平的综合表现。我曾说过一句笑话，就像打乒乓球，不可能人人都成庄则栋，但是，打到一定的水平，是人人都能做到的。这是许多年以前的话了，那时候打乒乓球庄则栋最有名。可惜现在有些学士、硕士，连一封信也写不通顺，或者写个请假条也免不了错别字连篇，这样就太不应该了。

/ 附记 /

这篇文章写完以后我才知道，大历史学家钱穆背得出《三国演义》，这是背得出长篇小说的又一例，他全本都能背，随便你指哪一段，这对我又是一条大新闻。我是刚刚从林谷《说钱穆》一文中读到的。作者从钱穆的书《八十忆双亲》中引用了一段，照抄如下。

> 一客忽言："闻汝能背诵《三国演义》，信否？"余点首。又一客言："今夕可一试否？"余又点首。又一客言："当由我命题。"因令背诵诸葛亮舌战群儒。是夕，余以背诵兼表演。为诸葛亮，立一处；为张昭诸人，另立他处。背诵既毕，诸客竞向先父赞余，先父唯唯不答一辞。翌日之夕，杨四宝又挈余去，先父亦不禁。路过一桥，先父问："识桥字否？"余点头曰："识。"问："桥字何旁？"答曰："木字旁。"问："以木字易马字为旁，识否？"余答曰："识，乃骄字。"先父又问："骄字何义，知否？"余又点首曰："知。"先父因挽余臂，轻声问曰："汝昨夜有近此骄字否？"余闻言如震雷，俯首默不语。

引文的后半段描写了一个好父亲的形象，他深谙教子之道。林谷紧接着发了一通议论，称赞"这真是一种绝佳的启发式教育"，说得对。我在此向这位好父亲的在天之灵表示敬佩之意。虽然我不完全赞成他的见解，但是他的方法是好的。我这意思是，骄傲不好，骄傲可能使人故步自封，但是小孩子的骄傲中往往包含着自信，这自信却是很珍贵、很值得鼓励的。所以我认为，对小孩子的骄傲，我们大人不要警惕性太高。

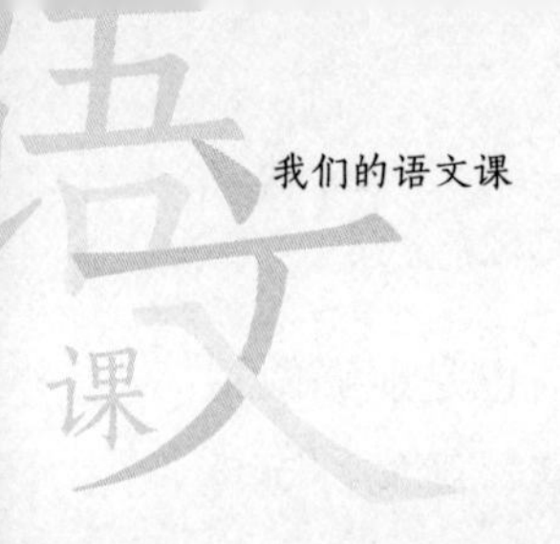

读书的回忆

/ 陈从周

陈从周　1918年生，浙江省杭州市人。著名古代园林专家。1950年后在上海圣约翰大学和同济大学讲授中国建筑史，后任同济大学教授。主要著作有《说园》《苏州园林》《中国名园》《徐志摩年谱》等。

王丽老师要我谈谈治学之道，惭愧得很，“起舞不辞无气力，爱君吹玉笛”。王丽老师的盛情我何能恳辞呢？说经过也罢，算陈述也罢，“泥上偶然留指爪，鸿飞那复计东西”。不过谈谈我将近70年的逝去年华中的读书与自学罢了。

我是5岁破蒙，读的是私塾，又名蒙馆，人数不过七八人，从早到晚就是读书、背书，中午后习字，隔三天要学造句。没有暑假、寒假、星期天，只有节日是休息的，到年终要背年书，就是将一年所读的书全部背出来方可放年学。[①] 当时的生活是枯寂的，塾师对学生的责任感是很强的，真是一丝不苟。

家庭教育也是培养孩子的一个重要环节。我8岁丧父，母亲对我这个幼子，既尽慈母爱子之心，又兼负起父责，她要我每晚灯下记账、清晨临帖练习书法，寒暑不辍。

我对老姑丈陈儒英先生是垂老难忘的。我10岁那年，妈妈将我送入一所美国人开的教会小学上学，插入三年级，但是我家几个弟兄的中文根底，却是老姑丈打下的。他是一位科举出身的老秀才。妈妈将我们几个弟兄托付给他，因此我每天放学后要读古文，星期天加一篇作文，上的是洋学堂外加半私塾。

---

① 放年学，旧时私塾在春节前放假，犹今之放寒假。——编者注

记得我幼年读的第一本书就是《千家诗》，至今每一篇都很熟悉，这是得益于当年的背诵。当时有些篇章也一知半解，但我都先背出来，等以后再理解。比如《幼学琼林》这本书，就是我在私塾中由老姑丈亲授的，书中有许多人物传略、历史、地理常识等。那时我虽然不完全懂得其中的内容，但总觉得音节很美，上口容易，我就天天背诵，长大后就豁然贯通了。想不到正是这本《幼学琼林》，对我后来研究建筑史及园林艺术起了很重要的作用，它是一本最概括的索引。要不是我孩提时代背熟了这本书，长大后检索类书就十分不方便了。

少年时的博闻强记，是增加、丰富知识的最好方法。我记得那时的旧式人家，有门联、厅堂联、书房联及匾额，写的都是名句、格言等。朝夕相对，自然成诵，有时还能了解这些文人学者的成就及身世。一处乡土有一处的历史，父老们在茶余酒后的清谈，使我得到很多乡土历史知识，有时我还结合自己的学习，做点小考证。初中时，我已能参考地方文献，写些传闻掌故之类的文章投稿，也赢得了老师的好评。当然，今日看来，这些文章是相当幼稚的。

我中学时所读的语文课本，大多是商务印书馆、中华书局等出版的教科书，所选的内容是多方面的，有古文，也有白话文。古文中有经书的片段，有唐宋八大家的文章，还有晚明小品以及诗词等；白话文有梁启超、鲁迅、胡适、陈衡哲、朱自清、徐志摩等人的作品。总之，从篇目中已能看出中国文学史的缩影。我早年一度做过浅薄的文学史研究工作，回想起来也是得益于中学语文教师的严格训练与教育。他们不但讲解课文深入透彻，而且要求学生把课文背出来，所以文学史上的一些精彩篇章全在我肚中了。例如《礼记·礼运》中的“大道之行也，天下为公”，梁启超《志未酬》中的“但有进兮不有止，言志已酬便无志”等佳句，就起了指导我怎样做人的作用。鲁迅的《阿Q正传》、朱自清的《背影》这两篇文章，使我认识到旧社会的可憎、父子之情的伟大。还有名人传记，都教育我要效法好的榜样。而那些朗朗上口的唐诗宋词，读起来比今天的流行歌曲不知要感人多少倍。那时的老师讲得透，学生背得熟，一辈子受用无穷。

我之后在大学学习，也没有废弃背书一节。考试时如果没有背的功夫，也考不了高分。今天大家学外文的劲头是大了，应该说是好现象，然而对祖国的语文，去背的人相对少一些。我曾向相关部门反映过，研究生考试应将语文作为主试内容之一。不论哪种专业，大学几年还是要读语文的，如果没有祖国文字的表达能力，亦就是说，怀才无口，终等于零。

如今电脑发展了，但不能使人脑退化。现在的电脑使用起来很方便，资料复印固然好，但中学语文教师对学生的严格要求仍不能放松。学语文，名篇不背，人脑的记忆功能不就退化了吗？读书人应尽量利用人的记忆功能，尤其是中小学生，学语文不读、不背是不行的，作文光写点体会也是不行的。

梅兰芳、马连良等表演艺术家之所以不用扩音器就能取得极佳的表演效果，正是由于他们长期勤学苦练，这是那些手握麦克风的歌星们无法比拟的。

如今，有的教师一上讲台，就像做大报告，照脚本宣读，学生听听也就忘了。个别教师对教材尚未心领神会，讲起来自然就干巴巴的了。说实话，做老师的如果不下苦功，不花点力气去研究、熟悉课文，怎么教得好学生呢？我真佩服我们前辈的老师们，他们在十年寒窗中下了多大的苦功啊！

也许我调查得不够全面，但有些语文老师不识繁体字，不辨平仄声，不知韵脚，一教韵文，但解文字，不知音节。个别大学中文系的教师也还存在这些现象，中小学语文老师就更不用说了。中国的文字，有形，有义，有声，是一种特殊而俊秀的文字，做老师的应该理解它。我是理工科教师，不少日本的大学教师到中国来进修时带来了汉诗，这些汉诗当然都是与建筑有关的，他们请教于我，如果我一无所知，该怎么办呢？“学然后知不足，教然后知困。”倘能边教边学，还算是好的，最怕的是说一声“嗨，这是些老东西，封建的东西，落后的东西，淘汰的东西，不现代化了，过时了”，把祖国的文化拒之于门外。

中国的文章重“气”，这是与书画、建筑、园林、戏剧、医学等一样的。因此，文章要朗诵，要背，得其气势。谚语说得好，“熟读唐诗三百首，不会作诗也会吟”。这里说的是重在“熟读”两字。学语文，不读，不背，不理解，要想做好文章，凭你的语法学得再好，也如缘木求鱼。我国著名的文学家可以说全不是从语法学习中得到高水平的文学素养而成名的。语法不是不要学，学语法是为了检查自己的文章造句是否合乎语法规律，但不能靠语法来写文章。请原谅我今天讲句很不礼貌的话，很多语法老师在语法方面是专家，可是写起文章来，也许不能令人满意。这到底是怎么一回事，恕我难言了，明理人自然知之。

几千年传下来的学习语文的传统方法，培养了无数的文人学士，我们不能轻易地抛弃啊！白话文不等于白话，口语代替不了文章，学语法不是学作文的唯一方法。读书没有捷径，最愚蠢的方法却可能带来最令人满意的结果，事物就是这样在转化。我是文科出身，自学改了行，做了三十多年的建筑系教师。我在中学教过语文、历史、地理、图画、生物等，在大专学校教过美术史、教育史、美学、诗选等。我在建筑系教过建筑设计初步、图画、营造法、造园学、建筑史、园林理论等，并且还曾涉及考古、版本、社会学等方面的研究，可算是个杂家了。1949 年之前，我为生活所迫，有课就得教，要教就得准备，不然如何面对学生？辛苦当然是辛苦的，然而这又迫使人拼命干，尤其对青年人来说，好处太多了。现在有些青年教师要开一堂新课，什么进修啦、参观啦，花样太多了。温床培养不出鲜花，游击战士有时比正规军事学校的毕业生更善于作战，艰苦的环境有时更能锻炼出人才。多方面的知识，是会有助于专业学术水平提高的。

最后，我得申明：上述谬论仅是我个人的一些落后的，或不明现状的痴语而已，请读者原谅。这些是我面对现在青年人语文水平不够理想而发出的呼吁，并无他意。

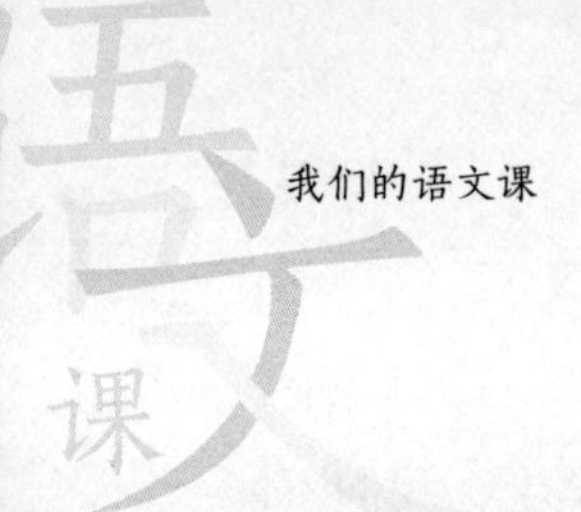

我学语文的渠道

/ 方成

方成　原名孙顺潮，1918 年生，广东省中山市人。中国新闻漫画研究会名誉会长。出版的理论著作有《报刊漫画》《幽默 · 讽刺 · 漫画》《笑的艺术》《滑稽与幽默》《漫画艺术欣赏》《方成谈漫画艺术》《侯宝林的幽默》《方成谈幽默》《英国人的幽默》《幽默的笑》；杂文集有《挤出集》《高价营养》《方成漫笔》《画外余音》《画外文谈》《岸边絮语》《画里话》等。

人活着谁也离不开文字，连文盲也不得不识钞票上一元、五元的字码，于是大人不得不硬逼着贪玩的孩子识字、上学、读书。我童年生活在农村，常听人念叨“人之初，性本善。性相近，习相远……”这些启蒙书上的字句。为凑热闹，我跟着村里的孩子到农村夜校里旁听“人、手、足、刀、尺……”。9 岁时我来到父亲身边，哥哥先用北京话教我读“洒扫庭除”，描红模“上大人孔乙己化三千七十士”，很快我就插班上了小学四年级。虽然最喜欢上“图工体”（图画、手工、体操）的课，但也被逼着去背书。

上初中时，语文老师是位不知名的作家，上课时他曾向学生朗诵他写的小说。《古诗十九首》《孔雀东南飞》是这时学的，我很感兴趣。读后写作文，我还按《孔雀东南飞》的格式写长诗，写的什么早已忘却，但老师的批语“有大鼓词风”我记住了。我没听过大鼓，但在家附近的西安市场里听过说唱鼓书《杨家将》《七侠五义》，和大鼓词差不多。上到高中，我的国文老师是著名的蹇先艾先生。蹇先生教的诗词更多，我也很喜欢，用心背诵，至今还记得许多唐诗宋词和《古文观止》里的几篇文章。我画的漫画《武大郎开店》里店门上的对联，原来写的是常见的“生意兴隆通四海，财源茂盛达三江”，华君武看了，建议改一改，使这对联切合画的主题才好。我苦思了三四天，想起刘禹锡的《陋室铭》，便套用“山不在高，有仙则名；水不在深，有龙则灵”的句子，把对联改为“人不在高，有权则灵；店虽不大，唯我独尊”，再加上横批“王伦遗风”，使这幅画的艺术效果更加突出。老画家李苦禅见了我，几次都夸这副对联写得好。后来上大学入化学系，语文学习少多了，所学重在专业课程上。

我父亲是平绥铁路局的课员，他的字写得不错，会写“等因奉此”的公文程式。他看的是《时事白话报》和《小实报》，我看的是报上所载的老宣的“疯话”和席与承的连环漫画《毛三爷》，还有其中的顺口溜。因为浅显而又押韵，看着觉得有趣，容易学，也好记，念着念着就记住了。我父亲见别人家的孩子会看小说，就买了一部《西游记》要我看。这部小说很有趣，吊起我的小说瘾来。我家住在西四牌楼东大拐棒胡同，离西安市场很近。市场里所有有趣的书，像《三国演义》《水浒传》《说唐征西传》《东周列国志》《七侠五义》《粉妆楼全传》《雍正剑侠图》《济公传》《聊斋志异》等，我都看了个遍。最爱看的是滑稽有趣的《西游记》《济公传》《徐文长故事》。《聊斋志异》是用文言文写的，其中附有字词的注解，我由此学会了一些文言文。我的语文和历史知识，很多是从看小说中学来的。

除了书之外，这市场里有撂地（摆地摊）的，有表演曲艺杂技的，有变戏法的，还有撂跤（摔跤）的、耍钢叉的、打弹弓的、说相声的，室内还有皮影戏演出。我常和弟弟一起去看。曲艺表演和杂技表演都有滑稽逗笑的言辞，相声更是逗笑的，很能引起人的兴趣。顺口溜、快板、数来宝和山东快书都讲究语言活泼、押韵、通俗有趣，这是民间文艺的一大特点。常接触这些文艺作品，总会影响人的语言风格。我选择漫画作为终身职业，无疑与这一时期我所受到的影响有关。我称之为“市场文化”，这是我语文学习的另一条通道。

中华人民共和国成立之初，我国几次与其他国家发生冲突。我在报社工作，要画讽刺画配合新闻，写长我方志气、灭敌方威风的宣传报道。看各方报刊消息，其中很多可为我方利用。有的借此作讽刺敌方的漫画，有的更适于写讽刺杂文，于是我就开始写杂文。写这种杂文和画漫画性质相近，一要讲理，以理服人，二要像画漫画那样，寓庄于谐。动手写是颇费思量的，写多了，自然就越来越顺手，这也是被逼出来的。近二十年来，我开始学画些近乎传统形式的人物画。这种画有一定的格式 —— 除画之外，还须题诗词。古诗新诗我都不会，就按顺口溜的方式，写点类似“江上一笼统，井上黑窟窿。黄狗身上白，白狗身上肿”的打油诗题在画上。这种诗是白话诗，可写起来同样大费思索，难写好，因为这种画多属借题做文章。例如，钟馗是国画里常见的人物，而我画的一幅《钟馗见酒》上题的是：

钟馗想喝酒，
无须巧安排。
石门开条缝，
自有鬼进来。

最麻烦的是，这种题材很难找，常是偶然得之。难写可以暂时不写，待思考成熟再动手，可有时不得不限时写出。有一次在湖北，我住在某机关招待所，当地领导接待很热情。我们几个是画画的，难免被约去为他们作画。大厅中画案上纸墨笔砚和颜料安排齐全，使每人各据一方，动手创作。我很不愿意像表演一样，在人前当场挥毫，可是见别人都在画，我也只得奉陪。当然不会画得满意，又不想重新另画。这时也只能想办法打圆场混过去，想起在画上题词来。我题的是：

作画亟须清净，
最怕当场挥毫。
了无心情细推敲，
画出引人讪笑。

本来第一句可写成“作画不是表演”，但在当时的环境下有所不便，没这样写。我学的是自然科学，最初做的是科学研究工作。四年以后，改行从事漫画创作，几十年来和文学写作几乎不沾边，只是在近二十年才写杂文，写理论著作。我的语文知识，除了源于在中学课堂上打下的基础，此外则从课外渠道学来。其实，无论学什么，知识和技能都来自三种渠道：一是课堂，二是爱好，三是现实所逼。语文学习也不例外。学习在很大程度上靠两条：一靠机遇，二靠认真和努力。我家有条件供我上学，课堂渠道通了。早年家里没有收音机，没有电视，我闲时只好集中时间看喜爱的小说，到市场看曲艺杂技表演。从事漫画工作，又以此为生，不得不尽全力学习与创作，否则在社会上站不住脚。后来得到优厚的工作条件，这机遇又为学习和创作提供了方便。如果学习、工作用心力不足，成果自然大打折扣。不少人没有进课堂获得教师指点的条件，其成果便是从另两条渠道得来的，这是显而易见的。

第二辑
（1920—1929年生）

1920—1929年出生的作者，上中小学大约是在20世纪30年代。

■ 时代背景

由于当时国民政府实行宽松的教科书审定制，民间自编教材出现了前所未有的繁荣局面。当时颇受社会欢迎的有叶圣陶编的初小、高小两种《开明国语课本》，该课本由著名画家丰子恺插图，1932年上海开明书店出版。此外，还有世界书局出版的《国语新读本》（吴研因编，1933年），商务印书馆出版的《复兴国语教科书》（沈百英、沈秉廉编，1933年），中华书局出版的《小学国语读本》（朱文叔、吕伯攸编，1935年）等。这些教科书构成了一道明丽清新的风景，哺育了那个年代的“我中国少年”。

■ 语文课特点

20世纪30年代的中小学国语老师大多受过正规的师范及大学文科教育，并深受“五四”新文化影响，除了教科书之外，不少老师会给学生介绍一些新文学作家如鲁迅、巴金、茅盾、朱自清、徐志摩等人的作品。与此同时，文白并存的局面仍然延续，旧式私塾亦大量存在。而一些家境好的读书人家，会请旧学根底深的老先生上门为子弟讲授古文。本辑中的不少作者，便得益于这种新旧并重的学习方式。

我的奶师们

/ 黄宗江

黄宗江　1921年生于北京市。当代著名表演艺术家、剧作家、散文家。20世纪40年代中期开始职业写作，以写剧为主，兼及散文，出版有戏剧戏曲选《舞台集》、翻译改编选《嫁接集》、电影剧本选《单枪并马集》、散文集《卖艺人家》《花神与剧人》《你，可爱的艺术》等。

梨园行称自己的启蒙老师为奶师，因为其所传授的是徒弟艺术生命的第一口奶啊！1932年我11岁，入学青岛市立中学初中一年级，国文女老师潘景科在黑板上写下的第一个作文题目是“九一八纪念”，之后又写下了“秋风震撼下的沈阳城”。当时的课文，还是以白话文为主的，周树人、周作人、朱自清、冰心……诸大作家的名文都有。法国都德的《最后一课》也在课本中。古典的唐诗宋词、《古文观止》的选篇也有不少，使我们能初识《陈情表》《出师表》……我一别潘老师近半个世纪，“文革”后才打听到她一直在成都教书，已经年过九十。

高中一年级，我转学天津南开中学。我第一个高中老师是张中行，现在的一大写家。他那年方从北大毕业，初为人师，上第一堂课时就对校方规定要点名颇不以为然。我乘此自由之风，在第二次班上作文时就自己命题，写了《爸爸的死》，得到了老师的盛赞，我至今都不好意思说出口。也是半个世纪后师生才又得以相见。上高二时，国文分两组，一组习经为主，一组习诗文为主。我选的是后者，老师是叶石甫，人称“叶老二”，大有学问。我至今还能背几句“窈窕淑女，君子好逑”“帝高阳之苗裔兮……”。面临高三，“七七事变”

爆发了，也就真的经历了课文中的“最后一课”了。

还想说一下与国文并进的英文。南开高二就有英文文选课，老师是李尧林（巴金的二哥），毕业于燕京大学，也是上课不屑于点名的。他自选的课本是王尔德的《温德米尔夫人的扇子》，史蒂文生的《宝岛》，还有英译大仲马的《基督山恩仇记》。这一切是我日后多少能搞点“洋务”的基础。我在班上朗读基督山老神父逃狱未遂、临终前的那一节，得吾师盛赞。这也是我日后从事演艺事业的一个缘由吧。

我遇到不止一位和我同时代的文人，如周汝昌、唐湜等，均是少年时就立志从事中文工作，上大学却入了西语系，多是认为中文从《史记》到《红楼梦》已有所涉猎，有基础继续自学了，乃去学洋文以补不足。

今天的语文课情况，未能做比较研究，但从自己的经验感到，我们少年时的课业比较多彩、多元，而又重视经典、古典。我从事文艺至今深为感激奶师们所赐的多种维生素。

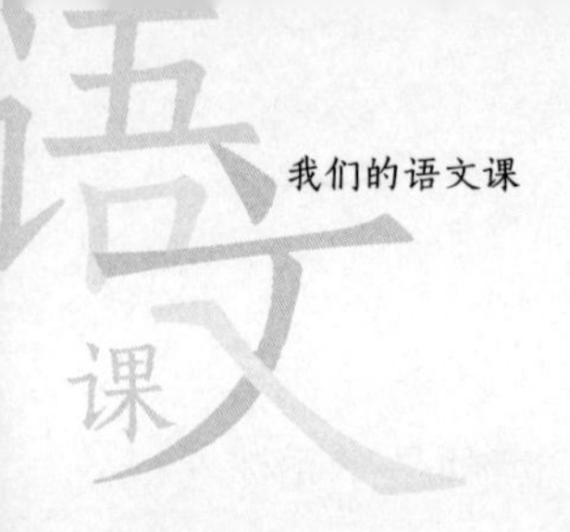

楼上群书，楼下一指

/ 舒芜

舒芜　1922 年生，安徽省桐城市人。作家、文学评论家。曾任中国科学院《中国社会科学》杂志社编审。主要著作有《说梦录》《周作人的是非功过》《回归五四》等。

王丽女士出题目，要我谈谈读中学时学语文的经验。我读过三年初中、一年半高中，教过几年中学语文，经验似乎不能说完全没有，可是又实在没有什么可谈的。这绝对不是说，我的语文老师没有学问，或者不善教学；正相反，有学问、善教学的很多，在思想，特别是文化、文艺思想上，给我终生难忘之教益的很有几位，例如初中的吴步尹老师、高中的王气钟老师，我在别的文章里都回忆和感谢过。也绝对不是说，我教过的学生都不成材、不成器；聪明俊秀、卓然有成的，相当不少。问题出在哪里呢？原来我自己听语文老师讲课，根本不大用心。我教中学语文，虽然也很想教好，却始终没有摸索到什么成功的经验。可不可以说，语文这东西，大概根本不是单靠老师讲课就能够教得好，不是单靠写语文作业就能够学得好的呢？那么怎么交卷呢？想来想去，还是只有一句老话：要想学好语文，得在课外多读书。

我幼年时，家里有一个小书柜，里面装了许多新文学书，数量似乎不少。现在经过岁月淘洗，记忆已经零落不全，忘不了的还有鲁迅的《彷徨》《朝花夕拾》《伪自由书》，周作人的《自己的园地》《谈龙集》，茅盾的《子夜》，郭沫若的《落叶》和他译的《少年维特之烦恼》，宗白华、田汉、郭沫若合著的《三叶集》，徐志摩的《志摩的诗》《翡冷翠的一夜》，陈梦家编选的《新月诗选》，冰心的《寄小读者》《繁星》《春水》，陈衡哲的《小雨点》，梁实秋译的《彼得·潘》和他的论文集《浪漫的与古典的》，朱光潜的《给青年的十二封信》，等等。此外还有三四期《新月》杂志、十来期《东方杂志》、二十来期《小说月报》。这些书是谁的，当时根本想不到要问一问，后来推想大概是大哥（堂兄）方玮德的。他是新月派诗人中的后起之秀，所以才会有那么多新月派的书。书柜里还有不少少年儿童读物，除上面说过的《彼得·潘》之外，翻译的还有《木偶奇遇记》《艾丽丝漫游奇境记》《爱的教育》《续爱的教育》《小妇人》，创作的有叶圣陶的《稻草人》，中学生辅导读物有夏丏尊、叶圣陶合著的《文心》，这一类大概是母亲专门买给我的。还有《中学生》杂志，则是订阅的。

我守着这个书柜，翻来覆去看这些书刊，大多是在十二岁之前读家塾的时候。家塾里读的是“四书”“五经”、唐诗宋词，等等。课外，我七岁时读了《三国演义》，接着照例读了《水浒传》《封神演义》《西游记》《说岳全传》《说唐全传》《聊斋志异》《阅微草堂笔记》（《红楼梦》是进高中才读的），等等，往往也废寝忘食，实际无非看故事、找热闹，谈不上文艺欣赏。能够把我初步引到文学艺术的趣味方面去的，还是小书柜里的那些书。当时读了最受用的是《文心》，它用长篇小说的形式讲中学语文知识，生动有趣，能把当时中学程度的少年引到中国古典文学的大门口，窥见门内的宫室之美，萌生探寻的兴趣，这对我产生了深远的影响，至今我还认为它是好书，未知有什么后来居上的书能够代替它的。《中学生》杂志也办得好，上面有名家之作，也有“中学生园地”，使读者有亲切之感。当时常见一位署名为“苏州建华女中彭雪珍”的女学生的作品，她就是后来的名记者子岗。

影响更长远的，还是那些新文学书。现在回想，那个小书柜里其实已经包括了中国新文学几大流派的精要。我在进初中之前就能时时亲近这些、熟悉这些，受到新的文艺空气的熏陶，是一大幸事。如果那些书确实是玮德大哥留在那里的，那就是他给我的无言之教，他是我要永远感谢的第一个无言之师。我把那些书读来读去，没有任何人从旁指教，不知道怎么就喜欢上了鲁迅、周作人。别的书，包括少年儿童读物，顶多读两三遍，只有鲁迅、周作人的几本书——《彷徨》《朝花夕拾》《伪自由书》《自己的园地》《谈龙集》，不知反复阅读过多少遍。这几本书的封面、装帧、版式、纸张等，我无不熟而又熟，闭目如见；特别是那毛边装订，觉得非常好看，觉得这两位作家的书就该这样装订，似乎别的作家的书还够不上用这个规格。今天来看，他们两位的书，天晓得一个十二三岁的孩子能读懂多少。可是当时，我在似懂非懂之中，偏偏就感受到一种魔力吸引，反而增加了非探求不可的兴趣。至今我以八十之年，回顾平生，舛误颇多，只有儿童时期一下子就选定的这两位作家，恰恰是中国新文学的并峙双峰，没有选错，当然至今还是远不敢说已经完全读懂。

1934 年我 12 岁，进了桐城中学，读完了初中三年，这是我唯一完整读过的学校，后来在别的高中断断续续只读到高二。初中三年里，第一个国文老师殷善夫先生，是县里著名的国文老师。他完全是旧派，只教文言文，写作文也只许用文言文。但是他选讲的文言文，也是当时一般中学常讲的，都是《开明活页文选》里面有的。开明书店发行“活页文选”这个办法实在好，我们领到的每一篇国文课文，都是白纸铅印，整整齐齐、漂漂亮亮的，而不是纸张粗糙、字迹模糊的油印品，这就增加了学习的兴趣。可是，我很对不起殷老师，我对他的课始终没有怎么用心学，大概凭着先前家塾里读写的经验，可以应付得过去就行，我看重的还是课外阅读。

这里我要深深感谢当时桐城中学的图书管理员章昂霄先生。每次课间休息时，我都飞快地跑上图书楼，章昂霄先生允许我进入书库，随意翻看，借出去也不限册数和日期，实际上我总是很快看完来换新的。桐城中学当时的藏书很可观，凡是 20 世纪 30 年代以前出版的一二流的中国新文学作品和翻译的外国文学名著，后来遇到人说起的，我大概都在母校那个藏书楼上读过、见过。章昂霄先生的桐城东乡口音至今仿佛尚在耳边，实际上他的话不多，经常只是以亲切的鼓励的笑容，默默地欢迎我这个热心的读者，在职权范围内尽量给我以方便，而且显然赞同我的阅读方向和途径。如果他不是这样，或者是拘泥于通常规则的别人，课间休息 10 分钟我又能看到什么？每次只能借一两本，又怎能满足我当时“生吞活剥”的阅读速度？如果说玮德大哥是第一个用书来教育我的无言之师，章昂霄先生便是第二个用书来教育我的无言之师。可惜毕业以后的半个多世纪，一直得不到章昂霄先生的任何消息；前几年才从桐城中学校史材料上看见，他是本校毕业，由本校送到某个图书管理专业学校深造的，才算是知道一点他的来历。更可惜 —— 不，该说痛心的是，听说在“文革”中，桐城中学的所有藏书都被作为“四旧”烧掉了，堆在大操场上，整整烧了三天。从我读书时到“文革”，又有三十多年，母校藏书当然又添了许多，其中包含章昂霄先生精心管理、我热心借读的，就这么不复存在于天地之间，没有一点痕迹了。每念及此，隐隐感到撕心裂肺之痛。

我 1936 年升入三年级，国文老师换成了吴步尹先生。听说他是北京大学（不知确切不确切，反正肯定是北京的一所大学）毕业的，是新派。他讲授过哪些白话文，记不清了，只记得课外我爱去他的宿舍，每天从家里一到校，第一处就要去他的宿舍谈一阵。他的宿舍正在图书楼下面。我最爱听他谈鲁迅、周作人。他说，他到过周作人家，书室内如何如何充满文化趣味，令我神往。1936 年 10 月，大约 21 日或者 22 日，我一早到学校，照例到吴老师宿舍去。他不像平日一样微笑相迎，而是阴沉着脸，一语不发。我有些惶惑，他默默地向桌上的《皖报》一指。我赶紧看去，赫然一条新闻的标题——“文豪鲁迅，在沪逝世”，这使我震惊。接着吴老师讲了鲁迅不可代替的伟大意义，话不多，而他那沉痛的一指，永远留在我心目中，指引我终生的方向，其中包括我在语文学习上的方向。

现在如果说我的作文还算通顺，完全是读鲁迅、周作人的书得到的教益。我在母校桐城中学学到的东西，包括学习语文的最主要经验，恐怕也就可以用“图书楼上的群书，图书楼下的一指”来概括了。

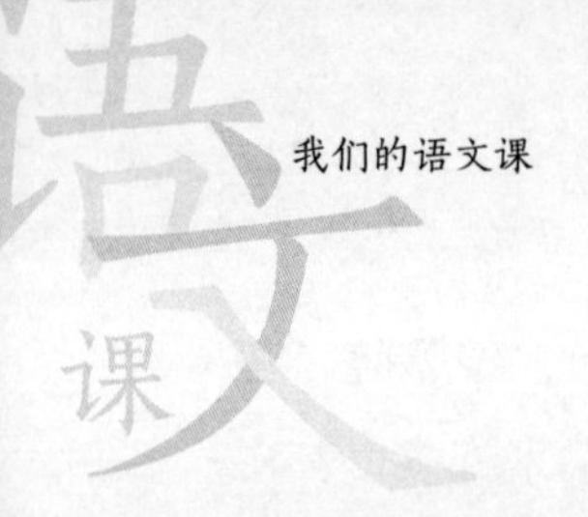

在我起步的时候

/ 徐开垒

徐开垒　1922年生，浙江省宁波市人。中华人民共和国成立后曾长期主编《文汇报》副刊，曾任《文汇报》高级编辑、中国作家协会第三、四、五次代表大会代表、上海市作家协会理事。著作有《巴金传》《文知集》《雕塑家传奇》《鲜花与美酒》《徐开垒散文选》《家在文缘村——徐开垒散文自选集》等。

我学习写作，起步较早。

先是听故事。在故乡宁波，每逢夏天的夜晚，在院子里乘凉时，祖父、祖母总给我们兄弟姐妹讲各种古代传说，特别是在讲宋朝岳飞和三国时代的刘、关、张的故事时，我总听得津津有味。

我在宁波市翰香小学读三年级时，国文课虞章贵先生天天要我们站在他的身边背书，这使我不得不在每天清晨三点钟就起床，摆着身体把课文背熟，去应付这位从农村来的老师。但也正由于这样天天背书，日子一久，我竟能从十岁起，随着老师讲故事，开始主动去找书看。原来，国文老师每天早上虽然逼我们背书逼得凶，但一到下午，他就能像我祖父母那样，和蔼可亲地向我们讲岳飞怎样向周侗老师学武艺，怎样精忠报国，怎样与入侵的敌人斗争；讲三国时代刘备、关羽、张飞三人怎样结为兄弟，诸葛亮怎样运用计谋战胜奸雄曹操……这些生动的故事，引发了我读书的兴致。回到自己家里，我便跑到父亲和大哥的书房中，去找《精忠岳传》和《三国演义》看。好在我父亲和大哥都在上海，他们的书橱从来不上锁，这就使我有机会瞒着母亲偷着看。

恰好那时学校里的公民课老师沈宁龄先生也是个讲故事的能手。她从不给我们发什么教材，每次上课，都给我们讲故事。我记得她讲的故事里最使我感动的是《少年笔耕》和《六千里寻母》。这两个故事都来自意大利作家亚米契斯的书《爱的教育》，这本书是由夏丏尊翻译的。

沈老师口齿伶俐，讲的故事十分动人，而这本《爱的教育》在我家的书橱里却找不到。我就把在新年积攒起来的压岁钱交给沈老师，要她代买一本，沈老师热情地支持了我。第二天，当沈老师把书交给我时，我高兴得禁不住流下眼泪。这使沈老师也出乎意料，她笑着说："你这孩子……"

当我把《爱的教育》《精忠岳传》《三国演义》这三本书读完后，这才知道，书里的东西比老师们嘴里讲的故事，内容不知要丰富多少倍。原来岳飞不仅向他师傅学武艺，还曾在比赛现场上枪挑小梁王；关羽不仅过五关、斩六将，还在紧要关头手下留情，义释黄忠；在意大利作家亚米契斯笔下，不仅有半夜替辛苦的父亲工作的五年级学生和跋涉六千里，历尽千辛万苦，去南美洲找寻自己母亲的十三岁孩子，还有许多热爱长辈、尊重老师、真心实意地去帮助贫困人家的少年儿童。

这样，当我知道书里的天地十分辽阔，有许多在平时无从知道的事情后，我就把听别人讲故事的兴趣，逐渐转移到自己"看闲书"上来。不但读了从我父兄书橱上拿下来的《西游记》《封神演义》等书，连《江湖奇侠传》《七剑十三侠》等在社会上流行的书，我也千方百计向别人借了来看。

恰好那时我已进入五年级，国文课老师换了个见识比虞先生更广的张守瑜先生。当时他也还只有二十八岁。他对我们班级里的学生将背古文当成一种习惯表示赏识，但他说："学习语文，光读课文还不够，还得自己在课外找书看，这样作文才会进步。"后来，他发现我读课外书特别起劲，但选书缺乏方向，就说："这不好，让我来给你们开一张适宜课外阅读的书单吧。"第二天早上，他就在黑板上给我们写了一份书目，要我们在小学毕业前把书目上的书读完。书单上不但有《精忠岳传》《三国演义》《水浒传》和《西游记》，还有鲁迅、茅盾、冰心、巴金四位作家的作品，此外，还有《阅微草堂笔记》《秋水轩尺牍》等较浅的古典文学书。从那个时候开始，我就不再看武侠小说了。

到了六年级上学期，张先生还要我们写日记。他说："学习语文，单靠每星期在课堂上写一篇作文还不够，最好你们能天天写日记，把每天所见、所闻、所想都记下来，这样不但便于以后回想过往的事情，而且无异于每天给自己安排下一个写作的机会。”

张先生的话一点不差。我自从开始写日记后，下笔写作文就比别人快得多了。张先生对我很好，但他从不当面称赞我。有一次，我请病假，第二天回到学校，有个同学对我说：“昨天张老师把你的作文抄在黑板上，向大家做了讲解，还要我们向你学习呢！”我听了，一言不发，心里却十分高兴，从此更加勤奋读书写作。学期还不曾结束，日记已写满两厚册，张先生开的书单上的书也几乎读完了。

不幸的是，六年级下学期开始时，张先生被人邀请到上海去当家庭教师，从此我们就 50 年未曾见面。直到 1985 年，我才从一个老同学口中得知张先生一直在上海浦东的一个小学当校长，现在虽已 78 岁，却老当益壮。我到他家中去拜访他，他也竟还记得起我，还说经常在报上看到我的文章，使我不得不红着脸说：“一切都从您那里开始。”他又叫家人烧桂圆莲心汤给我吃。现在又过去了十几年，新的世纪来临，今年（2002 年）他已 93 岁了，虽有些耳聋眼花，却仍健在。但愿老人家能活到 130 岁。

1935 年夏天，我从翰香小学毕业后，考进宁波效实中学读初中。我们在国文课上开始读白话文，从此再也不用背古文了。老师方余甫先生，与我小学时代几个老师的严肃认真完全不同。他上课时很少讲解课文，一般总是从课文中引出一个话题，然后引申到社会中的实际问题上去。这对我也很适合，因为白话文课文我一看就懂，社会上的实际生活经历正是我所缺乏的，所以方先生讲课海阔天空，正符合我的需要！

恰好那时正值抗日战争爆发前夕，宁波开明街一带的书店里常有从上海来的进步书报在销售。我每天放学回家，就经常站在书架前揩油看书，有时也用压岁钱买书刊。

方先生的课和开明街的书市，使我的视野扩大，我就写信给在上海读大学的大哥，要他代我订阅一份开明书店发行的《新少年》半月刊，它由叶圣陶、丰子恺、顾均正、宋易四位名编辑主持，内容丰富，很适合少年人阅读。上面不但连载了茅盾的长篇小说《少年印刷工》，还有丰子恺的美术、音乐故事，顾均正的科学小品，巴金的童话《能言树》等，更有“少年阅报室”“少年习作展览会”等栏目。

花费一元八角钱订了1936年的《新少年》后，开明书店还寄赠给我一元钱书券。我就向他们邮购了一本刚出版的翻译小说《宝岛》，史蒂文生的这本书写的是独脚大盗隆约翰的故事，情节生动引人。我读了后就向《新少年》“少年习作展览会”专栏投稿，题目为“读《宝岛》”。我说：“译者顾均正先生还请徐调孚先生写了一篇史蒂文生小传，读后我才知道作者曾援救过一个孤苦无助的酋长，足见他的人格和精神了。所以我说，有血性的人，才能写出有血性的作品来。”

这是我第一次公开发表文章，登在1936年7月的《新少年》上，编辑先生还在我的名字前写了“宁波效实中学初一”几个字。同学们见到了，都为我感到高兴。

1936年下半年，我升到初中二年级。《新少年》举办“某某访问记”征文活动，鼓励少年儿童到人民群众中去寻找访问对象。我就在自己家中找到在天井里粉刷墙壁的泥水匠，问他恨不恨日本帝国主义。他说恨，因为他们入侵我国东北地区，是我们的敌人。我说如果敌人给你一千元钱，你帮不帮他们做工？他说帮，因为他有了一千元钱，就再也不必做那使他受冻挨饿的泥水活了。我听了很生气，就跑到在屋子里做工的另一个泥水匠面前，问他恨不恨日本侵略者。谁知那个泥水匠更干脆，他说：“恨啥？我们现在过的生活不是和亡国奴一样吗？什么房捐、户口捐、建筑捐……我们穷人连一件汗衫都买不起，政府却提倡什么‘新生活运动’，不许我们赤膊，否则就要被捉到警察局去！”我只好走出屋外，禁不住自问：“可怜的泥水匠，谁使他们变成这样的啊？！”

我把这次访问如实记录下来，但怕别人说我反对“新生活运动”，就开始用“徐翊”的笔名。想不到在当年10月25日的《新少年》上发表时，编辑仍在“徐翊”的名字前给我写上了“宁波效实中学初二”八个字。这篇文章还在一千二百多篇征文中被选为第一名，“编者的话”中还说：“我们欣幸，这一次征文活动相当成功。少年诸君这次很荣幸地深入了一次民间，当了‘小人物’大众的书记，为他们起草了宣言。”后来，编辑部还给我寄来三元钱奖金。

第二年即1937年初，我们班级里一个一向被认作是“模范生”的同学岳森忽然失踪。半个月后，他才回来向同学们讲述了他的这次遭遇。原来，他在上海读小学时认识过一个同学，由于这个同学参加了“抗日救国会”，曾几次给他寄一本叫《吼声》的杂志，现在这个同学出了事，就连累岳森成为犯罪嫌疑人。岳森说：“巡警拉我去见什么局长，问我有没有加入过什么团体。我说‘没有’，然而他却硬叫我说出来，我还有什么法子想呢？只有哭！”

岳森又说：“在这15天里，我损伤了身体，牺牲了光阴、功课，还催白了我父母的头发，气坏了两位老人家的身子，这该怎么说呢？”

我听了十分气闷，也就写了一篇名为“这是事实”的文章寄给《新少年》。但因为怕国民党政府知道，这次我连笔名“徐翊”也改成“余羽”；我那同学“岳森”的名字，我在文章中也改成“山林”。

《这是事实》发表在当年3月出版的《新少年》半月刊第三卷第六期的“少年习作展览会”上。编者还写了一篇后记，说“这是篇很好的作品”。

这一年的8月13日，全民抗日战争开始了。宁波城内遭到日本飞机的轰炸，学校停办。到了11月，我父亲冒着炮火从上海赶回来，把我们一家接到上海租界居住。从此，我这个15岁的初中生，开始成了上海人。

1938年3月7日上海《华美晚报》刊登了我的《孤岛一瞥》，同年6月14日上海《文汇报》刊登了我的《阴天》。进了东吴大学附中读高中以后，我又在《申报》《译报》《中美日报》等报纸副刊和《鲁迅风》《宇宙风》《小说月报》《万象》等刊物上发表了不少作品。这些作品用的也还是“徐翊”“余羽”“立羽”等笔名。

的确，我的写作是从背古文、听故事、阅读课外书，以及不间断地写日记开始的。

我现在想，如果没有小学时代的三位老师指引我读课外书、写日记，还有中学时代方先生为我海阔天空地谈社会问题，我的写作起步恐怕就不会那么早了。由此可见，老师对我的引导是多么重要啊！

语文教学琐议

/ 张良皋

张良皋　1923 年生，湖北省汉阳县（现为武汉市汉阳区）人。曾任华中科技大学建筑系教授。著作有《武陵土家》（与人合著）、《中国民族建筑——湖北卷》（主编）和《中国建筑艺术全集 · 23 · 宅第建筑 · 四 · 南方少数民族卷》（参编）等。

择师

择良师而从学，是古代中国教育的常规；现代教育普及后，择师几乎已成过去。但教师这个职业，一直受到尊重，“混教育界”从来休想轻而易举。在我们的青少年时代，即使并非名校也常能拜上良师。拜良师是学语文的关键，在这一点上，我运气甚佳。

上小学高年级时，我师从的语文老师——籍隶湖北远安的徐元弼（勋铭）先生，就是一位饱学之士。他毕业于武昌高等师范学校（在清末是与京师大学堂平起平坐的名校），当小学教师显然屈就，但徐先生十分敬业，并不因为游刃有余，就把时间虚掷在打牌看戏上，而真正是寸阴必惜，手不释卷，时或吟诗作字，自得其乐。对我们的语文作业，他严格认真，一丝不苟。两周写一篇作文，两小时交卷，雷打不动。每篇文章都细心批改，一字不漏。每到句末，必定圈断。通顺者双圈，优秀者三圈，遇到佳作，徐先生就不惜每字连圈。当我们享受到徐先生的“连圈待遇”时，首先见到的倒是先生之眉飞色舞，感染得我们也得意非凡。

升入中学后，遇到名师的机会更多。宣恩初中的汉川舒祖镒（菊舫）先生（曾当过县长，后弃官从教），建始高中的当阳胡国瑞（芝湘）先生（中华人民共和国成立后任武汉大学中文系教授），都是才学兼济、能诗善文的名师。我就读的中央大学（现为南京大学），也强调语文教学，一年级的基本国文如不过关，休想升到二年级。教我所在班基本国文课的合肥卫瑜章（仲璠）先生，为我们讲《诗经》《楚辞》《史记》等，全是如数家珍。中华人民共和国成立后，卫先生任教于安徽师范大学，我读到他的《说文段注纠误》时，不禁心跳加速——多年来竟未知卫先生学力足够与清代文字学大师段玉裁“较劲”。

我读过一季私塾。那是1938年徐州失守之后，日寇大军几乎随时可能冲到武汉，我们学校（汉阳初中）的老师挥泪给我们上罢“最后一课”，之后听任各自逃生。此时黄河决口，稍抑倭寇凶锋，赢得5个月时间，让武汉从容撤退。我暂回汉阳乡下，大舅祖父佘晋侯（以字行）先生开设的学馆离我家不远，让我随读。那时，学馆一年分五、八、腊三季，我读的恰恰是从五到八这一季。这一季私塾教育对我学习语文颇有影响。除了诵习《左传》《东莱博议》和《古文观止》中的一些文章之外，我还有机会浏览私塾“教材”，甚至涉猎八股文。私塾作息奉行阴历，每十天写一篇作文。晋侯先生批改文章之严肃认真，会令今日语文教师咋舌：改到某个学生的文章时，该学生必须一旁肃立，其余学生四周恭聆。先生当场考问，当场圈点，当场改正，当场写批。遇到高兴得意处，还把学生和先生的“共同作品”朗诵一番，共享创作之愉悦。私塾作文，本是苦差，往往抓耳挠腮，半天不得一句。但当我稍知古文义法，略窥八股门径之后，谋篇布局几乎都能轻车熟路，精力全放在扣题立意上，作文也就不太为难。

不能小看中国私塾对语文教学的贡献。历史上，中国私塾曾为中国科举制度培养考生。这里牵涉中国科举制度，详细讨论其利弊得失不是本文的任务，但不妨提一点：一场鸦片战争，英国人不但劫掠了中国的物质财富，还顺手牵羊盗窃了中国科举制度的“知识产权”，贴上仿冒标签曰“英国文官制度”，奠英国这样一个很“初级阶段”的海盗国家于磐石之安，食中国文明之赐者垂百余年。当然，他们也结合英国实际，搞了一点“英国特色”。如果我们今天说英国人的这点本事是中国私塾教出来的，不但英国人不认账，我们自己一时也难于启齿。不过，中国科举时代的私塾语文教育的确切中肯綮：以理解始，以表述终，达到语文的中心目标——沟通，这就能使中国科举出身的官员“明鉴万里”，连“判牍”也常有可读性。让一些文理不通的官员莅民决事，只能是糊涂官打糊涂百姓。我游历美国时，偶尔翻阅他们中小学生的作文，感到十分惊讶：美国老师之精心批改，倒真像是中国私塾老师教出来的，这应令不肯批改学生作业的中国老师汗颜。我是建筑师，深感语文课老师之改文，与建筑学老师之改图，同样无可取代。中外一律，至今未见有何妙策，能让这两类老师“轻松”一些。

良师可遇不可求，学生只能信赖学校。现代学校为学生延聘合格的语文老师，是无可规避的严肃任务。

选文

教材也不容学生选择，应当慎重从事。若容我评说，历年所见语文教材倒以私塾选本最为成功。那些文章都经过历史考验，可谓字字珠玑，值得反复诵习。私塾本为科举服务，科举立意是要为皇帝遴选“好官”，皇帝也不得不借重先圣先贤，而不敢妄自尊大，把他的“圣谕”一股脑强加于私塾。所以，私塾课本好歹有个“客观标准”，能够保持稳定，不受“权威”“流行”左右。

着笔到此，当然该声明，我并非主张开倒车去重办私塾。现代教育已是一门十分发达的科学，应当根据学习心理科学地编选教材。我上小学时，语文教材全用白话；初中时，文白兼收；高中和大学，则全用文言。这符合循序渐进的原则。现在看来，文言教材几乎无懈可击，白话教材则不无失算，例如，选取了有争议甚至有瑕疵的人物如胡适、周作人的文章。那时有那时的条件，白话初兴，范文不多，只能就当时名家选取其较为成功之作。现在则不同，白话兴起已近一个世纪，杰作如林，而且人格与文格并高者也难以数计，这就要立个规矩：“生不选文”，犹如历史学家的“生不立传”。凡选入教材者必须经过历史验证，其作者必须站得高、行得正，无忝盖棺；其文章足以传后世，足以不朽。权威再大，流行再广，若其人尚存，就不容选入教材。教科书编者首先应该是教育家而不是“追星族”。我们当年的教室相当神圣，不曾沦为“流行歌坛”。权威人士如汪精卫、蒋介石的告谕，前卫作家如徐志摩、茅盾的诗文也不是全无介绍，但那不过是课外补充，通常不容引入教科书；即使引入，老师们也不讲授，听任学生自己浏览。在课堂上“颂圣”“捧角”都无益于语文教学。

良好的教材能使学生终身受益。我在私塾偶然读到的《古文笔法百篇》中明朝郭子章的《管蔡论》令我至今犹感余震 —— 在明朝那样的封建时代，敢于“非圣无法”，揭示封建伦理的矛盾且有坚强的逻辑威力而竟能立于不败之地！文末批者说“文有翻案之一法”，显属皮相之论，郭子章教给我的是思想方法。貌似坚不可摧的流行见解常隐悖论，只会做“阐扬题”而不会或不肯做“驳议题”（八股文的真正毛病在此），无助于人类进步。我们期待《管蔡论》一类教材，能令学生领略“振衣千仞岗，濯足万里流”的高识远度。

应该让中国学生充分享受学习中国古典诗词和骈文的权利。诗词骈文都是美文，美育是教育中不容分离的元素，这无须本文申论。我们这里要强调诗词骈文对语文学习的重要性。中国传统诗词格律，都已千锤百炼，形成最佳型范。这种型范从来不束缚思想，却能促进美化。我自幼及壮，所遇语文老师多数能作诗，常为我们讲授格律，使我们对诗词的欣赏能深入一步；兴来偶试吟哦，也能锻炼驱遣文字的本领。骈文历来是中国文章正宗，有文章就有骈俪，直到末流八股文，其主干仍是骈俪。我们推崇对立统一规律，以为宇宙运行都要服从这一规律，文章何独不然？骈俪就是这一规律在文章中的体现。中国的语言结构和文字形式特别宜于表现骈俪。欧洲的文学家都曾打算建立格律，例如“十四行诗”；也曾试图写作骈文，例如莎士比亚。他们的成就很有限，那只能怪他们的语言文字先天跛脚。中国语言文字有足够的优越性让诗词格律和文章骈俪应运而生，中国人应当充分享受这份嘉惠。

我在本文中一再提到八股文而未多加贬斥，似乎冒天下之大不韪，但我心里有底。我深知，“五四运动”以来鄙薄八股文的高人雅士常常难免人云亦云，其实真正摸过八股文的人并不多。八股文仅仅是科举考试中的一个项目，说它坑害了中国所有的读书人乃至祸国殃民是夸大其词。只要我们今天还肯定考试制度，就不必全盘否定八股文。八股文是被历代考官精心打造出来而被他们认可为“最佳化”的文章制式 —— 所以被称为“制艺”，其优点之一是便于评分。当我看到一些高考答卷解析谈作文卷要满足哪些“要点”，逻辑上要分别注意哪些先后时，我也点头称善：这不正是八股吗？八股为取士，取士为授官，目标十分明确。一个“官”，连区区八股这块“敲门砖”都舞弄不动，还自称能治国平天下，其谁信之？在作文课被淡化到近乎可有可无的今天，我重提八股文，希望能引起有心人反思。

习作·考试·文风

我们学生时代的语文考试非常简单：以作文为主。有时加考一点问答、文言译白话，但所占分数不多。平日练习，为了应考，只需练习写作文。这种做法，看似简单，实则精要。学语文，当然重在理解他人，表述自己，达到沟通的目的。其他次要技巧，几乎都可在作文课中一揽子解决，至少以往不曾有人对语文课喊出“减轻学生负担”的口号。

现在的语文考题令我们这些老学生惶惑 —— 有那么多花样：字法、句法、填空、多项选择……“标准答案”无理可喻，考到“同心协力”，就只有“同心协力”一条正确，其余同心并力、同心合力、同心一力、同心戮力、齐心并力、齐心合力、齐心一力、齐心同力、齐心协力……全错，倒过来说“协力同心”当然也不对，更不论“同心同德”“一心一德”……这就不止于儿戏，而至少是恶作剧。要答对此类无谓考题，会浪费学生多少精力！在这种考题指挥棒下教出来的学生，能与他人顺利沟通乎？这就莫怪市面上那么多产品，很难有几份叫人一读就懂的说明书。有些家用电器，功能齐全，质量优越，但要照说明书学会使用，常常令我累得浑身大汗。为了学电脑，我买了名曰“入门”的书，落了个“入门三大棒”，越看越不懂，似乎必须先精通后入门。

写出叫人看不懂的说明书，应归咎于前一阵例如“文革”期间语文教学的失败，还算情有可原。近年流行的一派“玩深沉”的文章则是下决心叫人看不懂。这一派朋友的秘诀是“以艰深文浅陋”，奋力生造一些字典不载的名词，让“文化指令”“沟通平台”满天飞；编织一些冗长晦涩的句子，“主、谓、宾、定、状、补”一应俱全，就是叫人读不懂他在说啥。这股流风不能小看，在研究生论文中颇为盛行。遇到这类情况，我只好虚怀请教：批个“请加注”“请下定义”“请译成白话”。不难发现，常常连作者自己也不知道说了些啥。这股流风甚至有足够的魔力来镇住一些编者，乖乖地让“深沉派”盘踞在一些相当著名的杂志上写专栏。果真是大家健忘，这玩意并不新鲜。20 世纪 30 年代鲁迅就曾斥责新月派作家专门生造“德国式长句”来吓唬人。其实，鲁迅自己的追随者中也不乏“玩深沉”的朋友——例如胡风。中华人民共和国成立后胡风罹祸，“罪状”山积，其中有一条说他为文晦涩难懂，闪烁其词，必定包藏祸心，结果铸成冤案。所以，教师们也该规劝自己的学生，切莫仿效此种“不祥”的文体。

我们毕竟谈到了鲁迅，我坦白承认我是鲁迅文章的受益者。鲁迅并不像胡适那样故意写“大白话”，而是诚恳劝导青年作者“竭力将可有可无的字、句、段删去”(鲁迅《答北斗杂志社问——创作要怎样才会好？》)。对这句劝导，我自问也许做到了将近三分之一。因为凡已写出的“句”“段”，总是自己的一“点”或一“层”意思，删之不忍。但对于删字，我不遗余力。鲁迅的文章，每每接近文言，就是炼字炼句的结果；文求简劲，正宜如此，不必回避。我为此文，也遵鲁迅教言，已竭力把可有可无的字删去。若蒙师友垂爱，助抓漏网之鱼，把可有可无的字再删去若干，幸甚！

我所受过的语文教育

/ 徐朔方

徐朔方　1923 年生，浙江省东阳市人。1947 年毕业于浙江大学师范学院英国语言文学系。曾任浙江大学中国古代文学教授。著有《徐朔方集》《小说考信编》《汤显祖评传》《沈璟集》（辑校）等。

我收到王丽同志的来信，把这题目抄在稿纸上，不禁百感交集。

我 10 岁时，东阳举行最后一届初小毕业会考。我家开着一个小店，因为装有一盏电灯，很多人都会聚在这里谈天，我自然是经常的旁听者。那时人们似乎不在意儿童需要比成年人有更多的睡眠时间，因此我常常听到十一二点钟才去睡，第二天醒得很迟，常常怪妈妈不早一点叫醒我。我往往借此机会大发脾气，或者早饭也不吃就自己去学校了。那时我经常迟到。有一次家里托人送早餐来，却见我的座位空着，原来来人没看到我，我因为书还背不出来，在讲台前罚站。那时我们有一个情况跟现在正好相反，交费最贵的是县立城区小学，我所在的学校 —— 私立泮东小学学费最便宜。学校里没有球场，连一架风琴都没有，但是语文教学倒很认真。那时，我整天拖着鼻涕去上学，每天都迟到。奇迹是四年级时我参加会考，竟然得了第一名。我至今还记得作文的题目是“爸爸吩咐我的话”。我记不清我是怎样写的了。我爸爸又嫖又赌，从来不管我。我得第一名绝不是因为他特别善于教育儿子。

初小毕业进高小，我进的是新设立的私立广育小学。小学教师大都毕业于东阳县立简易师范学校。老师们都很有一些新的教育精神。我至今仍记得那时的校歌：

亲爱，亲爱，好朋友一堂聚萃，如春花灿烂，如秋日娇媚，
你唱我和，快乐游戏。水源木本，广益须记。

当我默写这几句歌词时，音乐的旋律在我的耳边回响。老师们确实是在这种精神下从事教学的。

我们的班主任叫陈亮，他表字暄初。我们班级就叫“暄初间”。在教室里，所有学生按照座次排列成三排，每排叫一“邻”。学校里竞赛的气氛很浓。那时各邻、各闾都办墙报，我是一个邻的主要编辑。这种竞赛机制真是好得很。我认为这是我所受的最好的语文教学之一。

有一次我到校，发现同学们都以异样的目光看我，原来他们传看了我写给一位女同学的求爱信。那时女同学一般都比男同学年长得多。我还是一个小孩子，而那位女同学已经是一位大姑娘了。我栗栗危惧地等待班主任找我个别谈话，想不到事情就这样过去了。后来我在大学教书时还怀念这位老师，想对他当面致以谢意。

初小毕业时，因为考了第一，我被允许花一部分压岁钱。我花了 10 个铜板，在县门前的单福元书店买了一本《薛仁贵征东》，可能还有“绣像”“会传”等字样，这是我读的第一本旧小说。讲的是薛仁贵当官回来，众朋友都要送礼，有一个友人送了一担“酒”，里面都是水。他想薛仁贵反正不会吃这担酒。哪知薛仁贵念旧，偏偏要吃这担酒，逼得他只得说明真相。薛仁贵说，就是水我也要吃，说罢就咕咚咕咚把一坛水全吃了。

那时有一件奇怪的事。虽然我人很小，根本不懂得什么是恋爱，可读高中时向图书馆借了一套《红楼梦》，在看到林黛玉有一次到怡红院看宝玉，叫门宝玉却不肯开的时候，竟泪流满面。原来这一段恰恰是大姑母跟我说过的。我应该感谢大姑母，在她的指引下我进入了古典小说的殿堂。

我的读书

/ 冯其庸

冯其庸　1924 年生，江苏省无锡市人。历任中国人民大学教授、中国艺术研究院副院长、中国《红楼梦》学会名誉会长、《红楼梦学刊》主编等职。著有《曹雪芹家世新考》《〈石头记〉脂本研究》《梦边集》《漱石集》《落叶集》《夜雨集》等。

我出生在江苏省无锡市前洲镇的一个农民家庭里，家境贫寒。我虚龄 9 岁上小学。记得第一天上小学是我的堂姐带我去的，堂姐叫冯韵华，在小学里当老师，校长是刘诗堂，大家习惯叫他诗堂先生。诗堂先生办事认真为人又和蔼可亲，大家都很尊敬他，我至今还能清楚地记得他的面容。

后来，诗堂先生不知为什么走了，也许是年龄太大了吧，可学生还一直想念着他。后来来的那位校长叫俞月秋，一来就推行“新生活运动”，我只记得其中一项内容是靠左走，其他都忘记了。有一次上国文课，这位俞老师出的作文题目是“上张学良、杨虎城将军书”。那时刚发生了“西安事变”，张学良和杨虎城扣押了蒋介石，逼蒋抗日。作文内容是让我们写信给张、杨两位将军，劝他们释放蒋介石。其实那时我们的年龄都很小，根本不懂时局，一个小学生，能懂什么呢？后来才明白，这个写在黑板上的大题目，实际上是写给“上面”看的。

还隐约记得的一件事，是我们正在举行“总理纪念周”活动的时候，突然传来消息，说日本人炮轰沈阳城，炮轰北大营。那时沈阳在哪里，我根本不知道，但对日本鬼子侵略中国则是清楚的。我们虽然还都是小学生，却群情激馈，那情形到现在还历历在目。

小学里的事，我搜尽枯肠，也只剩这两件事永远忘不了了。当然后一件事的时间比前一件更早一点。

我小学上到五年级时，抗日战争爆发了。有一天，我背着书包去上学，忽然日本飞机在头上转，撒下来大批传单，捡起一看，上面印着“暴蒋握政权，行将没落”。走到学校，学校却早已关门了，老师一个也不见了，我只得转身回家。可我书包里还装着一本《三国演义》，是从学校图书馆借的，也无法归还了。这本书就成了我失学后的最佳读物。从此这本书陪伴了我好多年，我读了一遍又一遍，因为无书可读，只好反复读这本书。到后来许多段落中的文字、许多人物精彩的对答、许多回目，我都能背得出来。一部《三国演义》，培养了我阅读古典小说、古典文学的兴趣。

我失学后就在家种地，那时我虚岁 14 岁，眼看着镇上有钱的人家都逃难了，但我们村子 —— 冯巷，是有名的穷村，没有一家能逃难的，我的亲友，也没有一家能逃难的。农家的孩子从小就与土地和庄稼打交道，我那时已经天天下地干活了。

《三国演义》激发了我的阅读兴趣，后来我又借到了《水浒传》，看着真带劲。我看的是金圣叹的评本，仔仔细细读金圣叹的评，启发我边读边品味。我读的《三国演义》也是带评的，是毛宗岗的评。开始时我急于看故事情节，往往把评跳过去了，后来才知道看评更能让你领会书中的意思，特别是能让你注意欣赏文章的佳处，细微到用字用词，有时也有让人警醒的批语，这样我读得更入神了。就这样，我除了做农活以外便沉浸在读书里，千方百计到处借书看，后来我又借到了《西厢记》，也是金批本。我一读《西厢记》的文辞，真是满口生香，尽管还似懂非懂，但越读越爱读，以至于拿来熟读背诵，有不少精彩的段落和词句，我都能背诵。《西厢记》这部书也一直不离手。后来，我又借到了《古诗源》，这本书连封皮都没有了，可能前半部分也已经丢失了。我特别爱读里面的《古诗十九首》，虽然仍是半懂不懂，但觉得意味醇厚缠绵，可以品之又品。还有《孔雀东南飞》(即《古诗为焦仲卿妻作》)，读后我感到十分震动。恰好我二舅父顾仲庆在芜湖工作，他到我家来，我问他芜湖离庐江有多远。他非常奇怪，问我为什么问这个问题。我告诉他我读了《孔雀东南飞》，上面写的是在庐江发生的事。他虽然没有读过这首诗，但觉得我小小年纪就这么喜欢读书，就这么喜欢追根究底，很是难得，因此就特别喜欢我，与我讲了庐江有周瑜墓、小乔墓，等等，这更加引起了我的兴趣，可惜我至今也没有到过庐江。

这段时间共约三年，我真读了不少书，连《论语》《孟子》《古文观止》《东莱博议》《聊斋志异》《西游记》《夜雨秋灯录》《浮生六记》等都读了。有一次，我二哥到苏州去，给我带回来《西青散记》《西青笔记》《陶庵梦忆》《西湖梦寻》《琅嬛文集》，等等，还有叶天寥、沈宜修、叶小鸾的书，这些一直是我想读却找不到的书。我开了一个书单给二哥，想不到竟能买回来，当时我如一朝暴富，夜以继日地沉浸在这些书里。尤其是张岱的《陶庵梦忆》等书，使我废寝忘食，有不少文章我都能背诵，连《自为墓志铭》这篇长文我也能背。我觉得《西青散记》文有仙气，而《陶庵梦忆》《西湖梦寻》则有逸气。我读《浮生六记》也是全神贯注的，因为我的家离书中写到的东高山、江阴都很近。尤其是东高山，只有数里之遥。有一次我经过那里，还特意去了东高山，但时隔二百多年，世事梦幻，到哪里去寻找呢？

那一段时间，生活很艰苦，家里常断炊，祖母、母亲、大嫂常对着空锅哭泣，没有东西给我们吃。每到秋冬，经常吃南瓜度日。而日本鬼子又不断到乡间来扫荡、清乡、抢掠、杀人。我的亲姐姐素琴，从小就一直照顾我、爱护我、教导我。她有心脏病，可家中无钱可医，日本鬼子来扫荡时她受了惊骇，心脏病发作去世了。我的堂姑妈因为日本鬼子强暴她的女儿，拿起粪勺当头猛击日本鬼子，鬼子以为游击队来了，就逃跑了。她的女儿虽一时得救，她却被卷土重来的大队鬼子开膛破肚，砍成四块，壮烈牺牲了！我的三舅父是小学老师，是当地有名的书法家，日本鬼子把他吊起来毒打，要他说出游击队的行踪，他就是不说，被活活地打死了。不久，我的老祖母得癌症去世了，我的亲伯母又得疯病去世了，我的家真正地破碎了，母亲日日哭泣，我却无法安慰她。我们真的是生活在水深火热之中。

但是，不管怎么艰难，总得生活下去。我与两个哥哥一起，天天起早贪黑在家种地，我还养了四五头羊，就这样苦挨着。幸亏我有这些书相伴，脑子里不去想其他事情，一有空就读书。最好的时间就是夜间，我往往点着油灯或蜡烛，天天读到深更半夜，而且早晨还早起早读。这样几年中间，我把借来的和买来的书都读完了，我感到真是开卷有益，读书是能开启人们的心灵的。虽然我对古书仍是半懂不懂，但觉得似乎比以前多懂了一点了。不过，我当时的读书是杂乱无章的，拿到什么就读什么，既不懂得系统地读书，更没有老师指导，只是暗中摸索而已，所以我非常羡慕别人能读中学、大学。我 17 岁那年，镇上办了中学，我得到家里的支持，就去考了中学，入一年级。国文老师叫丁约斋，十分器重我，说我书比其他人读得多，领悟得快。但丁老师当时究竟教我读了些什么，我真的一点也想不起来了。丁老师有四件事让我永远不能忘记：一是他坚持要去看看我的家，说我是书香门第。天晓得，我父亲仅能写信，究竟识多少字我也不知道。祖父老早就去世了，我都没有见过，更没有听说他读书，至今连他的名字也不知道。曾祖父冯秬香，倒是读书的，可能中过举，只记得我住的老屋厅堂里的柱子上、屏门上贴满了报录，老人说这是考中后来报喜的，厅上的匾额叫“馨德堂”，是当时的知县老爷裴大中写的。过去还有一篇曾祖父的寿序，刻本，红字印刷，文章是四六骈文，写得极为精彩，朗朗上口，我以前也能背诵，本子也一直在身边。可后来一次次的运动，本子早丢了，连脑子里记得的也早已没有了。丁老师说我是书香门第，此话用来说曾祖父的家，大概还可以，而我当时的家早已变成稻香门第甚至饥寒门第了，哪里还有一丝书香味道？可丁老师还是要去。结果我那虽大却破落不堪的家，真是让他失望。但他从我的旧书架上找到了一部《安般簃续钞》、一部《古诗笺》，可能还有其他几种书，他就大为高兴，说这种书一般人家是不可能有的，好像证明了他的“书香门第”的说法。其实这几种书都是我的一位朋友送给我的，他倒是真正的“书香门第”，几间屋子里古籍零乱地堆放着，任凭鼠咬虫蚀。他对我说：“你喜欢古书，随意拿吧，不拿也就全毁了。”我看着真心痛，又无法进去仔细挑，只好在门口拿了几种。想不到这几种书却证明了我这个早已不存在的“书香门第”子弟之身份。

二是丁老师对我说：“读书要早，著书要晚。”这句话深深地影响着我。“读书要早”，可是我已经晚了，而且是无师自读，暗中摸索，已经无法弥补了，再也早不了了！“著书要晚”，这句话他说得倒是过早了。一个上初一的农村孩子，离著书还远着呢！我心想，我能著书吗？也许晚到最晚最晚也未必能著书。但丁老师的意思是早读书，多读书，早开启智力；让自己的思想更成熟，见解更可靠，不致贻误后人。丁老师的话是非常宝贵的，所以至今我一直铭记在心。

三是我在旧书摊上买到一册《水云楼词》，曼陀罗华阁刊本，刻得很精，著者是蒋春霖（字鹿潭），是清朝的大词人。这本书好用古体字，如“夢”字刻作“寢”，“花”字刻作“弩”，“散”字刻作“椒”，“西”字刻作“卤”，“瘦”字刻作“废”等，我开始时不认识这些古字，但反复琢磨，也就慢慢地认识了。可是词是长短句，押韵的规律和诗不同，所以一时无法准确断句。那时我还不知道万红友的《词律》，也不知道有简易的《白香词谱》，只是自己反复推敲，寻求韵脚，然后琢磨着断句，结果有不少算是蒙对了，有一些却搞错了。为了明白究竟，我又去请教丁老师。丁老师一读这本词集就说好，是大家的作品。那些难认的古字，我一一读给丁老师听，居然都读对了，他大为高兴，说识字是读书的第一步，一定要先学好“小学”，然后教我断句。经过这一番教导，我能将《水云楼词》依词律正确断句了。后来，我又得知万红友的《词律》，又是请我二哥去苏州时买了回来，我好不欢喜，随即将《水云楼词》逐阕与《词律》对照断句识韵。至此，一部《水云楼词》算全部读通。我非常喜欢《水云楼词》，所以差不多整本词我都能背诵。这是我喜欢读词的开始。至今我还保存着我启蒙时期读过的这本词集，不仅如此，经过五十多年的搜求，我现在拥有《水云楼词》的很多版本。最后，我连《水云楼词》的原刻板的下落都弄清了。记得有一位姓周的老先生，是蒋氏的亲戚，刻板在他手里，他愿将全部词集的板子卖给我，我一个穷学生，如何有力买？只好望板兴叹！

我一直记着丁老师说“读书要先从识字始”，所以我更加爱好和注意这类篆体的古字。又过了多年，我才读到《说文解字》这部书，读甲骨文和金文的书，那是更晚了。

四是我上初中一年级时，丁老师就教我们写文章。丁老师每次都嘱咐，写好的文章，自己必须读三遍到五遍，方可交卷，自己没有反复读过的文章，不准交卷。我特别赞成这一规定。因为我上初中前，一直自己学写文言文，我是喜欢边写边念的，每完成一篇文章，自己就背得出了。上初中后写的是白话文，但我的习惯不改，也照样反复读，甚至能背。我觉得文章多读几遍，有些不必要的字词，自己就会感觉出来，意思好不好，流畅不流畅，也可以通过自己的阅读有所发现。所以，我至今仍保持这个习惯：自己写的文章，总要反复读五遍到十遍，就是给人写信，我也总要重读一遍到两遍，看看有没有落字，有些话说得妥不妥。我自己觉得这是一个很好的习惯，是非常有益的习惯，其实这一点，过去鲁迅就早已说过。可见这确是一条宝贵的经验。

丁先生只教了我们一年就辞去了，后来再也没能见过面。

我初中毕业后，就考入无锡城里的省立无锡工业专科学校，录取的专业是染织科，功课以数理化为主。这可与我的爱好大大相反，所以我的数理化功课成绩很差，有时还不及格。可我语文课的成绩总是最好的，作文尤其突出，常受老师表扬。还有我的图画成绩也是最好的，我也常常练习写字和作画。我的国文老师是张潮象老先生，他是无锡有名的词人，别号“雪巅词客”。他的书法也很好。有一次，他在课堂上讲《圆圆传》，讲到吴三桂开山海关迎清兵入关时，竟痛哭流涕，大骂吴三桂叛国投敌。学生听了，非常感动。大家心里明白他是在骂与日本人合作的汪伪政权，但又都为他捏了一把汗，因为经常有穿便衣的日本人坐在后排“听课”。老先生年龄已经很大，根本不知道这些情况。幸好那一天没有日本人来“听课”，总算没有出事。当时学校里有好多位著名的语文老师，还有一位叫顾钦伯，诗作得好，与张潮象老师也是好友。我是住宿的学生，顾老师也住在学校里，所以我常去请教他，听他讲诗。还有一位讲印染学的范光铸老师，写得一手好字，当时给我写了好多幅字，我一直珍藏着。是他告诉我，《红楼梦》里都是讲作诗的，劝我快读《红楼梦》，这是我第一次听到《红楼梦》的名字，也是第一次读它，但却没能读完。那是 1942 年的下半年，我虚岁 20 岁。我在无锡工业专科学校读了一年就读不下去了，因为家里实在负担不起，加上我又不喜欢数理化。虽然我非常喜欢张老师、顾老师和范老师，但我无法继续下去，所以 1943 年的夏天，我又失学回到了家乡。不久，就被聘为小学老师，但仍没有脱离种地。所以我老家与我差不多年纪的农民，都是与我一起干过活的。家乡的农活，我也件件都能拿得起来，包括挑担、插秧等。

不过，还有一件事我始终没有脱离，这就是读书。我一直记得丁老师说的话：“读书要早，著书要晚”“读书要先从识字始”“写好了文章自己要多看几遍”。

现在回过头来想想，丁老师的这几句话，仍旧是对的。我现在无论是读书还是写作，总是不敢忘记这几句话，而且总是觉得自己读书太少，自己的古文学得太差，如此，写好的文章更要多读几遍，五遍到十遍才敢放手！

如果能给我加一倍年寿的话，我一定从现在开始从头学起，以前学的，实在太少太浅了！我感到中国的学问实在太深太广了，如果真的让我再从头学起的话，现在我可能知道该如何学习了！

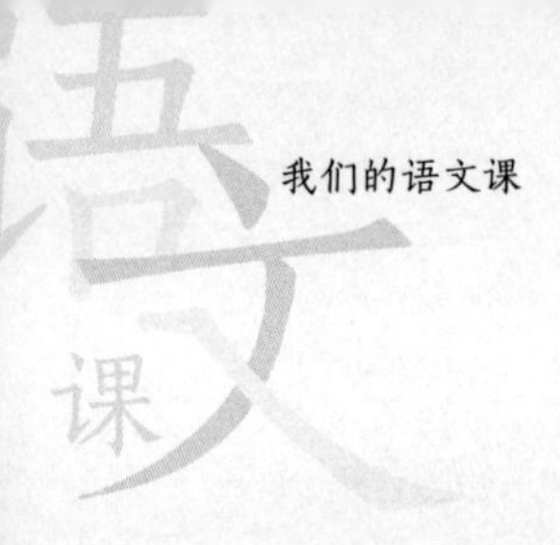

笔与我

/ 钟沛璋

钟沛璋　1924 年生于上海市。中华人民共和国成立前，在上海、南京、杭州参加并领导学生运动，主编《青年知识》半月刊，创办中联广播电台。中华人民共和国成立后，在上海创办《青年报》并任总编辑，后调北京任《中国青年报》副总编辑、共青团中央研究室主任、中共中央宣传部新闻局局长。

笔与我这一辈子结下了不解之缘。

这要从我在上海上小学开始说起。我最初上的启蒙学校，是宁波旅沪同乡会办的里弄小学。学校教学条件比较差，老师却很“厉害”。许多同学的家都很穷，我也是其中之一。一上课，老师第一件事就是点名，让还没有缴学费的同学一个个地站起来，因此我总是被罚站。教学的基本方法就是背课文，背不出来就罚站，或打手心。有一次，我的手心被打得像馒头那么高，放学回家吃饭，连饭碗都捧不住。母亲问我怎么啦，我“哇”的一声哭了起来。母亲拉过我的手一看，心痛得发抖。等那位狠心的女老师领着放学的学生队伍经过我家门口时，母亲狠狠地把她骂了一通。从此，那位老师不敢再这样打我了，但总是这样那样地挖苦我。这样一连三年，我对上学总是懵懵懂懂而又紧张。当然，我在这个学校里，还是学了一些东西的。比如写字。老师在黑板上写很大的字，写一笔，喊一句：“一竖，一横，一转钩……”同学们一边跟着在课桌上比画，一边也跟着喊：“一竖，一横，一转钩……”这样，我们很快学会了写字。

到了四年级，我转到了一所由著名儿童教育家陈鹤琴先生领导的现代化的小学。这所学校的教室很敞亮，还有一个可供学生活动、做游戏的操场。老师个个热情、亲切。有一次，我在游戏中扭了脚，肿得厉害，老师就背着我上二楼的教室上课。心里不紧张了，聪明才智也逐渐发挥出来了。

我在语文、音乐、绘画等课上经常受到表扬。我的作业经常被挂在墙上。受到表扬最多的是作文，几乎每一篇作文都被展览出来。经常被展览作文的，还有一位与我同班的同学。他作文的辞藻总是十分优美，我就暗暗地与他较劲比赛。我自己设了一个专门的本子，把书报上看到的优美动人的辞藻、佳句、形容词，甚至段落，都抄录下来，以便随时选用。

有一次，老师出了一个“人之初”的作文题。同学们大多是从人之初性本善还是性本恶上做文章。我认真地思索了一番，感到不对，人生下来怎么会就是善或是恶呢？我按自己的体会，一开头就写下了这样几句：“人之初，本是无知无识的。随着教育、环境和本人努力的不同，逐渐发生了差异。”这篇与众不同的小论文，受到了语文老师顾辑明先生的大力赞扬。他对同学们说：“写作文不能光是堆砌美丽的辞藻，而首先要有自己的思想。像钟信超（我当时在学校的名字）同学的这篇作文，就有一种哲学思想。”我第一次听到“哲学”这个词，不懂得是什么意思。回家问父亲，他也没有说明白。顾老师还教我们，写作文要多思索，要学会打腹稿，要下笔成文，而不要一遍遍地打草稿。他训练我们要在两节作文课里，先打好腹稿，再用毛笔一气写成，尽量避免修改。这样的基本训练，使我终生受益匪浅。后来在中华人民共和国成立前，我在地下工作中主编进步报刊时，为躲避敌人搜查，就经常在排字房里写一张排一张，稿写成，字也迅速排好。印出来后，排字板就不留痕迹地拆毁。一直到1949年，我在《中国青年报》赶写社论时，也常常是写一张就往排字房送一张。社论写就，清样也很快就出来了。

顾老师不但教我作文，而且还教我做人。我上小学的时候，正是国难深重、日本帝国主义又步步向我们紧逼的时候。顾老师就教我们要爱国，要救亡。当时我们虽然还是小学生，但是都已会唱：“同学们，大家起来，担负起天下兴亡！”的《毕业歌》。这《毕业歌》从小学唱到中学，一直唱到大学。顾老师还告诉我们，我国北邻的苏维埃社会主义共和国联盟，是一个没有剥削、人人平等的新世界。这是我最早听到关于社会主义的事，这对我以后确立理想、走上革命的道路，起了最早的启蒙作用。

我学语文的另一位老师，是我的父亲。他爱读书，爱书法，对我的影响很大。设立专门的本子来摘抄词汇、佳句、成语，就是我父亲教我的。他为鼓励我课外阅读，还专门为我买了商务印书馆出版的《小学生文库》，这是一套百科全书式的文库，内容十分丰富。有了这套文库，一回到家我就钻进低矮的小阁楼里，一本一本地看。一本书，就是一面窗户，使我看到了祖国是多么辽阔广大，看到了整个世界是多么奇妙。这套文库使我看到了古今中外，大大丰富了我的精神世界。

渐渐地，我又发觉我能看到的世界还是太小了。我就走出我所居住的虹口地区，有时约上同学，有时独自一个人，徒步走到上海著名的书店一条街——四马路（又名福州路）去看书。那里真是书的海洋。我所仰慕的许多著名作家的书，像鲁迅的、冰心的、丁玲的等，看都看不过来。因为我口袋里只有很少的零花钱，买不起书，就如饥似渴地站在书店里翻书、看书。从虹口走到四马路，要走一两个小时，回家已是天黑了。虽然很累，却又总是十分兴奋。

我小学毕业的那年，抗日战争爆发了，我居住的虹口地区已在炮火之中。我就随父母逃难到上海公共租界。我当时热血沸腾，却又不知道该做什么好。我写了一封很长的信，寄给已经回到家乡的顾辑明老师。我在信中诉说了自己不知怎样参加爱国抗日活动的彷徨。顾老师回了我一封信，说我年纪还小，爱国不能忘了求学，还是要设法上中学，好好读书报国。这是我第一次学习写长信。

当时逃难生活很不安定，一时上不了学，我就找报刊来看，把报刊作为课本。我在当时发行量很大的进步报纸《立报》上，看到了一篇以“炮火中的儿童”为题的征文稿，就立即写了一篇寄去。没想到，我从此通过笔与报刊结下了缘。

后来，我终于考上了租界工部局办的、由英国人当校长的格致公学（就是现在著名的格致中学）。当时，上海周边地区都已被日军占领，租界已成为孤岛，租界内的爱国抗日活动十分活跃。我想在学校里开展爱国宣传活动，但是英国校长很怕惹来麻烦，对学生管得很紧。才进学校的初一上学期，没能开展活动。到了下学期，因为我的学习成绩好，取得了老师们的信任，特别是精通国学又很爱国的语文老师——翁老先生对我很好。我就跟他商量，能不能在教室里办个墙报。他同意了。这样，我就用笔开设了第一个爱国宣传阵地。最有意思的是，我跟翁老师商量，希望可以利用上课的时间组织爱国宣传。翁老师竟然也同意了。我在讲台上正讲得起劲，忽然外国校长来查课堂了。校长站在课堂门口，警惕地看着我。我有些紧张，翁老师却轻轻地对我说："你继续讲吧，他听不懂中国话。"校长只看到老师和同学们都安静地听我讲，看不出名堂，也就走了。之后，我又在学校里办起了向全校同学发行的油印报纸。

我的一生，就这样与笔墨结下越来越牢的缘。离开了学校，我冒着被敌人搜捕的危险，办起了面向社会的报刊。中华人民共和国成立后，我做的第一件事，就是在上海办起了当时全国第一家青年报。现在我已是年过古稀的老人，但是我从没有放下手中的笔。如果要问我是怎样学习语文的，可以说，我一半是在小学、中学里学的，一半则是在革命工作中学的。

有没有感到遗憾的事情呢？当然有很多。就语文学习来说，我最遗憾的就是没有向精通国学的翁老师学习古文。当时我幼稚地认为，古文是封建的东西，不值得学。翁老师曾规定，作文必须写文言文，否则不收，我却偏偏用白话文写。至今回想起来，我深深地感到内疚。对我这样一个终生从事文字工作的人来说，缺乏国学基础，缺乏对我国传统文化的深刻理解，缺乏对我国精练的语言文字的认识，已成为我这一生难以弥补的缺憾。

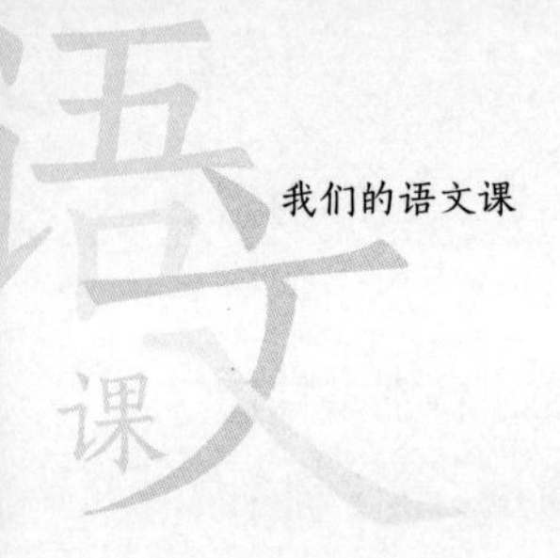

我的少年阅读经历 / 洪水平

洪水平，1925年生，浙江省温州市人，作家，出版作品有长篇小说《温州城下》《伍家旧事》，散文、短篇小说集《站着写人生》及随笔集《轶史随录》《明日黄花》等。

王丽主编的《我们的语文课》拟再版，约我写一篇。命题作文，形同考试，恐怕文不对题。但有几件事，似与这题目有关。

别具一格的学前教育

我的母亲上过女校，从她的知识结构来看，这所女校只教古诗文，并非数理化兼备的现代学校。她低声吟诵《木兰诗》代摇篮曲，按着诗的节奏摇晃着怀中的我。当我牙牙学语时，她逐句教我念："唧唧复唧唧，木兰当户织……"其实，我一点也不懂，但全背下来了。以后她又教我背诵浅近的古诗，如李白的《静夜思》、王之涣的《登鹳雀楼》。弟弟妹妹们的第一首摇篮曲也全是《木兰诗》。这算是别具一格的学前教育。

襁褓中的孩子的记忆烙印根深蒂固，让我一生对古诗词都特有兴趣，会背很多诗，像白居易的《琵琶行》《长恨歌》，辛弃疾、苏东坡的一些词，至今仍能背诵。

八十多年以后，女儿装修房子，我写了几幅字，想让房子有点书卷气。想到了儿时的情景，便试着默写一首《木兰诗》。多年未接触这首诗了，怕有误，找出原诗核对，竟一字不错。

囫囵吞枣看“闲书”

我家阁楼上堆着一堆几代人积下来的“闲书”，很多是石印线装本。这是大人们的书，我一向不注意。

刚上高小时，父亲送我一本七十回的《水浒传》，好多字我不认识，有些情节，如潘金莲和西门庆勾搭的故事，也看不懂。但一百零八将的故事的吸引力太大了，我竟一口气读完，而且想到了阁楼里的书，那里不也有一本《忠义水浒传》吗？于是就去翻那些书，这一下可挖到宝藏了。我记得找到的第一本书是《粉妆楼》，书里一个绰号“过天星”的侠客“生夜眼”，就是在伸手不见五指的深夜里能看见东西，黑夜对他来说如同白昼。太有趣了！接着，《七侠五义》《小五义》《七剑十三侠》《隋唐演义》《薛仁贵征东》，一本又一本。《西游记》里的诗全看不懂，就拣看得懂的看；《三国演义》《东周列国志》生字太多，看几页就丢开了；好几种版本的《红楼梦》《儒林外史》《金瓶梅》里没有英雄侠客，没兴趣；《聊斋志异》是古文，更不敢问津。反正放学回家后就捧着这些书，囫囵吞枣、似懂非懂地看（那时候，小学生没有带回家里的作业，现在的孩子可没有我这样的福气）。父亲说“看看闲书，未始不是文章之道”，并不干涉。母亲见我不再调皮捣蛋，也很高兴。

图书馆里的外国侠客

读初中时，又有一次大量阅读的机会。

1939 年我考进温州中学。校舍大部分被日本飞机炸毁了，学校搬到青田县水南村。次年暑假，我随父亲留在温州，怕日本飞机轰炸，且图凉快，父亲带我借住九山湖畔的籀园图书馆。父亲怕我出事，不准我游泳，我就钻进书库里找书看。几十排书架，顶到天花板，我像刘姥姥进了大观园，看得眼花缭乱，头都晕了。

父亲踱了进来，领我到一排书架前，抽出一本《侠隐记》，说：“这是外国侠客的故事，你看吧。”这书是《万有文库》本，封面是螺纹铜版纸，深蓝色的书名和素雅的图案，十分精致。这是我接触到的第一本外国小说，就是现在译名为《三个火枪手》的那部作品。这时，我已非昨日的吴下阿蒙，阅读的能力强多了，唯恐错过机会，看得飞快，看过的书数量很可观，现在能记得起来的有《莎氏乐府本事》《茶花女遗事》《西线无战事》《小妇人》《金银岛》《伊索寓言》《泰西五十轶事》《鲁滨逊漂流记》《安徒生童话》《黑奴吁天录》《死魂灵》以及普希金、梅里美、契诃夫、杰克·伦敦的作品。整个暑假，我足不出户，整天窝在书库里。管理员叔叔拿来一条小凳子，让我坐着看，只是嘱咐：不准吐痰，看完了放回原处。书库里静悄悄的，无人打扰。我忘了时间，忘了饥渴，随着书中人物的悲欢离合，时而发呆，时而发笑，如醉如痴。好几次，直到管理员叔叔拍拍我的肩膀，我才记起该去吃饭了。

这三次经历，对我的一生有多大影响呢？也说不准。只有两点很明显。一是我念中学时很轻松，当年三门主要功课——国文（也叫国语）、数学和英文，我只需关注两门，国文课不在话下，小考、大考都名列前茅。二是读书成瘾，一生手不释卷，如厕时也要带一份报纸或一本书，数十年改不掉这不卫生的习惯。

我 68 岁那年，觉得世俗的事务摆脱得差不多了，以后怎样打发日子呢？这时，少年时的阅读发酵了，第一个想到的就是试着写小说。我 70 岁出版了第一部长篇小说，接着第二部也是长篇小说。之后一发不可收拾，到 91 岁，出了 6 部书，包括短篇小说、散文、随笔、史话，加上与别人合作的两部书和散见于报刊的文字，超过 200 万字。现在还在写，如果幸而再活几年，还可以出几部。这些书水平如何，要在几十年甚至上百年后才见分晓。我也不大注意别人的议论，反正写写文章，自得其乐，比打麻将和袖手闲坐，要好得多。

学习语文的体会

/ 王运熙

王运熙　1926 年生于江苏省金山县（现为上海市金山区）。曾任复旦大学中文系教授、博士生导师。著有《乐府诗述论》《汉魏六朝唐代文学论丛》《文心雕龙探索》等。与顾易生教授合编有《中国文学批评史》（三卷本）、《中国文学批评史新编》（二卷本）和《中国文学批评通史》（七卷本）。

我从童年时即读了大量古文，后来读大学中文系，着重学文学，又读了许多文学作品。语文、文学是我青少年时期的重点学习对象。要学好语文、文学，根据个人体验，主要应该做好以下几件事情。

一要多读作品。我五六岁时，父亲即教我学唐诗。那时便感到唐诗朗朗上口，饶有兴趣。父亲深爱文史，会作旧体诗文，曾长期在中学做文史教员。我初小毕业后，他要我留在家中，在他的指导下重点学习古文，再用少量时间学习数学、英语。在此后的四五年中，我先后读了“四书”、《史记》（选本）、《左传》（选本）以及《诗经》《楚辞》《古文观止》《六朝文絜》等古书。对各篇文章或诗，父亲讲得很少，主要由我自己诵读，大概每天上午读一篇（或一长段），每篇读几十遍。父亲不勉强我背诵，但多数也能背诵下来。这样学习，开头时囫囵吞枣，不懂的地方很多，感到枯燥乏味；往后理解能力逐渐提高，达到大体能懂时，就颇有兴趣了。记得读唐宋八大家的许多文章时，就感到兴趣盎然，爱不释手了。这种学习方法，实际是过去私塾的做法，显得陈旧，但现在想来其中也包括了合理因素。因为学语文同小孩子学说话一样，要多说、多练，要提供一个学习、锻炼的环境。大量、反复地诵读古文（包括古诗），即是提供一个学习、锻炼的环境和机会。俗话说："熟读唐诗三百首，不会作诗也会吟。"这话包含着真理。

后来20世纪40年代，我进高中、大学学习，除了继续多读古文外，还阅读了许多白话文。特别在课外，我阅读了许多现代作家和外国名家的翻译作品，这样，对白话文、白话文学也掌握得较好。我的两个孩子，成长在中华人民共和国成立以后，我没有刻意要他俩多读古文，只是让他们在课外多读、多看各类作品，通过大量阅读，两人的语文阅读、写作能力都比较强。我们接触到的同辈学人或中青年同志中，凡是语文、文学学得好的，主要也是靠多读、多看。

诵读、朗读也是学语文一个值得注意的环节。不少文学作品之美，不但体现在感情的真挚、描绘的生动方面，还体现在语言色彩、音节的优美方面。语言和谐婉转、抑扬顿挫的音节之美，还有文脉的开合变化、起承转合等，通过诵读、朗读，就能较好地领会、掌握。这种语言音节之美，不但诗歌具有，不少优美的散文也具有；不但古诗文具有，一部分白话文也具有（例如鲁迅的小说、散文）。过去老一辈的教师在为学生讲授古诗文时，对艺术性的分析很少，而注意吟诵、朗读，通过这一环节，学生对作品的艺术性和语言美的领会，也会收到良好效果。这种经验也包含着合理因素。一般读者不是朗诵专家，因而对诵读、朗读的要求也不必高，只要基本上掌握词语的结构次序、停顿以及音节的高低强弱就行了。

现在中学乃至大学的语文教学，我觉得一个主要问题是学生读的作品太少，感性认识薄弱，以致阅读写作能力都不强。教师精讲少量优秀作品是需要的，但这只能是举一反三，主要还得靠学生多读多看。教师宜规定一部分作品要学生自己阅读，略加指点，定期检查，同时不妨减少讲解时间。教师要注意启发学生的学习兴趣，让他们在课外多读些作品，以弥补由课堂教学时间不足带来的缺憾。当下大学中文系学生学文学史课程，什么文学发展过程、著名作家的成就、特色等，教师是不少讲，但学生往往作品念得太少，因而文学史知识缺乏坚实基础，显得虚浮。

二要动手多写。我在父亲指导下重点学习古文时，要每周作文（文言文）一篇，写好后由父亲批阅点评。他改得很少，优缺点均用评语指出。锻炼多了，进步也快。因为作品读得多了，常能注意到古文名篇的构思创意、篇章结构、用词造句等特点，予以学习模仿，也能写得像个样子。开头时显露出刻板模仿的痕迹，以后就比较灵活自如了。我想，这也和小孩子学说话一样，开头时机械模仿大人的话，往往稚拙可笑，但在不断发展过程中学会了说话。我在中学、大学读书时，喜欢读中外名家的文学作品，特别爱读鲁迅、茅盾、叶圣陶的短篇小说，国外则是契诃夫、莫泊桑的短篇小说。我出生在江南一个小镇附近的村子里，母亲家也在一个小镇上，幼时常去外祖父母家，对江南水乡、小镇的风光、生活稍有体验，因而读大学时就以鲁迅、茅盾、叶圣陶等这方面题材的作品做榜样，写过十来篇短篇小说，发表在当时报纸的副刊上。写得多了，也颇顺手。大学毕业后，我喜欢中国古典文学研究，开始写作学术论文，就不再从事文学创作了。

我从复旦大学中文系毕业（1947 年）后，留任为该系教师。之后着重研究中国古代文学，写学术论文。想要写好学术论文，主要也靠多写，同时向近现代名家（如王国维、鲁迅、陈寅恪等）的论文、论著学习。学习他们如何搜集、选择材料，如何提出问题，如何考察、分析问题，有步骤地加以论证，最终得出令人信服的结论。中国近现代名家由于接受了西方科学思潮的影响，视野开阔，论证严密，更值得揣摩学习。大约经过一两年的揣摩锻炼，我写论文就相当顺手了。

我先后读过夏丏尊的《文章作法》，叶圣陶的《怎样写作》，陈望道的《修辞学发凡》，吕叔湘、朱德熙的《语法修辞讲话》一类著作，感到颇有收获，提高了对语言运用规律性的认识。

学一点语法修辞、文章作法，对提高读写能力也很有益处。它们可以帮助我们把对用词造句、结构篇章的认识提升到对规律性认识的高度，帮助我们把文章写得更加规范化。但我认为这方面的规律性认识，必须建立在大量读写的基础上，否则容易蹈空。根据我个人的体会，主要的时间精力，还是应当花在多读、多写方面。

三要读一点历史书籍。文学作品产生在一定的历史时代，它们包含了丰富广泛的历史内容，与其时代有着密切的联系。要准确深入地理解作品的思想内容，必须对其历史背景有所认识。特别是古代作品，因其产生时代距今天较远，社会情况不同，我们更需多了解其历史背景。再说，古代一部分优秀历史著作，如《左传》《史记》《汉书》《资治通鉴》等，其中不少篇章写人叙事都很生动，语言精练优美，具有很高的文学性。阅读这类篇章，也有助于提高我们的文学修养。我在学习过程中，深感多读史书大有好处。少年时初读《左传》《史记》，还读了清初人编的《纲鉴易知录》（古代较简明的编年体通史，自上古到明代），在增加历史文化知识、提高语言运用能力方面，受益颇多。以后结合研究工作，进一步系统阅读"廿四史"中的有关史籍和其他有关史书，更是受益无穷。

为了传承中华民族优秀的文化遗产，提倡青少年多读一些古诗词，特别是唐诗宋词，是很有必要的，我也十分赞成。但我认为，还应让青少年多读一点古代散文。散文不但容量大，而且文法结构更正规，不像诗词那样多倒装、省略等现象。多读点散文，更有利于提高古汉语阅读能力。在散文中，更宜注意多读一点历史散文。史书中包含着丰富的历史文化内容和许多可歌可泣的历史英雄事迹。这对读者增加历史文化知识，提高文化素养，从优秀历史人物身上汲取精神力量，培养高尚的道德情操等，都是有益的。我觉得，今后我们的中学、大学语文课本中，宜多选一些优秀的古代散文，包括优秀的历史散文。编辑出版界可以出一批历史散文选本，供广大青少年读者选读。语文教师也宜鼓励学生在课外读一些历史散文。

少年求学记

/ 洪禹平

洪禹平　1926 年生，浙江省乐清市人，学者。作品有中短篇小说集《国门仗剑游》，学术论著《中国历代书法集成赏析》《千古诗魂——谢灵运研究专集》等。

我生于 1926 年，大约 1933 年上小学，1939 年上初中。从小学到初中一年级，我还是个很不懂事的孩子，很贪玩。优点是爱画画，画的多是戏曲人物，如三国五虎将之类。我还将这类画制成精致的美术品分给小同学们，他们都当宝贝一样珍藏起来。上初中时，抗日战争已经爆发，温州被日机轰炸，我考上的浙江省立第十中学（简称温十中，即今温州市第一中学的前身）迁往青田水南。从我的家乡乐清城到水南大约要乘三夜两天的“青田船”——一种两头尖尖的大型“舴艋舟”。这种船可坐卧二十来人（好像全是男生，女生大概另外结伴而行）。那些高年级的同学说说笑笑、打打闹闹，像过节般高兴，我却一上船便眼泪汪汪，一个劲儿地想家、想妈妈——我至今还清晰地记得母亲打着灯笼送我上船后转身回去时的那慈爱可亲的身影（为了赶上瓯江涨潮时间，船在夜里出发）。

然而，就是在这些开蒙岁月里，我碰上了几位好老师，他们对我的开蒙作用我永志不忘。且就两位语文老师略记如下。

一位是陈（或姓李）光中先生。他是我上小学四年级时的国语老师。先生当年大概三十岁上下，一腿微瘸，脸清瘦白皙，一边脸颊上有颗黑痣，痣毛很长。他看上去不美，但文质彬彬，风度极好。有一天，他教我们读一课书，课文中有一首诗，先生先朗读了一遍，又放声长吟，声泪俱下。本来总是不太安静的教室里突然鸦雀无声。那诗写的是——

万顷云涛立海滩，
天风浩荡白鸥闲。
舟人哪识伤心地，
遥指前程是马关！

先生吟诵后，又讲了清政府与日本订立《马关条约》那丧权辱国的史实，接着又长吟这首诗。我也声泪俱下地跟着念，两个膝盖在书桌下摆来摆去，结果被底板缝中露出来的一块玻璃划破了左膝盖，至今还留下一条疤痕。而这首诗连同先生的形象从此刻在了我的心头。我后来之所以喜欢读诗作诗，可以说，这是第一个契机。

再一位是林章森先生。他是我上小学六年级时的国语老师。他那时大概刚从某高校毕业回家，暂到小学任教。他西装革履，长相英俊。那时抗日热潮高涨，我们小学生每天凌晨都集中起来绕城一周，举行“晨呼”——高呼抗日口号，高唱抗日歌曲。我们还组织歌咏队，演出“活报剧”（如名剧《放下你的鞭子》）。我很喜欢参加这些活动。但念书还是不用功，只有作文大概还不差。有一天，林先生出了个有关抗日的作文题，我也不知哪来的灵感大发议论，说日本鬼子不仅对我们进行“军事侵略”，还进行“经济侵略”“文化侵略”。林先生看后对我大加表扬、鼓励，说很多同学只知道在日本鬼子杀人放火、奸淫掳掠上做文章，而我能想得更多、更远，如果上课时再用心一些，下课后再用功一些，我的作文一定会做得更好。这番话简直像给我打了强心针，虽然我一下子很难做到“用心”“用功”，但开始懂得这是应该做到的。

然而，我毕竟还没有告别童年。一上初中又那么想家、想母亲，而且水南蚊子特别多，疟疾流行，我也染上了这种病。只是那儿风景如画，美术教师又挺高明，在他的影响下，我用铅笔、木炭、水彩画了好多风景写生和人物画，还画过丰子恺式的漫画，并向温州出版的《画阵》投过稿，有的也刊登了。但是还是无心念书，主课成绩都不好。不过，在我的心目中，这所名牌中学的老师都是有名望的学者，就连非主课的老师也是这样。例如，我们的博物课老师贾祖璋先生，是全国有名的博物学家、科普作家，我在报刊上也读过他的作品。我们的国文老师也是个有名望的学者，尽管我已记不起他的大名，但他的形象我仍记得很清晰。他个儿很高，似乎已是个上了年纪的老者，剃光头，穿长衫，说话时有个习惯的手势 —— 讲到要紧处便举手伸出五指像抓东西似的抓一下，逗得同学们都忍不住发笑。他讲课喜欢旁征博引，讲了不少课文外的诗词。有趣的是，那些课文，我现在连一点印象都没有了，而他插进来讲的诗词，不少都还记得，其中有些是我后来再也没读到的，例如 ——

扬鞭慷慨莅中原，
不为仇雠不为恩。
只觉苍天方愦愦，
莫凭赤手拯元元。
三年揽辔悲羸马，
万众梯山似病猿。
我志未酬人亦苦，
东南到处有啼痕。

［注：“仇、雠”二字，上海人民出版社版《辞海》释为同音（chóu）、同义（仇恨、仇敌）词。但在有的方言（如温州方言）中，“仇”读 chóu，“雠”读 qiú；词义亦不同：“仇”为仇恨，“雠”为雠敌，如“报雠”，不说“报仇”。故此诗此句用此二字并非用词不当。］

又如联句 ——

忍令上国衣冠，沦于夷狄？
相率中原豪杰，还我河山！

这一诗一联，让我好多年间都反复吟味不已。当时老师以为是石达开作的，而我后来研读清史，也接触过不少太平天国的资料，未见此诗此联，并觉得石达开作不出这样的诗、联来。1956 年我到浙江“体验生活”和创作，经杭州时碰上夏承焘先生，我谈起这一诗一联，夏公说是后人托名石达开之作（那作者的姓名，我后来忘了）。这里带便记之。

我真正懂得读书的重要性并发奋读书是从1940年转学到乐清市乐成中学（初一下）开始的。那以后大约五年的时间里（我初中毕业后因战乱和家境特别困难暂去当小学教师，但仍坚持自学），我的求知欲好像一旦开窍便一发不可收拾，沛然遍及多个知识领域而不知其所止。不仅学校里的几门主课（国文、英语、数学等）我都学得很好，远远超出学校里的进度，甚至将高中、大学中文系的课本都拿来学过，而且精读了我国古代的一些文史典籍，阅读了大量古今文学名著和西方、日本的翻译作品，还阅读了中西方近现代的一些社会科学和哲学著作。也是在这一时期，我几乎天天写诗（大都是新诗，也能作旧体诗），每天写详细的日记。从初三开始我还常写英文日记，这时期写的散文、杂感也不少，开始向乐清和温州的一些报纸投稿，有的被采用。造成上述情况的原因可能有很多，但肯定与我在这个时期有幸遇上的许多良师益友分不开，现择要略加记述。

上面说过，我在水南十分想家，又染上疟疾，父母决计让我转学到创办不久的乐成中学。在我的心目中，它当然不像温十中那么有名，那么“神气”，因此我根本想不到，它的师资阵营绝不比温十中差！国文、英文、数学等主课尤其如此。这里单说两位对我影响很大的国文老师倪悟真先生和陈适先生。

倪先生当年大约五十来岁，是温州及所属诸县很有名望的学者，博通文史，对新文学、新文化也多有研究，不抱成见。那时国文课文中文言文比重较大，他还补充了一些古诗文讲义。他讲古诗文一字一句都求“正解”，一丝不苟。我从先生那儿第一次懂得什么叫“义理、考据、辞章”，什么是读书（文史）写作的基本功。我的用功好学使先生对我另眼看待，课外常对我个别指导。他教我如何选读课外书。那时乐成中学图书馆藏书颇多，并且管理得很好（那位女管理员是一位大学毕业的高才生，后成为一名大报记者）。而倪先生本人又是著名的藏书家，他家收藏的古籍都是版本很好的线装书，一箱箱一橱橱，洋溢着书香。我喜欢读诗作诗的爱好在先生的引导下确实大有长进。记得那时我作的一首旧体诗中有联云——

发省晨钟鸣白鹤，
寻诗皓月出箫台。

“白鹤”，寺名，乐成中学就办在这寺里。“箫台”，山名，乐成中学校门前是银溪，过溪就是箫台山。“发省晨钟”，语出自杜甫的《游龙门奉先寺》：“欲觉闻晨钟，令人发深省。”这是我当时刚读过的一首诗。诚如倪先生所说，化用前人名句是学诗的重要方法。倪先生和稍后来校任教的陈适先生都很赞赏这一联，给了我很大的鼓励。

有一次，一位同班同学的母亲亡故了，我作了副挽联，先向倪先生请教。我原来作的是——

与令郎乐度晨昏，常同看东塔云生，箫台月上。
吊慈母远离战乱，想正是瑶池桃熟，仙苑莲开。

倪先生看后，莞尔而笑，点头说：“不差！”随即又提笔改了几个字——

与嗣君乐数晨昏，每同看东塔云生，箫台月上。
吊阿母远离丧乱，想正是西池桃熟，阆苑莲开。

这就显得对仗工整、用词典雅多了，情感也更深致了。

陈适先生中学时代师事夏承焘先生，并当过他的学术助手。后入上海复旦大学，毕业前后在林语堂办的《人间世》杂志上发表过不少散文，后结集为《人间杂记》，由商务印书馆出版。其文其人深受林语堂、赵景琛等人的赏识（见《人间杂记》林、赵序。我曾撰文详记之，载于线装书局出版的《箫台清音》)。他到乐成中学任教前曾在上海、温州等地中学任教，对中学国文教学有研究、有著述。他当时大约三十多岁，为人极为谦虚诚恳。他虽然不是我的任课教师，但我常常到他房间去找他，他总是非常耐心地给我以指导。他说自己身体不好、记忆力差，读书、教学都靠笔记，所以同我谈话时，常查笔记和书籍，这使他那慢条斯理的谈吐愈见慎重而谨严。我的第一篇小说习作《失业》，也曾得到陈先生的指点。

那个时期，我家里还有一位非常重要的师长，那就是我的堂伯父洪国忠先生（因他排行老大，我叫他“大伯”）。大伯少年时在国学大师瑞安孙诒让先生家读过书（大伯之父舟卿先生是清末乐清德高望重的人物，兴水利，办学校，支持维新运动，孙诒让曾撰文记其事），后就读于杭州法政大学，但后来不知何故回乡赋闲，郁郁不得志。他自己没有孩子，我转学乐成中学后，大概因为我已开始懂事，用功好学，他便常来我的书房同我谈诗论文，我有时也到他家去找他谈。有趣的是，大伯从来没有摆出长辈或老师的架势教导我什么，而纯粹是“闲聊”。比如，当他看见我案头摆着《胡适文存》和鲁迅的书时，他会挑起我跟他争论文言与白话的优劣问题。他认为，白话只是应时而兴的、有用的文体，而从文学欣赏价值上看，白话文学与文言文学则不可同日而语。我当时虽然很爱好古文诗词，但已经读过很多新文学作品和翻译作品，受鲁迅影响特别深，因此很想像鲁迅那样博古通今地为白话文学辩护。为了“争赢”大伯，我还按大伯的启示有计划地精读文史古籍，如《论语》《孟子》《春秋左氏传》《史记》等，都是我当时的精读书。大伯对我这样的“论敌”当然很欣赏，他还特别赞赏我读史的兴趣，说：“不知史，无以言！”有一次，他看我正在读《红楼梦》，便问我：“你知道林黛玉窗前的对联是怎么做的吗？”我那时的记忆力确实特好，便应声说：“绿窗明月在，青史古人空。”我20世纪60年代通读《全唐诗》时，曾发现此联原是唐人诗中的一联，当时已记下诗题和作者。但笔记于“文革”中遗失，后来再也想不起这诗题和作者。据我看过的红学文章，也不见有人提及此事。注此以俟高明。大伯说：“这种对子，叫作‘绝对’！也就是说，这两句，再也没有更好的句子可以跟其中任何一句做对了。”关于“绝对”的解释，除了我大伯这一说外，还有种说法是：一个句子，谁也没法对上恰当的一句，称“绝对”。我认为此说是错的，因为这“绝”字不是“断绝”的“绝”，而是“绝妙好辞”的“绝”。大伯佩服的人物只有两个，一是孙诒让，二是章太炎。他平常好像很少看书，也不见他有什么藏书，但有一天，他从衣橱上边的柜子里拿出几本孙诒让的著作让我看，说：“孩子，你有一天能读懂这些书就好了。”我那阵子正在读梁启超的《饮冰室文集》，我问：“梁启超怎么样？”大伯莞尔道：“太炎先生说梁任公连字都不识！”我大吃一惊。于是大伯告诉我什么叫“小学”——文字学、音韵学、训诂学、考据学。

大伯曾经深情地谈起瑞安孙家玉海楼的藏书，谈起清末民初瑞安城里早晨满城的琅琅书声……这一切都使我为之神往。我还常常与大伯一起背诵吟咏古诗文。大伯那种平仄分明、起承转合有度、充满情感情趣的抑扬顿挫的吟咏声，比什么音乐都更悦耳动人。后来，有的朋友说我的吟诵也颇可欣赏，但我心里明白，我不过得大伯五六分！

说实话，大伯对我的潜移默化的影响是我平生受益最大最深的。

我还有一个叔父洪公达先生（因排行第三，我叫他“三叔”），他也给了我很好的影响。中华人民共和国成立前，他曾任温州民众教育馆馆长，后长期任中学国文教师。他温良通达，博览群书，对古诗文和新文学都很熟，尤其熟读鲁迅、周作人、林语堂等人的作品。他极善言谈，有讲不完的故事。每逢过年过节他回乐清时，我辈兄弟姐妹一大群总是环绕着他，要他讲故事。我后来才知道，他讲的故事都有出处，但都经过他的改编，更适合我等少年人欣赏。比如，有的故事来自托尔斯泰的作品，那是比较难改编的，但他都改编得很好。

三叔的藏书也不少，且特多明清小说和元明清杂剧。我在这时期读的这类书大都来自他家。他还暗藏着一部“原本”《金瓶梅》，也被我偷出来看过。

在此时期，我还有两个重要的朋友。一是少年成名的画家王思雨兄。他比我大几岁，先师事名画家倪贻德，后随野夫从事木刻创作。他为人极为慷慨仗义。他家里的藏书多而有系统，“五四”以来的新文学作品，西方和日本的翻译作品，几乎应有尽有；还有许多西方的文艺学、社会学、哲学类书籍以及精印的大型画册。这些书，我差不多都一本接一本地读过。这使我那时期的习作总以新诗为主，我几乎天天作诗，抄录在自印的稿纸上，到一定数量就装订成册，让同学、朋友们看（因不少是爱情诗，所以不让大人们看）。我和思雨，还有堂兄洪水平还经常一起作画、吟诗、通宵达旦地高谈阔论。

此外，我还有一个比我大一岁的堂兄洪式灏（原名士俊，亲人们都叫他“阿俊”）。他读书比我还用功得多，又非常聪明。他原因家贫就读于瑞安简易师范学校（那是全公费的学校），在那儿读了两年后想转学到乐成中学（以便以后继续上进求学），他来问我：“我想转到乐成中学，别的功课都不怕，只怕英文跟不上，你看怎么办？”我说：“我提几个问题考一考你，如果你答对了，那就一定跟得上！”于是我提了两个有关造句的问题，哪知他不仅答对了，而且全用英语回答，所知大大超出了我的知识范围，我大叫一声：“你的英文比我好多了，还怕跟不上？”实际上，他进乐成中学后，所有主课都考全校第一，无人匹敌。毕业后到温州考高中，三所名校都考第一，几家报纸大肆报道，号称“连中三元”！当时考高中英语作文是自由命题，他的作文题目是“On Cairo Conference”(《论开罗会议》)。他这篇时事评论文章，评卷老师给了105分，一时传为学界佳话。在阿俊的影响和帮助下，我的英文也学得不差，1945年前后已基本过关，翻翻词典能读懂雪莱、拜伦等人的诗集原作。

那段时间真是我专心致志，发奋求学、求知的黄金时期。它为我后来求学并投身革命、从事文化文学事业打下了一点文化底子。而在1957年以后长达21年的艰难岁月中，我之所以能再度专心致志地埋头读书写作，也与这点底子有密切的关系。那是我第二个求学、求知的黄金时期，不过不像第一个黄金时期那样使我风华俊发，此非本文范围，不多说了。

最后还想添个蛇足：要是有人问我少时受过的语文教育有什么特点，我想说最大、最根本的特点就是语文教师几乎全是人文学者或学者化的教师。他们都是将自己读书治学的经验和成果教给学生，引导学生多读书、读好书；他们以自己的学识才华启发、开发学生的智慧才华、才能，他们从来不讲各体“文章作法”之类的外行话，不让学生做那些烦琐不堪、毫无用处的“练习”“作业”，也从来不用频繁的考试和分数为难学生；他们会让学生在多读、多写中自然提高阅读写作能力，让确有文学天赋者自然脱颖而出。

因此，我说，让语文教师学者化，恐怕是当前语文教育改革的根本出路。

私塾教育与我

/ 敏泽

敏泽　1927 年生于河南省渑池县。著名美学家及文学理论家。曾任中国社会科学院研究员、《文学评论》主编等。已出版《中国美学思想史》（三卷本）、《中国文学理论批评史》（二卷本）、《文学价值论》（国家社科基金项目）、《形象 · 意象 · 情感》等。

我 1927 年出生于中国仰韶文化所在地河南省渑池县鱼池村。所谓“物生必蒙，故受之以《蒙》”（《周易 · 序卦》）。人在出生之后，就要面对一个受教育的问题。不过我早年所上的小学，并非现在的小学，而是传统的私塾。虽然当时的中国已进入 20 世纪 30 年代，我们的县城位于陇海路上，也不算太偏僻，但当时只有县城内有小学，乡村的教育仍然普遍由私塾完成。

我从 5 岁进入私塾，一学就是 5 年。

私塾和后来出现的小学虽然性质上是相近的，但课程和学习方法却有极大的不同。前者只学一种课程：古书，学习方法主要是背诵；后者却要分成语文、算术、体育、音乐等科。进入私塾之初，首先要学的是《百家姓》和《千字文》，待这两种蒙童读物读烂、背熟之后，接着就进入了“四书”“五经”的学习，依次为《论语》《孟子》《中庸》《大学》《诗经》《尚书》。学习古书要做到从头至尾背得烂熟，此时才可以丢掉不读，开始学习一种新的古书。比如说，你认为《诗经》你已经学好了，不必再读了，你就要将它放在老师的面前，行个礼，然后转身背诵，从第一篇《关雎》的“关关雎鸠，在河之洲”背起，一直背到最后一篇《殷武》的最后一句“旅楹有闲，寝成孔安”为止。老师认为你背熟了，才同意你不再读此书，而另读新书。不知出于什么原因，“五经”中除《诗经》是要全部读熟之外，《周易》当时并未学，《春秋》《礼记》等只选了很少几篇，《尚书》选得多一些，也不超过十篇。每篇开读之前，都要先由老师讲解，然后再诵读。诵读是连老师所讲过的重要注解，例如《毛诗序》中关于《诗经》的一些重要的论述、朱熹《诗集传》中关于“兴”的笺释之类，也要一并熟读并记住。

除了学习并背诵上述古书之外，还读了《古文观止》《千家诗》(并非宋人刘克庄所编之22卷本《分门纂类唐宋时贤千家诗选》，而是仅收了数十家的儿童启蒙读物的《千家诗》)《唐诗三百首》等。

我在这里较为详细地介绍了一些当时私塾的学习内容和情况，是因为不仅当代的中青年根本不了解私塾，即使是和我年龄相仿的年逾古稀的老人，幼时经过私塾学习的也极少。还应该稍做说明的是，以一个儿童的理解力来学习古书，譬如说《唐诗三百首》中的部分诗篇，以及《论语》《孟子》，由于其文接近口语、较为浅近，且取譬生动（如《孟子》)，因而还是基本上能够理解、多少还可以引起学习兴致的。而有些书，像《周易》《礼记》，特别是《尚书》这样古奥难懂的书，连唐代的大文学家韩愈都觉得“浑浑无涯”“佶屈聱牙”难以领会，要一个年龄只有几岁的儿童来读，几于近乎天书。读它、背诵它索然无味，蒙昧不解，真真可以谓之苦不堪言！

但有些书，如《古文观止》之类，由于学习时间较晚，理解能力有所提高，再加上它所选录的记叙文、论说文等，大都写得很生动、形象，读起来也津津有味，令人回味无穷。至于一些抒情性散文，如韩愈的《祭十二郎文》、李密的《陈情表》之类，读来更是令人荡气回肠，兴致盎然，其乐无穷，与诵读《尚书》的篇章感受上有霄壤之别。

这就是我在童蒙期所受的语文教育。这是全部教育，既是关于语文的、文学的，也是关于文化的和历史的。传统教育本来是经史子集、文史哲浑然一体，不可条分缕析的。我早年所受的教育便是这样的教育。

我是十岁左右考进渑池县立高小五年级的。我从那时起开始接受现代性质的教育，包括语文方面的教育。这之前的五年私塾教育，便是我最早接受的，并且给我终生留下了难以磨灭影响的语文和文化教育。

这五年私塾所学到的东西，说实在的，比后来的正规大学中文系四年所学的东西都要多。前几年在一次学术座谈会上，听到北京大学的费振刚先生谈：现在大学里学生的读书风气很令人忧虑。他带了一个博士生，指定那个学生在一年之内必须将《诗经》通读一遍，不想一年之后问他，他竟然基本上没有读，真令人不胜感慨！我所受到的古文化教育对我的一生的影响不仅是深远的，而且几乎可以说是无处不在的。这里不妨把我早年所受的教育对我后来的影响，做一个简要的回顾。

五年的私塾教育，使我初步学会了写古体诗。十二三岁时，日寇侵略至我县，我激愤异常，“情动于中而形于言”，于是就拿起粉笔在日寇经过的路边的石碑上写下了一首怒斥日寇侵略行径的古诗。诗我早就忘得一干二净了，但十多年前返乡时，乡亲中仍有人记得其中几句（后来因为长期从事理论学术研究，旧体诗倒变得十分生疏了）。我还初步学会了写文言文，例如 20 世纪 80 年代初期，我赴厦门大学主持研究生答辩，后来郑朝宗先生和他的学生们要将他们研究钱钟书《管锥编》的文章结集出版，要求我为该书写序言，这个序言我就是用文言文写的。给香港中文大学著名学者罗忼烈先生的《两小山斋杂著》等写的序言，亦是如此，且颇得学人谬奖。多掌握一种写作手段对于一个学术研究工作者来说，绝非一个无关紧要的问题。

而且想不到的是，这五年私塾教育也大大帮了我考大学的忙。1946 年，我想到北京读大学，但由于家境贫寒，只有报考公费学校才有可能。于是我报考了国立北平铁道管理学院（今北京交通大学），该校当时刚由后方迁回北京，继续实行抗日战争时期的公费制。按我的性格和兴趣来说，本来是不大喜欢理科的，但为了要到北京，就冒险报考了该校。说实在的，我当时的学习情况除了语文还马马虎虎勉强可以将就之外，数学等其他科目水平都很差，而当时的录取比例又很低（记得大概是三四十分之一），所以确实是“冒险”行动。但语文考试是两项内容：一是作文，题为“博学、审问、慎思、明辨、笃行辨”；一为标点断句，如“子适卫冉有仆子曰庶矣哉冉有曰既庶矣又何加焉曰富之曰既富矣又何加焉曰教之”，这是出自《论语·子路》的。作文、断句、标点等对于没有学过古书的同学可能较困难，对我来说则易如反掌。因此，尽管我数学等考得很不好，但由于语文考得较好，被主考官王芳荃教授破格录取了。王芳荃教授是学者王元化先生之父，他是教英语的，但国学底子十分深厚，是当时人们深深敬仰的学贯中西的学人。碰到这样的学者做主考官，实在是我生平中一大幸运——终于如愿以偿被录取了。在这里我要借机向这位早已仙逝的老学人表示我由衷的敬意。

上面谈到的这些，都还不是最重要的，私塾教育对我一生影响最大、最深远的是下面三点。

一是使我较好地熟悉了古书。传统的私塾教育并非是没有缺陷或局限的，不必无保留地赞美它。但它强调背诵的方法，确实是很有其可取之处的。

童蒙时期的心灵，像一张纯净无尘的白纸。儿童此时的所习、所学，永久地刻在他的心灵上，与他的生命相始终。所谓“器成彩定，难可翻移”。尽管早年我所背诵的东西并不能够全部理解，但由于儿时的记忆力特强，这些背诵过却不能理解的东西，到后来随着知识的增长和理解力的提高，也都慢慢理解了，并且像刻在心上一样忘不了，可以烂熟于心地背诵，这对于我后来的学术研究工作，真可以说是受用无穷。凡我幼时读过的古书，几乎都可以招之即来，想到就用，不必临时一一去查书。哪句话出自哪本书、哪一章，我都十分清楚，真是方便无比。当然，也不能全凭记忆，有时记忆难免会有失误。如一句中掉了一个字，或出处记错等，都是有可能的，千万大意不得。引用古书中的话，要核对一下，才比较保险，不可过于自信（我自己从前就吃过这样的亏）。成年以后，有些看过的东西也很想把它们背诵下来，却常常力不从心，即使当时背过了，很快又会忘掉，远远无法像儿时那样背诵得牢靠。

二是由于我儿时所受的私塾教育中，所学的东西有相当一部分文学性都较强，因而对于我后来走上文学的道路实际上起了一种诱发的作用。中学时代，正逢日寇侵华，国破家亡、人民流离失所。我感慨良多、郁愤甚深，就开始在报刊上发表抒写抗日之情的散文，后来一发不可收拾。由于接触了新文学，我在大学时代就写了不少新诗、散文和小说，并编起了刊物。我1948年到解放区，1949年到北京，在军管会、文管会任干事。不久，接管工作结束，要成立各种部门。由于我大学学的是铁道，当时开始筹组的铁道部就动员我到即将成立的铁道部去工作；当时文管会的领导钱俊瑞奉命筹组教育部，也动员我去；还有奉命筹组国家文物局的王冶秋同志动员我到文物局去……每个动员我的人都能举出一大套令我闻之不能不动心的理由，但我都没有去。后来是丁玲同志等动员我去筹办《文艺报》，才真正引起了我的兴趣，从此误入“歧途”，走上了文学这条不归路。不过不是搞文学创作，而是走上了文学编辑和文学研究之路。

写到这里，有几句话不能不说。改革开放以后，轻视以至排斥传统文化的文章，在20世纪80年代中期曾经风靡一时，后来在遭到广泛批评之后，虽然一时退潮了，但也仍然不绝如缕。这两天我就读到一篇文章，竟然认为“作为人文精神载体的中国古文”这一丰富的文化和文学宝库，“值得继承的东西也是微乎其微”的，因此认为文言文应该彻底“退出基础教育”，并认为古汉语不久就会死去，“总有一天”，“在整个地球上只有三五个专家能够勉强读通”它。这位作者对中国古文究竟了解多少，实在令人怀疑。别的不说，脍炙人口、活在人们口头的古代名言、名句、名诗、名文、名曲等数量有多少啊，怎么可以说“值得继承的东西”微乎其微呢？这番议论看似高论，而且是极为超前的高论，但无奈与事实相去太远，根本不可能为国人所接受。

这不是想当然的推论，而是可以被今后的教育实践所检验、证明其为妄说的谬论，不信的话，不妨拭目以待。

最后应该一提的则是在早期私塾中所受的传统文化教育，对于我后来对传统文化的了解和研究，奠定了初步的，然而却是坚实的基础。1949年之后，在一段时期内，由于工作需要我写了不少当代文学理论和文学批评方面的文章，并且在当时产生了一定的影响。当时我将学习的主要精力放在对欧美和俄罗斯的世界名著（文学作品和理论）的系统学习上。不过学习俄罗斯也好，学习欧美也好，我从来都不曾产生过对祖国传统文化的轻忽——尽管近代以来，它相对来说是落后了。现在，我们在一些年轻人那里，常常听到对传统的诅咒和贬斥，在我们这一代人身上，却不会产生这样的感情。这绝不是说，我们是自甘落后的，或者无视传统的消极落后。事情绝非如此。我们对传统中的消极落后的不满和激愤之情（例如传统中的封建主义、官本位思想等），是绝不亚于青年中的激进者的。例如，在半个世纪之前，刚刚推翻“三座大山”、中华人民共和国成立之后不久，笔者在一篇《读〈风波〉》(《文艺报》1952年第22期）的文章中，就曾尖锐地指出，“人们可以自觉地推翻反动政权，却又可以不自觉地维护自己的落后思想和照习惯地去服从旧的一套生活”，因此，摆脱封建思想，“甚至比推翻反动政权还要费事”。生活在这个全球化的时代，我们老一代人同样深切地感到了在面向未来、面向世界、面向现代化的情况下，顺应历史的要求改造我们的传统，推进它发展的必要性。任何事物都不可以停滞不前，停滞就意味着衰颓，意味着消亡，传统文化亦复如此。但在面向世界、大力学习西方的思潮中，在我们的骨子里和血液中却很难找到任何对外来文化的媚态和对自己民族传统的亵渎。这一切不仅体现在我的研究工作和学术著作中，也体现在我的言行中，因为早年的启蒙教育已经早早地将传统埋藏在我们这代人的心灵和血液之中了。

杨振声先生与中小学国文教科书

/ 文洁若

文洁若 1927 年生于北京市，原籍贵州省贵阳市。日本文学研究家、翻译家。1951 年进人民文学出版社做编辑，直至退休。主要译作有《尤利西斯》(上下册，与萧乾合译)、《芥川龙之介小说选》等共 30 余部。

诗人邵燕祥先生曾写过一篇《小学课本里的诗》(《文汇读书周报》2001 年 2 月 17 日)，回顾他上小学(1939 — 1945 年)时的国语课本中，居然选了胡适《尝试集》中的两首诗(《上山》和《鸽子》)，虽然未署名，但考虑到胡适当时已出任重庆国民政府的驻美大使，这么做还是冒了风险的。邵先生认为那时“国语教科书中的政治色彩并不浓”。

为了王丽老师约我写的这篇文章，我曾打电话给邵燕祥，问他既然对上小学时学的国语课本都记忆犹新，关于北平沦陷时的中学语文课本的情况是否也略知一二？他说，他读过哥哥姐姐们的中学语文课本。他认为，当时只不过把小学课本重新编一下，由于人力、物力都不够，中学语文课本用的仍是战前的。经他这么一说，我恍然大悟。多年来我一直纳闷，敌伪时期怎么能这么快就编出一套中小学课本，而且水平还不低呢？

我手头有一本《杨氏三杰》，是由山东省蓬莱市政协文史资料委员会于 1998 年 6 月出版的。“三杰”指现代作家、教育家杨振声(1890 — 1956 年)以及他的两个儿子杨文衡教授和中国科学院院士杨起教授。孙昌熙在《杨振声小传》中写道：“1932 年，他(指杨振声)辞去了青岛大学校长职务，到北京致力于儿童教育工作，实现了多年的夙愿。大学校长教小学，这是中国教育破天荒的奇迹。他在教学实践中不断修订教材，最后编写成《实验小学国文教科书》，为儿童造福。”孙昌熙、张华合编的《杨振声著作系年简表》上写的是：“1933 年，（杨振声）受教育部委托，由朱自清、沈从文协助，在北平主编《高小实验国语教科书》和《中学国文教科书》。前者 1935 年由商务印书馆出版。这期间，杨振声曾亲自到北京师范大学实验小学执教。”杨起教授也在《怀念我的父亲》一文中写道：“他（指杨振声）更重视教育，而且非常重视对中小学生的培养。‘九·一八’事变后，他主持并编写了抗日救国中小学国文教科书。”

萧乾于 1929 年入燕京大学国文专修班，旁听过客座教授杨振声的现代文学课。1935 年，他从燕京大学新闻系毕业，就经杨振声、沈从文二人介绍，进了《大公报》。全面抗战爆发后，由于版面遽然收缩，胡霖老板不由分说辞退了萧乾。萧乾绕道港澳，后流亡到武汉，幸而遇到了杨振声。杨老师一面让他参加已接近尾声的教科书编撰工作，一面与之一道辗转逃到昆明。1938 年，胡霖老板又打电报给萧乾，要求他赴港编《大公报·文艺》，他便只身前往。萧乾并不在教科书编撰人员的编制里。他认为，他参加教科书编撰工作期间的生活费，是杨振声老师从自己的薪水中省出来接济他的。

从简表上看，杨老师在逃难期间始终要务缠身。在这种情况下，他还坚持不懈，终于把中小学国文教科书编完。

如今，杨振声先生与当年协助他编撰《高小实验国语教科书》和《中学国文教科书》的朱自清、沈从文二位先生均已作古，但我相信仍有一些了解情况的人健在。从《杨振声著作系年简表》来看，“七七事变”时杨先生编的《中学国文教科书》尚未出版。听邵燕祥先生说，当年编教科书的办公地点在中南海。全面抗战爆发后，杨振声、朱自清、沈从文匆匆离开北平，不可能把五年间积累的编写教科书的材料全部带走。古城北平虽没有像南京那样，发生 30 余万生灵被日寇屠杀的惨剧，然而人口也一度锐减到只有 80 万。1937 年 9 月 1 日，好歹照常开了学。留守人员在杨振声所主编的《中学国文教科书》的基础上，为沦陷区的同胞编出了教科书，是完全有可能的。

国文教科书里收有以东汉小吏焦仲卿与妻子刘兰芝以身殉情的故事为背

景的古诗《孔雀东南飞》，以及白居易的感伤诗《长恨歌》和《琵琶行》。这三首长诗，抒情气氛浓厚，朗朗上口，我全部背下来了。后来李煜的《虞美人》中的“春花秋月何时了？往事知多少！小楼昨夜又东风，故国不堪回首月明中！”是比我高两个年级的四姐先从教科书中学到，背给我听，我才会背了的。我们还读了李煜的其他一些词，如《乌夜啼》（无言独上西楼）和《浪淘沙》（帘外雨潺潺），并不约而同地喜欢上其父李璟的《摊破浣溪沙》中“细雨梦回鸡塞远，小楼吹彻玉笙寒”这两句。当时，我们姐妹二人正处在人生的花季。词人用白描的手法表达了国家面临灭亡危险时自己痛苦的内心世界，激起了我们对日本侵略者的愤慨与仇恨。课文中还有文天祥的《正气歌序》和《正气歌》。

散文方面，国文教科书中收有陶渊明的《桃花源记》、王勃的《滕王阁序并诗》以及范仲淹的《岳阳楼记》。1972 年，我和萧乾还利用春节假期带着孩子从湖北咸阳干校乘火车专程去看岳阳楼。我们在火车站遇见了人民文学出版社古典文学部的编辑罗君策。他听说我们要去看岳阳楼，便一口气把《岳阳楼记》全文背诵出来，一点不打磕巴，显示了看家本领。《岳阳楼记》生动地描绘了岳阳楼的雄奇景色，抒发了“先天下之忧而忧，后天下之乐而乐”的宏大抱负，使我永志难忘。课文中还有刘鹗的《老残游记》第二回白妞、黑妞姊妹俩唱“梨花大鼓”的几段。我读了不过瘾，在家里找到一部线装本，把全书都读了。教科书中也选了不少鲁迅作品。初一的课本第一篇是巴金的《繁星》，第二篇就是鲁迅的《秋夜》。其他年级的课本中选有《阿 Q 正传》《狂人日记》《孔乙己》《祝福》《示众》，以及鲁迅译的《与幼小者》（有岛武郎）。还有周作人的《自己的园地》、朱自清的《背影》和《桨声灯影里的秦淮河》、徐志摩的《我所知道的康桥》和《翡冷翠山居闲话》。

当年在国文教科书中接触的这些文学史上的精品，培养了我的阅读趣味。至今，我最喜欢读的仍是那些继承了中国文学传统的具有中国独特的民族精神——坚忍不拔、积极入世、昂扬向上、忧国忧民的作品，而不屑于读那些快餐化、庸俗化、边缘化的趣味低俗的作品。我想，这应该感谢像杨振声先生这样的教育家。

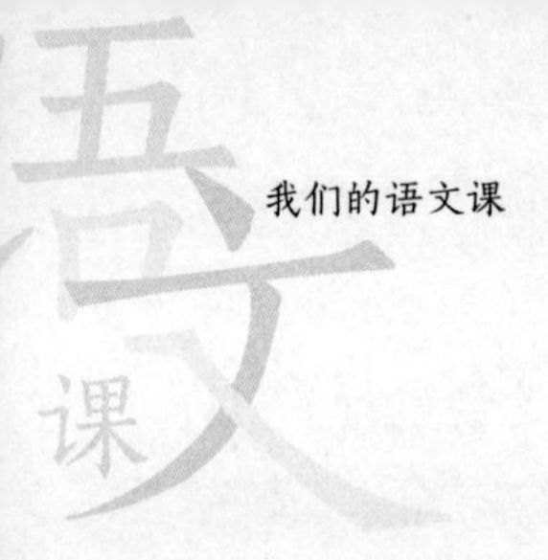

我与国文课

/ 牧惠

牧惠　1928 年生于广西壮族自治区贺县，1946 年考入广州中山大学文学院中文系。1948 年在广东新（会）高（明）鹤（山）一带打游击，中华人民共和国成立后曾任《红旗》杂志文教部主任、编审。出版各类作品 30 余种，大部分是杂文随笔。

我们那时的语文课，不叫“语文”而叫“国文”。初小第一课的课文是“来，来，来，来上学”。此外，课文中还有“水豆腐，黄豆做；又好吃，又滋补”之类浅显、通俗、好记的文字。

其实，在上国文第一课前，祖父（他在一家当铺里打工）给我们（我、姐姐和比我大一岁多的小叔叔）开蒙，教过我们四句《三字经》，也应当属国文课。那时的记忆力真好，祖父只教了三遍，我就背得出来，而且至今仍能随口念出。那是：“幼而学，壮而行。上致君，下泽民。扬名声，显父母。光于前，裕于后。”

最先教我们国文课的是严先生。因为都是白话文，没有什么好讲解的，所以他讲得比较多的是每个字的笔画次序之类的基本功。我们主要的作业是认字、描红（用毛笔一个个照着描红色的大字）、练字和背书。我的记性好，严老师在课堂上领着我们念两遍，然后让我们集体念几遍，我就可以背下来了。因此，我从来没有因为背不出书挨过打，描红也能得不少“圈”（老师认为描得好的，就在字右上方画一个圈）。我母亲读过两年小学，很关心我的功课。她每天早晨五点钟就把我叫醒，让我坐在织袜机前，背书给她听。父亲那时或在外面打工，或推销母亲织的袜子，很少在家。他给我留下的印象是，一次我正在写大字，他突然从后面抽走我的笔，弄得我一手墨，还用弯曲的手指背在我脑壳上敲了两下（俗称“吃板栗”），惩戒我抓笔不紧；一次是在母亲面前表扬我，说严老师对他讲，我的“串句”（即填空）做得挺不错。

现在回过头来看，严老师虽然仍保留体罚这类旧习俗，但他的严格还是很好的。他让我们串句，绝无天空必须“蔚蓝色”之类的“标准答案”，只要你填得合理，他都评为合格。唯一的遗憾是，大约是受当时提倡白话文的影响，初小没有文言文，连唐诗也没有一首。假如那时能充分发挥我们背书特快的潜力，从《千家诗》里选一些诗来让我们背，肯定有益无害，不至于我一直不会、更不敢写哪怕一首打油诗。

不知道是从三四年级还是从高小开始，国文课本开始用选文，如鲁迅的《秋夜》、龚自珍的《病梅馆记》、都德的《最后一课》（胡适译）等，政治论文之类是不选的。那时开始注重讲解。为什么鲁迅不写“在我的后园，可以看见墙外有两株枣树”，却写成“一株是枣树，还有一株也是枣树”，这岂不是有欠简洁了吗？老师会详细地解释这样写为什么好 —— 形象地表达出鲁迅当时那种孤寂无聊的心情，等等。这样讲解，对于提高我们的作文水平很有好处。那时的作业，也改成每天写一张（约四百字）小楷的习字，每周一次作文。作文的题目都是比较好写的，诸如“我的母亲”“我长大后想 ××”等，还有到郊外某处野游的游记或给前方抗日战士的慰问信之类我们熟悉又比较实在的题目，绝不出那种要求孩子们胡编讲假话的题目。老师仔细地批阅作文，写得好的地方会在旁边加红圈，不好的地方加红杠，作文后面加全文评价的批语。发还作业时，老师会把他看作业时发现的值得注意的毛病一一指出，包括哪句成语用得不对呀，哪些字容易搞混哪，等等。老师还让一些同学当场朗诵自己的作文（一般找写得好的，也有毛病较多的）给大家听，让大家评论。写得好的作文，老师还让用红格子纸抄写好，给予“贴堂”的奖励（即加上老师的批语，把它们张贴在过道经过装饰的墙上）。这样做，对同学们的吸引力当然不小。

此外，老师还教我们一些应用文的写法，例如写信的格式、对前辈如何称呼、信封该怎样写，等等。这些，对学生走进社会也很有帮助。我发现，如今有些年轻人，包括一些大专学校的毕业生，连信封都不懂得如何写，往往除地址外只写“某某某收”，甚至省到仅写姓名，连“收”字也省了，加上尊称（先生、女士、老师之类）的极少，这应当说是语文老师的失职。

读小学时，我和一些同学已经有读课外书的兴趣和习惯了。我大表哥喜欢读小说，母亲也喜欢从他那里借来看，我于是也跟着瞎看。先是看剑侠小说，还有《薛仁贵征东》之类的历史演义小说、《小朋友》杂志、冰心的《寄小读者》。此外，我还在街道文化站里读到一些别的书（印象最深的是那里竟有一本《毛泽东自传》)。这些对提高我的思想（特别是爱国抗日思想）有好处，对我多识字和提高作文水平也很有益。当然，其中的剑侠小说宣扬的思想并不高明，最好能换成别的书。那时条件有限，只好有啥读啥，无法可想。幸运的是，我们那时没有什么追星热，没有什么畅销书（也许同我们生活在小地方有关系)，不像今天这样，一些学生沉迷在文字不通、错别字多多的“名人”作品中，把该写成“既”的地方写成“即”，该写成“即”的地方写成“既”，搞出什么“宁馨的芬围”这类笑话。有时候我甚至觉得，文字改革的一个副作用是，我对文字的辨别能力比读小学、中学时差了。

进了中学以后，国文课增加了古文、译文，作业还增加了日记。如果国文课老师兼班导师，作文和日记都归他看，否则则是由非国文课老师的导师阅读。学校里的生活无非是上课、自习、吃饭、睡觉，天天如此。日记其实也是一种“作文”，而且比按一定的题目写的作文更要多动脑筋、写作时间更短。由于那时正在进行抗日战争，大家都很关心时事，校长或比较有见解的老师会时不时给同学们做时事报告，图书馆的阅览室里陈列了好多种报纸，于是，时事往往成了日记的重要内容：什么地方沦陷了，我们在哪里打了胜仗了，《大公报》社评讲什么了……省事的办法是摘抄一段，有时则加上自己的一些感想。日记的另一个内容是读了什么书，介绍书的内容和读后感之类。导师阅后有时也加一些批语，有鼓励，也有批评和期望。越到后来，日记的内容越丰富，形式也变得多样化——一位喜欢写“楼梯诗”的同学，每天的日记是一首诗；一位漫画画得很好的同学，则在日记中配上漫画。导师并没有禁止他们用诗、画来写日记。

国文课老师除了按课本讲授外，还往往辅导我们读课外书。中学里有图书馆，藏书好几万册，我们如饥似渴地互相介绍着读。先是读邹韬奋的《萍踪寄语》，然后是巴金的《家》《春》《秋》、茅盾的《子夜》，最后才是鲁迅。记得最初读《阿Q正传》，我们只是觉得阿Q可笑。后来，国文老师兼导师章耀华先生给我们讲解鲁迅对阿Q如何“哀其不幸，怒其不争”，讲解鲁迅如何通过写阿Q来批判我们的国民性、我们骨子里的精神胜利法，等等。我们开始喜欢鲁迅，逐步地理解鲁迅。在章老师的指导和鼓励下，读进步的书，读古典文学名著，在班里渐渐形成一种风气。

我的整个中学六年都是在抗日战争的条件下度过的。日本鬼子连我们那么一个山城小镇也不放过，派飞机来轰炸过几次。我们常常得“躲警报”，一听到警报声马上停课跑到防空洞。这对我们的功课当然产生了些不良的影响，但是，我们都习惯了带着作业或课外书外加一张可以折叠的“马扎”去“躲警报”。到达防空洞后，找个地方坐下来，或背英语单词，或做习题，更多的是读课外书，特别是小说。四本一套的苏联小说《静静的顿河》，我基本上是在“躲警报”中读完的。那是抗战后期了。我们的教务主任是个文学爱好者，他有很多学校图书馆因为战争环境加上缺乏经费买不到的好小说，《静静的顿河》就是他借给我看的。

也是因为抗战，许多进步的老师（有共产党员，有民主人士）从北方逃难到桂林，又从桂林来到我们这个山城小镇，其中有的就是作家。他们的文章常出现在地方报纸上，有的还登在《大公报》文艺专版上。他们很关心同学们的思想进步，因此也很鼓励我们写表达自己思想的作文。

章耀华老师是其中最早的一位。他辅导我们读书，介绍我们同桂林的老师通信，认真地批改我们的作文。中学阶段，特别是高中以后，作文课往往不出题目，学生自己想写什么就自拟一个题目，或写论文，或写散文，或写诗，或写小说。初二那年，我模仿茅盾的一篇小说写了一篇勉强可以称为小说的作文。写的是我们家在除夕那天被房东（我家的房子是租来的）搞得非常狼狈、连年夜饭也没能好好吃的情景。章老师很赞赏我的这篇作文，写了一段好评。我当然很高兴，于是学老师那样向报纸投稿。我不敢寄大报，寄给县里出的小报《贺县周报》，结果很快就登出来了。自己的文字头一次变成铅字，我和家人都很兴奋。从此，我开始不断投稿，先是县报，然后是专区的《八步日报》，然后是省城桂林的大报和桂林沦陷后迁到昭平出版的《广西日报》(平乐版)。

学校领导和老师们(不仅仅是国文老师)很支持我投稿。杜伯奎先生是共产党员(当时失掉组织关系),他教我们英文兼做我们的导师,很关心我的进步。他的一个朋友在苏联某领事馆工作,常在《八步日报》上发表文章和翻译的苏联小说,经常给他寄苏联外文书籍出版局出版的反映苏联卫国战争的小说、报告文学和英文版的《国际文学》。他转送我这类苏联的书刊,鼓励我除写作外还要学习翻译。杜老师离开学校后,仍一直关心我,直到 1982 年他去世。萧敏颂、曹国智老师是民主人士,也是作家。萧老师热情地把我的情况告诉当时在《广西日报》(平乐版)当编辑的千家驹先生和陈闲先生。两位先生也很关心我,收到稿子后不时来信给我指点和鼓励。抗战胜利后,陈闲先生去了香港,我们仍继续通信。他从香港给我寄来毛泽东的《论联合政府》和《整风文献》等,鼓励我求上进。

在我看来,国文课的目标是使学生能写出正确通畅的文字,进一步把作文写得简洁优美。达到这个目标的最好办法是实践,即鼓励学生写作文。我在中学也曾听国文老师讲过语法课,但是,我根本没有留下什么印象。也许我的想法不对。我认为,语法课对学外语是必要的,生下来就讲汉语的人通过阅读和作文,完全可以掌握正确的语法。至于当不当作家,当然还有别的许多因素,不应属于国文课的目标。说来话长,就此打住。

我的语文老师们

/ 庞朴

庞朴　1928 年生于江苏省淮阴县（现为淮安市淮阴区），中国社会科学院研究员。1954 年毕业于中国人民大学哲学研究班。曾任《历史研究》主编。主要著作有《沉思集》《稂莠集 —— 中国文化与哲学论集》《一分为三 —— 中国传统思想考释》《公孙龙子研究》《儒家辩证法研究》《帛书五行篇研究》《白马非马 —— 中国名辩思潮》《文化的民族性与时代性》《蓟门散思》《庞朴学术文化随笔》等。

人生识字糊涂始。我不记得自己是从什么时候开始识字的，也不记得所认得的第一个字是什么，以及第一位教我识字断文的老师是谁。现在想来，虽然妈妈给了我无数别的教益，但她不会是我的语文老师，因为她是文盲；爸爸也不会是，他一天到晚忙于挣钱养家，况且他自己也认字不多。

最有可能充当我第一位语文老师的应该是爷爷，他不仅是家里最有学问的人，而且他把希望全都寄托到我们弟兄身上，加上他还是家里的“有闲阶级”，所以这个老师的桂冠，就非他莫属了。至于他究竟教我认识了哪些字，唯一能想得起的、印象最深的一次是，在我跨进小学大门的第一天，他教了我“天堂正路”四个字。

我上的小学叫“私立穆英初级小学校”，学校设在我们那条街的清真寺里面，校长盖世英是当地的回民首领。清真寺的大门（也就是学校的大门）门槛很高，要爬五六层台阶。上得台阶，穿过门楼，便是一道影壁。影壁的粉底上，直书四个大字：天堂正路。

爷爷在开学那天送我入学，一路上说了许多鼓励和希望的话，唯一能记得的，就是影壁上的这四个字以及对这句话的解释：念书是上“天堂”的大道。

一直到 70 岁时给家乡小报写回忆录的时候，我对这四个字的理解，都仍是遵循着爷爷的教诲。尽管我早就不把书本和“天堂”连在一起了，但“天堂”总归是天堂，还是没问题的。没料到，后来有一天随便翻书，忽然发现元明史籍译称伊斯兰教的圣地默迦（麦加）为“天堂”，不禁汗流浃背、面红耳赤。这才真叫活到老、学到老，孩提时代认识的四个字，待到就木的年龄才明白其真意。不是吗？写在清真寺里的“天堂”，用的自然是它特有的含义，而非与“地狱”相对的普通意义了。爷爷讲错了，错得有理；而我这个同文字打了一辈子交道的人，到晚年方才得其正解，未免罪无可逭了。

在穆英初级小学读了四年书，当然认识了不少字。奇怪的是，至今唯一留下印象的，只有“吊”字的认识过程。它不是老师教的，教的人是一位回民大少爷。这位大少爷的爷爷曾是抗倭功臣、朝廷命官，也是这座清真寺的资助人和监护人。这位大少爷家势显赫，不在我们这所简陋的初小读书，而就读于城里的县立模范小学。他家就在学校隔壁，而且有便门直通清真寺后院。他经常到我们教室来游荡，老师也从不干涉和阻止。某日，他忽然在黑板上大书“上吊”二字，并且高声朗诵，引颈咋舌作吊死状，逗得大家哄堂大笑。没想到，他竟以此成了我的又一位语文老师。

我们那条街上还有一座耶稣教堂，以礼拜六为安息日，属安息日会教派，也算是我们那一带的一处文化景点。牧师很和气，有时候喜欢同孩子们说说话，也欢迎我们去教堂玩，我认识“额”字便是受益于他的布道。他在一次布道中说：“耶稣被戴上荆棘编的桂冠，额头流着鲜血。”我们的方言管“额头”叫“脑门”，所以这个“额”字留下的印象特深。牧师还教我认识了“狎”字，那是我专门请教他才认识的。本来我向学校老师问过这个字，老师吞吞吐吐，欲说还休，仿佛有什么难言之隐。后来是牧师教给我它的读音，至于含义，大概牧师也未能让我听懂，那是要靠后来慢慢领悟的。

那条街上还有一家以玻璃隔扇当大门的理发店，玻璃上总是用白粉涂满劝世的图画和文字，而且经常刷新内容，以惹人注意，招徕顾客。

我的一些民间文化的知识，譬如哪吒闹海、二郎担山、盗仙草、打金枝之类，都是从那几块玻璃上学到的。至今依稀记得其中一段醒世箴言道：“他骑马，我骑驴……回头看看推车汉，比上不足，比下有余。”文字下面画有骑马人、骑驴人和推车汉，堪称图文并茂。这位理发店老板，无疑是我民间文学的启蒙导师。

我的正统古典知识主要得自一位塾师和初中的语文老师。由于日寇入侵，我上过两年私塾，塾师姓程，但称程老先生，不知其名。两年里，我读完《三字经》《百家姓》《千字文》《幼学琼林》《千家诗》和“四书”，外加珠算的加减乘除和斤两互求。这些都是要求倒背如流的。读算以外，还有写，写大仿，每天一张，20 个字。大仿写完了送给老师批，老师除了用红笔在某些字上加圈以示赞赏外，还在字里行间写上许多小字，以充分利用纸张且增加我们的识字量。这些小字，是些不同形义的同音字群，每天一音，字数多寡不等。这种办法对识字的帮助很大。只是我们那个地方的乡音不分 l 和 n，zh、ch、sh 和 z、c、s，ɑn、en、in、on 和 ɑng、eng、ing、ong，所以程老先生写的同音字，有些并非同音。直到如今，这些音的分别，我仍旧还是搞不清楚。

我的初中语文老师姓陈，字勉之，邻县人士。有人说他是秀才，有人说不是，没有当面问过。老先生的学问特别大，第一天上课点名，点到一位同学叫万琛的，他就问：“你是叫万 chen 呀，还是万 qin？”一个琛字两个读音，一般字书上都不载（今日《辞海》犹然），在老先生却是常识一桩。可惜老先生的乡音更怪，不仅和我们一样，有上述的诸多不分，而且 i、ei 互换，凡 li 必读 lei，凡 lei 必读 li，以致多年来，我一直把“戾气”读成“lèi 气”、“羸弱”读成“lí 弱”而不知其错，也可算是对勉之先生的纪念了。

在读初中的那两年里，我常到学校附近一个游乐场去押诗韵。那是一种十分文雅的赌博。玩法是：庄家将隐去一两个字的诗句写在纸签上，旁边列出五个答案（包括隐去的正确答案）供选择。押者可以认定其中一个答案（100%），也可分跨两个答案（50% + 50%），或侧重一个兼带另个（75% + 25%）来下注，中者按成得彩，不中者钱归庄家。虽说每次输赢只是几毛钱的事，但对我们来说，也够刺激的了。这些诗签出自邻县落魄才子中的高手，所录皆非习知常见的熟句，亦非信口胡诌的俚词，供选择的答案也能平仄规整，刚柔适宜，所以押者倘无相当的诗词灵感，一定铩羽而归。我和几个要好的同学迷上了这个游戏，从塾中《千家诗》里学来的一点诗感，在此受到了真枪实弹的考验。现在想起来，仍然如临其境，趣味盎然，因为它实在是一堂带奖惩的诗词实习课程；而那位我们戏呼之曰“二歪”的庄家，因此也可算是我的一位语文老师了。

孔子说他自己“学无常师”，还说过“三人行，必有我师焉”。对本民族语文的学习来说，恐怕尤其如此，每个人也都会有许多这方面的体验。我讲自己的这些故事，不过是把自己的体验公开出来，给语文教学研究者们提供一点实例而已。

茅檐旧雨，回梦春风

/ 谢云

谢云　1929 年生，浙江省苍南县人。当代著名书法家。先后担任过广西人民出版社副社长、广西出版总社社长、广西新闻出版局局长。1991 年起担任中国书法家协会秘书长。出版有《谢云书法集》三种、书法评论集《灯前余墨》和诗集《笔潮斋诗稿》等。

一封约稿信，一个电话的说明，要我对早年学习语文、书法写一点什么。这让我回到少年读书、习文、习书的情景里，悠悠岁月，余音之绕远矣哉。

“子曰：学而时习之，不亦说乎？有朋自远方来，不亦乐乎？人不知而不愠，不亦君子乎？”五六岁时，庭训发蒙之教，从“四书”、唐诗始，这篇《论语·学而》，父亲让我抄写并背诵下来，当时未解其意，现在读，温故而知新，是深感文义深远有味的。

习文习书，读诵抄背，一个记忆是上小学时父亲给我买了一本柳公权的《玄秘塔碑》拓本和毛笔、花笺纸，让我正襟端坐，临帖练字，谓曰：“心正笔正身正（此即古训‘人由心正，书由笔正’之教也）。”以后我写作文，都要写成小楷，端正执笔，抄于格子纸上。父亲有时也在我的作文上作圈点眉批章批之教。岁月推移，现在（2002 年）我七十多岁了，对父亲给我的教学训练，多有珍惜之感，这成为我学习语文和书法的一种美好记忆。

在书法学习上，有人说我受清人影响较深，如郑板桥、金农、何绍基等。这其中有书法和语文的一点联系。以郑板桥而言，先是我中学师长教郑板桥的一篇课文《七歌》诗，诗句情真意切，催人肺腑。师长教课时声泪俱下，背诵下来，至今犹记。师长用了几堂课才教完这篇《七歌》诗，吟诵便教了一堂课，先是师长作全文教读的吟诵，从缓慢的声调而至吐出高亢悠远的旋律，眉峰的颤动而至眼角的含泪，吟毕音息，师长瞳孔清如秋潭，凝视全场学子，课堂里静息无声，如是诗境、音乐、吟诵、恬静的气息合而为一，盎然古意，余音袅袅。于是，我被郑板桥之诗、之字、之画深深吸引，临写之甚殷。郑板桥才气高，字好看，可以说是当时的“现代派”，在绘画上放笔写梅兰竹石，运笔刚劲婀娜，乍看桀骜不驯，风骨嶙峋，继看有报国无门、爱民而又无能为力的哀痛。“衙斋卧听萧萧竹，疑是民间疾苦声”，画廊画师是说不出来的。金农的漆书字很有味，我学他二十多年，学不出来。金农一生“考试不及格”，没“学位”，学问在“八怪”里算第一位，写字题画都是他流落江湖的人生写意。我在初中时学过何绍基的书法，也学过他写的诗词。书画家若诗文历史修养不足，作品很难通过意象表达境界遥深的寄托，很难表现人生的本质。他们的书画卓然其成，都是先文而后墨之得。这说明读书到了一定程度，对民族文化、民族精神有了深切的感受、体悟，有了深厚的感情，然后找到了抒发这种感情、体悟的最好渠道——书法，才能造就书法的文致、美境。因之我学习王羲之是从《兰亭序》始；学苏东坡也是从《后赤壁赋》文、《念奴娇·赤壁怀古》词始，由文及书，味万卷之幽微，养其真性情，陶然会心一笔，其乐无穷矣。

最后，我还要记我中学时一位语文老师宋川镛先生的一次授学记忆。已记于浙江平阳中学60年校庆校友录，抄录于下——

> 宋川镛老师教我国文课，又是训导主任，学问修养好，重古学，善诗文，叙古论今，清思悠远。他最善启慧教学，他对烛光的一段话入我肺腑，至今不忘：“当有一天这世界都用上电灯了，我想我还得保留这支烛影摇红的蜡烛，或是一盏用灯芯油点亮的灯，留一点安静的诗意形象……”这是先生超然尘嚣的审美意趣的传授。而今年华流逝，鬓添白霜，人世间的喧嚣皆为过眼烟云，更知夫子之言不吾欺也。

我有过这样的老师

/ 陈志华

陈志华　1929 年生于浙江省宁波市，清华大学建筑系教授。主要专著有《外国建筑史》《外国造园艺术》《意大利古建筑散记》《保护文物建筑和历史地段的国际文献》等。1989 年起与同事楼庆西、李秋香一起合作，从事中国乡土建筑研究，至今已出版《楠溪江中游乡土建筑》《诸葛村乡土建筑》《新叶村乡土建筑》《婺源乡土建筑》《流坑村》《郭峪村》等多本著作。

王丽老师给我寄来了一封约稿信。这封信使我很感动，它一直撞到我的心底，激活了那里深藏着的记忆。

我是研究建筑的，已经 55 年没有接触过语文课了。有时候关心一下儿子和孙子的学习，觉得半个世纪以来，语文课太政治化、太技术化了，对青少年的思想起了不好的束缚作用，但是我想得很不深刻。王丽老师在来信中谈到，语文教育影响人一生的价值观和审美观，影响一个人心灵中最深层、最本质的东西，这使我心中一震，我立刻想起了我早期受教育时可敬可爱的语文老师来。

我从小学四年级到高中二年级，整整八年，是在抗日战争中度过的，地点在浙江中部和南部。我们全体同学寄宿在学校里，老师们带着我们在山沟沟里逃难流亡。我们几次遭到日本强盗飞机的轰炸，从尸体堆里逃生，又从日寇细菌战造成的肺鼠疫大流行中幸存下来。我们那时年纪小，不懂事，老师们不但照料我们、保护我们，还在极其困难的情况下给我们以高水平的教育。待我成年之后，回顾那段历史，越来越懂得教育工作是多么崇高的职业，我的小学和中学的老师们，其实个个都是伟大的英雄。那时候，他们带着几百个少年学生，肩膀上担着多么沉重的担子！我一生都敬仰他们，包括常常批评我不肯开口唱歌的音乐老师。在那种艰难危险的日子里，我们居然还有音乐课，而且上课时还有风琴。老师教我们唱的是《满江红》《苏武牧羊》和《流亡三部曲》。有一次土匪来袭，我们仓促出逃，两位农民抬着那架风琴，音乐老师紧紧跟在后面，一瘸一拐地在山路上跋涉，自己只背出来一个小包裹。

但我印象最深的还是语文老师。那时候，学校一般都最重视语文课。语文老师大多比较年长，地位比较高，颇受同事们的尊敬，他们承担着各年级的级任导师的职责，大约相当于现在的班主任。简单地说，他们承担着为人父母的责任，跟学生的关系特别密切。那时我们都住在祠堂里或者庙宇里，宿舍没有门也没有窗。山区冬季很冷，身为级任导师的语文老师每天晚上都要来查铺，摸摸我们的手脚，拂去被面上的一层积雪，掖紧被角。春天雨多，偶尔出太阳时，便来督促我们把潮湿的被褥摊到乱葬岗坟头上去晒。我们团团坐在一起，在暖和的阳光下脱了衣服捉虱子。老师见了，又到农民家里借了一个灶，用煮猪食的大锅烧了满满一锅开水，叫我们一个个脱下内衣裤放到锅里煮一煮。我们自己种粮、种菜、砍柴，到山上背来竹子搭房子。农民收了稻子之后，我们把地租来，在禾蔸下挖一锄头，塞几粒豆子进去，抓上一把草木灰，天冷之前能收一茬豆子。级任导师，也就是语文老师，总和我们一起劳作。

有两件事我永远不会忘记，我猜想以后万一得了老年痴呆症，也会记得。有一年，日本侵略者为打通浙赣铁路，占领了浙江省金华市，向浙江省丽水市进逼。老师们带着我们逃难，到了碧湖，山洪暴发，江水骤涨，不能船渡。我们几百个学生停在江边。这时候，有很多很多中国军队也阻塞在渡口。忽然间来了许多日本飞机，一批又一批，轮番轰炸、扫射。带领我们班的语文老师，大喊大叫，把我们一个个按倒在公路边的水沟里。到天色昏黄，屠杀终于过去，我们爬出水沟，看到一地的断肢残骸，血肉模糊，吓得两腿发软，不会走路。老师叫我们闭上眼睛，连拖带挟，来来回回，一趟一趟，把我们弄到渡船上。这时候水势弱了一点，我们冒险过了江。我们这些学生，居然没有一个伤亡的。遗憾的是，因为受到惊吓，我们大部分同学在以后两三个月的时间里，情绪变得不正常，时时顶撞老师，不知有没有伤了老师的心。

另一件事是，日本侵略者曾经在浙江南部施放过肺鼠疫菌，造成了严重的疫情。我们学校在景宁，紧临疫区，大家都提心吊胆。有一天下午，我们下地给白菜施肥、松土，当晚早早就睡了。第二天早晨，紧挨在我右侧的同学——我们的劳动组长，竟莫名其妙地死在了地铺上。那时根本没有医生，大家只好猜测他死于鼠疫。鼠疫的传染非常厉害，唯一可以采取的预防措施是把尸体烧掉，再把我隔离起来。我被关到一座农舍的楼上，所有人都认为我死定了，我只得坐在墙角发呆、等死。没有什么人敢走近这座小楼，但有人把一天三餐装在篮子里，挂到一根绳子头上，我自己把它吊上去。这个送饭的人，就是级任导师，我的语文老师。糊里糊涂过了一个礼拜，我居然没有死，过了危险期，被放回班里。那时我才13岁，是个初二的学生，受了这么大的折磨，一头扑进老师的怀里放声痛哭，老师紧紧搂着我，一起哭。

王丽老师在约稿信里给我出的题目是“我所受过的中学语文教育”，我却文不对题，写的是“我所受过的中学语文老师的人格教育”。老实说，60年前老师是怎样教课的，我记不太清楚了，但老师是怎样做人的，我终生不能忘记，而且时时受到记忆的鞭策，不敢有负师恩。中学生是一张白纸，毫无主张，偏爱什么课程常常是因为爱戴这门课程的老师。我和我的许多同学，就是因为被语文老师的人格魅力所感动，才对语文课特别有兴趣，学习比较用心，喜欢看些课外读物，也勤于练习写作。我想，我中学时代的语文老师的教书效果好，首先是因为他们关爱学生，师德高尚。这样一想，我所写的也许并不走题。

关于语文课上的情况，我只记得一些。这些既然60年来都没有忘记，就是不应该忘记也不可能忘记的了。

那也是在景宁，我们的学校“撤退”过去，请了当地一位前清举人当语文老师。这位老师在地方上声望很高，举止端方，不苟言笑。每当空袭警报的钟声响起，他便换上长袍马褂，打扮整齐，规行矩步走出我们当校舍的白娘娘庙，站到荒坟头上。一听到敌机的声音，他就仰天大骂，从来不躲避。同学年少，不明白道理，笑他迂腐，可是他的授课终于镇住了我们的调皮。那时候没有课本，教学内容由老师自己定，上课的时候写在黑板上，我们动手抄下来。

开学第一堂课，他也是穿戴整齐，走进教室门，庄重地看了我们一眼，缓缓转身，在黑板上写下了非常漂亮的大字：“死去元知万事空，但悲不见九州同。王师北定中原日，家祭毋忘告乃翁。”然后，声音低沉地朗诵起来。我们虽然还小，但国难当头，山河破碎，在日寇的逼迫下辞别父母颠沛流离，尝尽苦难，心头都郁积着仇恨和悲愤。这首诗我们以前学过，懂得这是老师对我们的嘱咐，于是爆发般地齐声应和，滚烫的泪珠洒满胸前。以后我们陆续又学了许多类似“三万里河东入海，五千仞岳上摩天。遗民泪尽胡尘里，南望王师又一年”的诗。对祖国、对同胞刻骨铭心的爱，对自强、对自立坚定热烈的向往，就这样在我们心里种下了深深的根。

在整个抗日战争时期，也就是我的小学和中学时期，我们的语文老师给我们选的教材，大体都是这类洋溢着爱国主义和英雄主义情怀的文学作品，什么《正气歌》《过零丁洋》《史可法答多尔衮书》《阎典史传》《张睢阳传》，等等。高二时的语文老师，给我们选讲《桃花扇》里感叹国破家亡的曲子，我到现在都会背诵。它们所蕴含的充塞于天地间的浩然之气，给我们的教育远远不是“语文”这两个字所能概括的；它们蕴含着我们的民族精神，这是我们这个民族能够长存于世界并兴旺发达的根本。在抗日战争那种危难的环境里，在贫穷落后的山沟沟里，在每年总有两三个月吃糠咽菜的日子里，我们从这些作品中汲取这种民族精神，像干涸的土地汲取雨露那样，格外敏感和彻底。它决定了我们一生的审美方式、思维方式和行为方式。

我怎样学的语文

/ 陶世龙

陶世龙　1929 年生于四川省安岳县。科普作家。曾任北京地质学院（即现中国地质大学）教务长、图书馆馆长等职。1949 年开始写作普及地质知识的文章，后陆续发表科普作品数百篇，部分结集为《揭开大地的秘密》《地球的画像》和《时间的脚印》出版。

我初小的语文是在家中学的。因为那时我家住在县城南郊的一个山沟里，进城上学得翻一道山，走一个多小时，这对几岁的孩子来说不相宜。正好我祖母的哥哥，一个没赶上科举又没进学堂的失意文人，长年住在我家，便请他给我启蒙，不过学的并非《三字经》或“四书”，而是叶绍钧和沈百英编、商务印书馆出版的小学语文课本。那时我差两个月满五岁。

在这以前，我已认过一些带有图像的方块字，结合“床前明月光，疑是地上霜”“赵钱孙李，周吴郑王”“天地玄黄，宇宙洪荒”这类背诵，识得了几百个字。当时对背诵的这些词句不解其意，只觉得念起来很顺口，有时把词改一改，如改为“赵钱孙李，狗吃生米”“周吴郑王，狗吃黄糖”“冯陈褚卫，狗扯棉絮（四川话发音为 sui）”，就更觉得有趣、好记。

小学课本学得很快，一年学了三本。上课九个月后，开始写作文，第一篇作文的题目是“菊花”。我们为了保持陶家爱菊的传统，在花园里培植了许多菊花，这篇作文便是看了这些菊花后写的。我在作文本上只写了不到一页，但大人们都很高兴，把作文寄给我在外面上学的父亲和叔父，他们便寄回新书作为奖励。从此，每有新的作文我就给他们寄去，就能不断得到新书，巴不得多作几次文了。

我家虽源出封建士大夫家族，但并不守旧，赞成新文化。舅公教不了新学，因此在家学了一年后，家里请了县城的小学语文老师，也是我祖父的朋友程子颜先生，每周来家三次，教我继续读小学的语文课本。很快，这商务印书馆的初小语文课本便学完了，又买了些别家的课本来看。程先生觉得这不是个办法，最后找到上海儿童书局出版的《儿童活页文选》，每次教一篇。

这《儿童活页文选》我觉得选得很好，既有新文学名家的作品，也有古典的文字名著。不是选全篇，而是选出其中精彩的段落，再加上一个标题，每篇最多只有几百字。像从朱自清的《荷塘月色》中选出几段，题名为“荷塘夜游”；从《儒林外史》中选出记述王冕学画的文字，成为一篇“何不画它几枝”。很快我就喜欢起朱自清、徐志摩、冰心、郭沫若、孙福熙、朱光潜和吴敬梓这些人的文章。鲁迅、胡适、李大钊、陈独秀、陶行知的文章也有，但是我大一点后才渐渐理解其深意。

我读了一些片段感到不过瘾，于是去找原著，上海万象书局出版的名家选集正合我的要求，使我接触到更多的新文学著作。《回春之曲》《桂公塘》都看得我掉泪，不过对郁达夫则不喜欢。应该说明的是，这些都是上初中以后的事。

不记得程老师讲过什么段落大意或主题思想，但让我印象深刻的是，他要求我把字认清、把词的意思弄明白，而且都要牢牢记住。大人还教会了我查词典。

虽然念白话文总觉得不如念唐诗来劲，但念着郭沫若的“夕阳正烧着海上的天壁”，朱自清的“沿着荷塘，是一条曲折的小煤屑路。这是一条幽僻的路；白天也少人走，夜晚更加寂寞”仍感到有意思。那时，大家都讲究朗读。家中经常传出孩子琅琅的读书声，被认为是家庭兴旺祥和的标志。

开始上课后，先默写前一次教的课文，错一字扣一分，落一字也扣一分。我经常是得到八十几分，没得过一百分。我觉得白话文不好背，要是文言，也许有得百分的时候。经过三年多的训练，我进入了高小、初中、高中，老师再没有提这样的要求了，但背诵和查词典已成为习惯，学了古文我会自己背。

初中语文课本是老师油印的选本，一开始时白话文多，但老师讲得少，让你自己去看，并逐渐变成以文言文为主。老师并不讲很多，但要求多读，说是读多了自然能明白，要上下文连贯起来才能正确理解字和词的意思。学习效果的检查集中在作文上，不记得考过什么问答题，一般作文的分数就是语文课的分数，平时作文的分数也累计进去。因此，当时的学生多数喜欢平时多写几次作文，平时作文好，考试就一点也不紧张。但老师大概不这样想，修改作文的工作量不小，判分数、写评语、改错别字都马虎不得，假如有错字没看出来，被告上去了，不仅丢脸，连饭碗也可能丢掉。

老师说文无定法，街上卖的《作文百日通》之类千万不要信，要会作文得自己下功夫，没有捷径。作文没有标准答案，学生作了翻案文章，只要言之成理，老师还给加分。

上初中时，我们从明清小品文开始学，一直学到唐宋八大家；进入高中后，短小的散文减少了，变成以《庄子》《荀子》《韩非子》《史记》为主。《诗经》《楚辞》、唐诗、宋词要讲一点，长篇大赋、四六骈体都不沾，这与四川当时的文风讲求朴实，主张文以载道、经世致用有关（奇怪的是只选了一点《论语》《孟子》，大概是老师对孔孟之道不大以为然，而从文学的角度来看，显然“四书”不如《庄子》）。这对我，不仅是写文章，在其他方面都产生了影响。我这一辈子总是轻松不起来，就有这语文课对性格产生的影响。

那时，高考的指挥棒也有作用，不过没有今天这样大，因为各校考题不同。四川大学一向以作文题的古板艰深闻名。我毕业前一年，它的考题是“‘大学之法，禁于未发之谓豫，当其可之谓时，不陵节而施之谓孙，相观而善之谓摩’说”。考题是不断句的，不少考生连句都断不了，更不用说写作文了。这考题是《礼记·学记》中的一段话，事后成都各中学都赶快将它选入教材，我们学校也不例外，因为四川大学是录取成都高中毕业生最多的大学。

北京大学是新文化的发祥地，不出这类老古董的考题，1948 年招生考试的作文题是“我最崇敬的一个人”。我写的是我的祖父，全是自己内心的感受，很快就交了卷。当时各大学考题的风格考生们都是事先研究过的，我考大学的第一目标是北京大学，似乎不必去啃那些陈谷子烂芝麻，但我还是仔细听了老师讲《学记》，而且置之座右，因为我感到这里面有好多中国的教育经验。

除了在课堂上学语文，11 岁时家人说我年纪太小，还应按当时中学招生的惯例，12 岁时再去上。这一年不用上学，但我也没有闲着，每天自己走到樊孝达老师那里去学古文，找邹恩溥老师学数学。学多学少没有规定，比正式上学轻松，不过要求我在一年内读完《资治通鉴》。这是祖传的木刻本，三百本，差不多一天得读一本。开头看起来似懂非懂，但硬着头皮看下去，倒也渐渐感受到其中的趣味，不过仍有许多地方不大明白。上高中时又挑着看了不少，这回是津津有味，作为历史故事来欣赏了。

那时从小学到高中都没有课外作业，看书占去了我大部分课外时间。初中时看了许多武侠小说，别的小说能得到的，管它好歹，都看。但看多了也就感到没劲，还是法布尔的《昆虫记》、斯文·赫定的《亚洲腹地旅行记》这些书有意思。杂志报纸都不少看，还认真读了夏丏尊、叶圣陶的《文心》，喜欢上顾均正、贾祖璋、董纯才、高士其、刘熏宇等人的科普作品，并开始懂得，原来鲁迅最高明。

我就是这样学语文的，写文章成为我的一种乐趣。上高中时，老师虽不布置作文，但学校鼓励大家办壁报，还组织竞赛。我和几个同学也办了一张，把文章发表到墙上，贴出去后站在远处眺望，见到看的人多，心中高兴；没有人看，就检讨为什么失败。一般这失败不在文字而在内容。我越来越认识到这文字不过是用来表达某种实在内容的工具，为写文章而写文章是没有出息的。随着年龄的增长，小说看得越来越少，觉得那不过是编造出来供消遣的东西，到后来更感到不少小说不过是为了某种目的在哄人，真要以为中国的现实与历史就像小说中写的那样就上当了。于是，我对反映现实的新闻职业产生了兴趣，羡慕邹韬奋的成功。高中三年级开学前，赶上北京大学新闻系来成都招生，我便去报考，而且被录取了，但我的父亲不愿我重复他陷入政治泥潭的困扰，要我学习自然科学，我也热爱自然，这才在第二年毕业后入了地质学之门。但这语文并没有白学，老师教给我的严谨务实的文风和准确简洁的文字表达能力，对学习、认识和正确表达科学知识都很有用，使我一生受用不尽。

常忆常新

/ 于漪

于漪 1929年生，江苏省镇江市人。1951年毕业于复旦大学教育系。语文特级教师。主要著作有《于漪语文教育论集》《语文教苑耕耘录》《语文教学谈艺录》等。

在近七十年的人生征程中，我经历了不少事，有许多事犹如过眼烟云，随着时间的消逝销声匿迹了，脑子里不留丝毫痕迹。唯独学生时代，尤其是接受初等教育、中等教育阶段的一些事却烙在脑海里，常忆常新，清晰得像昨天发生的一样。

记得第一次拿到描红本时，我是多么好奇、兴奋。我仔细端详着，觉得一个个字好像是一幅幅小画，长的，方的，瘦的，胖的，有翅膀会飞的，有两只脚会站的，有四只脚会走的，有趣极了。老师要求很严，写字前要磨好墨，把手洗干净；写时用空心的长方形的铜镇纸压住纸，然后用毛笔一笔一笔认真地描。老师温和地不厌其烦地一遍一遍教我们，并给我们示范。长此以往，我们逐渐养成了认真写字的良好习惯。每次写好字，我总要对着阳光照一照，黑字里透出一丝丝红色，有的字还镶上细细的红边，美极了。

进小学不久，我看到高年级学生手里有一本小字典翻来翻去，十分羡慕。在我眼里，那本小字典是字的“汪洋大海”，奥妙无穷。老师一再要求我们买字典，查字典，我也热望有朝一日自己手里也有一本。可是，旧社会念书，买一本小字典也不容易。后来总算盼望到，我高兴非凡。碰到一些生字难词，老师常叫我们自己查字典，辨别辨别。这样，字典就成了我学习中须臾不离手的小伙伴。我经常翻字典，总想找些美丽、欢乐的字词，可翻来翻去，发现字典里悲哀愁苦的字词反而居多，因而，心里一直翻腾着一个问题：这到底是什么道理？我喜欢“研究”古人，“研究”同学的名字。名字中大多数字是认识的，但也有一些如“骞”“燮”“翯”等字需要查一查，一查，才发现原来都是吉庆的字。街上招牌上的“亨”“豫”等，查查字义，原来也都是好字眼。想了又想，我渐渐悟出道理来。人名、招牌的字反映的是人们良好的愿望，而字典中一大部分字词，则是社会历史、社会现实在语言词汇上的反映。传说仓颉造字，弄得鬼神不安，竟至于“天雨粟，鬼夜哭”，可见文字具有极大的魔力。回想自己幼年在老师的引导下，与第一本字典打交道时，就开始领悟到文字的魔力、字典的魔力。老师不仅在培养我们查阅字典的兴趣和习惯，更在培育我们的探索精神。

至今我还记得几位国文老师和一位音乐老师上课时的情景。1937年“七七事变”后，日本侵略者铁蹄长驱直入，家乡危在旦夕，我就读的薛家巷小学即将解散。一天下午，音乐老师教我们唱《苏武牧羊》：“苏武留胡节不辱，雪地又冰天，苦忍十九年，渴饮雪，饥吞毡，牧羊北海边……”尽管曲调温柔敦厚，节拍缓慢，但老师却教得那么激动，眼中噙着泪花。我们这些七八岁的孩子被深深感染了，心中第一次闯进了“祖国”“气节”“亡国奴”这些大字眼，似乎一下子长大了许多。从此，这首歌不断在我胸中激荡，构成了我生命的一部分。现在想来，在中华民族到了最危险的时候，老师是在用“心”歌唱，想要唤起我们幼小心灵的觉醒。这一课，我永远忘不了。难忘初中时代年轻的黄老师教《故乡》一文时的眼神。他穿着长衫，戴着金丝边眼镜，文质彬彬。讲到少年闰土出现在月下瓜田美景之中时，他的眼睛睁得大大的，放出异样的光彩。“深蓝的天空，金黄的月，碧绿的一望无际的瓜田，少年闰土出场是动态的，奋力向偷瓜的敌人——猹刺去，他手中的钢叉和颈上的银项圈明晃晃的，交相辉映……”他描述得那么生动，那么富于感情，我被深深地吸引住了，犹如身临其境，品尝着其中的欢乐。这位老师喜欢新文学，有次他给我们讲田汉《南归》中的诗：“模糊的村庄已在面前，礼拜堂的塔尖高耸昂然。依稀是十年前的园柳，屋顶上寂寞地飘着炊烟。”黄老师朗诵着，进入了角色，他自己被感动了，他的眼睛里凝聚着深深的感动。这感情传染了整个教室，一室鸦雀无声，大家都被感动了。课后，我未花多少时间就把诗背了出来。虽然几十年再未接触，但是今天还能信口背出以上几句。黄老师教课全身心地投入，激发了我们学习的兴趣，课后我们常围着他，听他讲述文学的故事。此后，我对新文学更有兴趣，读了许多有名的中外小说，开阔了眼界。如今只要稍一回忆，老师的手势、形貌就在脑海中闪现，尤其是那对深沉的眼睛。

我们高中的国文老师在课堂上教古文时是大声朗诵的。记得老师教李煜的《浪淘沙令·帘外雨潺潺》，书放在讲台上，根本未翻开，他边解释边朗诵，“帘外雨潺潺，春意阑珊。罗衾不耐五更寒。梦里不知身是客，一晌贪欢……”老师对教材熟极了，朗诵得出神入化，词中的婉转、凄凉表达得淋漓尽致。老师教完，我们也就背了出来。最难忘的是老师教辛弃疾的词《南乡子·登京口北固亭有怀》的情景。老师读到“千古兴亡多少事？悠悠。不尽长江滚滚流”时，眼里噙着泪花，对国事感慨万千，令人揪心；讲到“天下英雄谁敌手？曹刘。生子当如孙仲谋”时，激昂慷慨，使一室振奋。我们跟随着老师朗读，吟诵，思考，体味，历史风云如在眼前，家乡装进胸中，国家社稷装进心中。课后，大家仍激动不已。星期日，三五同学结伴，奔赴北固山，登上北固亭，面对滔滔江水，大声背诵“何处望神州？满眼风光北固楼……”此时此刻，爱国之情、报国之志充盈胸际，人好像一下子长大了，豪气冲霄汉。是老师，把对祖国赤诚的爱植入了我们的心中。

老师训练我们用文字表达思想感情时十分严格。他不准我们抄袭作文，作文必须当堂完成。写前必须打腹稿，写什么，怎么写，先想想清楚，不可想一句写一句。用现在的话来说，就是必须先有总体构思。写好以后可以在上面修改，但要有规矩，不可乱涂乱画，弄得像个大花脸。两周一次作文，不得拖拉。开始时，觉得老师过分严格，心里不是滋味，但几年持之以恒地训练下来，笔不涩，肠不枯，下笔成文，至今受益不尽。老师虽严格，但并不“道貌岸然”“神圣不可侵犯”，师生之间相处得十分融洽。记得有一次上作文课，有个男同学搞恶作剧，课前竟偷偷地把我的凳子搬走，我就只好站着写。那次是自由命题，于是我针对这件事大发议论。其实事属鸡虫得失，而那时竟不知哪里来的那么多意气，也不知哪里来的那么多文思，笔端汩汩滔滔，写下一篇类似“檄文”的东西。写好一看，觉得不妙，大概老师要责怪了。但出乎意料的是，老师大为欣赏，在文后批上一大段，至今还记得这样几句：“于生失座，成此佳什，遂使孟嘉落帽韵事不专于前矣！”我高兴万分，老师竟然诙谐地把我与文人孟嘉落帽韵事并提，可见写作并非难事，从此，写作兴趣陡增。老师批改作文，眉批点到要害，总批不仅评文章的得失，更是交流思想，交流看法。作文簿发下来，我们最关心的不是得什么等第，而是首先看老师在批语中写了些什么，如果只是一般化的评文，我们就会感到有些失落。

在我的记忆中，我的老师们不大讲究教学方法，但是人品好，有学问，我们做学生的佩服他们。我的老师们一人一个样，有的语言精练，逻辑性极强；有的朗诵时声情并茂，能进入角色，达到忘我境地；有的严肃，不苟言笑；有的温和，如春风春雨，但他们的共同特点是热爱学生，兢兢业业。当然，也有滥竽充数、不负责任的，对这样的人，我们心灵深处从不把他们当成老师看待。

今日我能在中学讲台上耕耘四十多年，不敢有丝毫懈怠，努力学习，不断进取，跟随着时代奋然前行，得深深感谢用心血与智慧哺育我成长、成人的基础教育老师，他们的品德、文章与认真教课的情景活在我的心中，常忆常新。

第三辑
（1930—1939年生）

1930—1939年出生的作者，上中小学大约是在20世纪40年代。

■ 时代背景

1937年，全面抗日战争爆发，大批的大、中、小学校向大后方迁移，在偏僻的荒山野岭、古庙祠堂，仍然弦歌不辍。抗日战争后期，国民政府将原来的教科书审定制度改为由国立编译馆独揽小学教科书的编辑权，称为“部编制”，但民间编写教科书仍然活跃。据资料记载，从1912年至1949年短短37年间，全国各书坊共计编印出版了100多套中小学国文、国语教科书。这些教科书以其特有的中国气派和清新蓬勃的风貌，塑造了一批批今天所谓的“民国人”。

■ 语文课特点

抗日战争期间，课本供应不足，一度造成严重的书荒，有些中学国文教师干脆用《古文观止》做教材。在民族危亡之际，不少国文教师会挑选一些历史上的爱国诗文名篇作为教材，比如岳飞的《满江红》、文天祥的《正气歌》、陆游的《示儿》等，激发学生的爱国情怀。

从“青年必读书”谈起

/ 李国文

李国文　1930年生于上海市。著有长篇小说《冬天里的春天》、中短篇小说集《第一杯苦酒》以及杂文、评论、传记作品多种。

1925年2月1日的《京报副刊》上，有一篇鲁迅先生对“青年必读书”征求意见的答复。其中有这样两句话：“我以为要少——或者竟不——看中国书，多看外国书。少看中国书，其结果不过不能作文而已。但现在的青年最要紧的是‘行’，不是‘言’。只要是活人，不能作文算什么大不了的事。”

这是距今几十年的往事了。或许如鲁迅在一篇《小杂感》里说的“曾经阔气的要复古，正在阔气的要保持现状，未曾阔气的要革新”那样，一石击起千层浪，他的这篇《京报副刊》上的答复，随即引发了一场不大不小的论战。说到底，还是文言文与白话文之争的延续。

其实持非议观点的人，对先生愤激而极端的看法，并未完全理解。因为“五四”以后的文学革命，很难突破与旧体制、旧思想、旧传统、旧观念有着千丝万缕联系的文言文，还遭受到那些曾经阔气和正在阔气的复古主义者的强烈抵制。因此，鲁迅先生才大声疾呼：“我们此后实在只有两条路：一是抱着古文而死掉，一是舍掉古文而生存。”

所以，他本着“要催促新的产生，对于有害于新的旧物，则竭力加以排击”的一贯精神，对这张报纸提出来的“青年必读书”的问题，做出了这样一个矫枉过正的回答。在古文仍在全国范围内占垄断地位的当时，鲁迅先生发出来的声音是具有警醒意义的。

我生于1930年的上海，等我进小学和上中学的时候，新文学运动已经波澜壮阔，至少在大城市里、在实施现代教育制度的学校里，文言文基本上退出了文字的流通领域。以白话文写作的作家，如鲁迅、胡适、郭沫若、周作人、郁达夫、徐志摩、冰心、丁玲，均已是家喻户晓的人物。因此，我不记得小学的语文课本里有唐诗、宋词，也不记得中学的语文课本里有韩愈、柳宗元、欧阳修、苏轼的文章，那时白话文逐渐全方位进入文化领域，教材中即使选录一些古典文学作品，数量也不多。因此，我才没留下什么印象，相反，那些现当代文学的奠基者，对我倒产生了深刻的影响，最终使我走上了文学之路。

现在回想起来，我受到的古文训练，不是从当时的语文课本得来的，而是在家庭的督促、环境的熏陶下，从硬着头皮、死背硬记开始的。之后渐渐发生兴趣，然后接受、受益，继而深感传统文化的博大精深，最终下决心活到老、学到老。

古汉语的命运终究要维系于辉煌的中华文明，植根于中国这块土地，因此，其生命力应该是不会衰竭的。我记得，20世纪30年代，在离城市并不很远的乡村，还有科举时代曾经盛行过的私塾，甚至到了20世纪50年代，在偏远地区，仍有类似私塾的家学存在。出现这种现象，除了经济负担过大、交通不便的原因外，也还有中国人固有的传统思想的原因，一些人不愿意把孩子送到所谓洋学堂里读书。当时，在农村人的眼里，城市的学校除了能够识字的语文课外，那些常识、算术、英语、劳作、美术、音乐等课程，是没有什么用途的。

我曾经写过一篇谈背诵有益的杂感，讲到这种古老的私塾教育，虽然其教学方式完全背离于时代，落伍于生活，但是，学塾强调的背诵，即使在现代语文教育中，也是不可忽略的一环。

我有一位长辈是前清的秀才，入民国后，他功名不成，便以塾师为业，在乡间间，颇受人尊敬。他教过的学生有出息的很多，有人留洋，有人当官，有人领兵；没有出息的，当然更多。不过，老人一句话，“师傅领进门，修行在个人”，那就不是他的责任了。

暑假期间，家长便让我回乡下去，在那里补习古文，好像我有这样一位斯文长辈，要是作为后生的我等，古文一窍不通，那么薪火相传就要断送在我们这一代似的。于是，我就坐在板凳上，读那些儒学的启蒙书籍。老人对我倒不严厉，别人背不出来是要吃板子的，我背不出来，就例外豁免体罚了。

我说："我不喜欢背。"他说："要学古文，就得背，而且必须背得滚瓜烂熟。"我问他："我们学校的老师都是先讲课，你为什么不讲？你为什么只教识字，识了字以后就只是背书？"他回答说："背多了，你就自然明白了。"

后来，我读《红楼梦》第九回，贾宝玉上家塾，其父贾政讲的一番关于教育方法的话，倒是今古同源，如出一辙："你去请学里太爷的安，就说我说了，什么《诗经》、古文，一概不用虚应故事，只是先把'四书'一气讲明背熟，是最要紧的。"讲明和背熟，其实是两回事。也许是因为老先生好一口酒，晚年愈沉迷其中，精力有限，所以在他的私塾里，只有"背熟"一道，而无"讲明"之说。因此，也有家长持异议者。对此，他的解释很简单：你愿意来念就念，不念请便。还挺拿大。横竖他那些留洋的、当官的、带兵的学生，是他最好的广告，从来不愁生源。我家不也要我利用暑假，到他老人家这里开小灶，打好古文基础吗？

很久很久以后，我也琢磨出来，这位老秀才的见解不无道理。给一个稚气十足的孩子讲"大学之道，在明明德，在亲民，在止于至善"，真是如让顽石点头，是不会有什么效果的。但确如他所说，书背得多了，人长得大了，知识面也拓展了，还真是"就自然明白了"。

在多多益善的背诵中，达到融会贯通，是一个水到渠成的过程，对此，我是有真切体会的。随便举一个例子，旧时坊间出版的古籍，通常没有标点，很难一口气连贯地读下来。这时已经上中学的我，曾经求教于老人，如何掌握句读之法？他反问我，句读有法吗？我也相信确是无法，但无法之法，总是应该有的。他想了想说，还是只有多背书这个法子。他说，书背得多了，也就自然明白哪里该顿，哪里该断了。

我为一家出版社撰写《莎士比亚传》，在检阅大量资料时，发现这位大文豪的童年也是在背诵中开始他的文化积累的。看来，背诵不光中国有，外国也有。我记得凌叔华在记辜鸿铭的文章中说，辜鸿铭能够一口气背诵出上千行的弥尔顿的《失乐园》。看来，背诵可以启发智慧，增加修养，激发才华，加深记忆，在语文教学中的重要性不言而喻。

这篇短文在报纸上发表后，我收到编辑转来的读者来信，信中说，现在儿童的学习负担已经够重，有必要再增加背诵古汉语课文吗？我很惭愧，我没有做过调查研究，也不了解目前语文课本中古文究竟占多大比例。但我坚持短文中的观点，如果脑海里能记住这些古诗词、古人的文章学问，总比脑海里一片空白要好。

对此我深有体会。中华人民共和国成立后，在一度厚今薄古的文化思潮下，古汉语在教科书中的篇幅十分有限。所以，这一时期在校学习、尔后成为作家的同行，尽管他们非常努力地在充实自己，仍然时不时要暴露出他们在传统文化方面的相对弱势，出现完全不应出现的语文知识方面的硬伤。

在鲁迅先生的那个时代，出于与封建文化战斗的需要，他建议要少看或者竟不看中国书。其实，他自己“还要翻翻中国书”，他更说：“我的确是读过一点中国书，但没有‘非常的多’，也并不‘偏不让人家读’。有谁要读，当然随便。”

我认为，现在编纂一套以兼收并蓄、凝聚民族精神、弘扬传统文化、提高国民素质、促进中华文明为目标，可朗朗上口地朗读、可一鼓作气地背诵的古汉语占相当篇幅的语文课本，肯定会对人才的培养、文明的建设、时代的发展、国力的增强做出巨大的贡献。

背诵是学习中国语文，尤其是古汉语必不可少的功课。

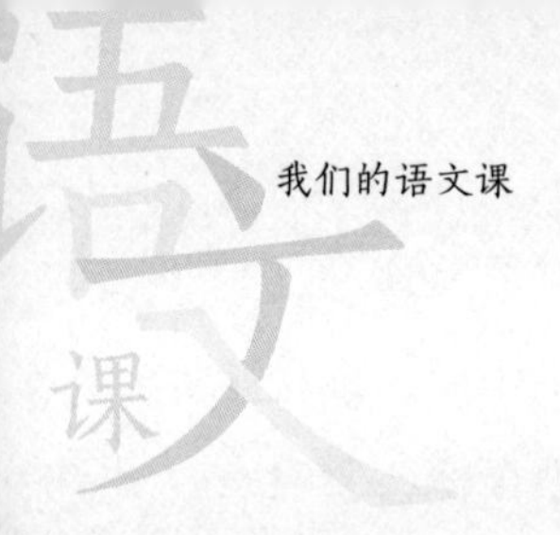

课堂上的老师和课堂外的老师　/　朱正

朱正　1931 年生于湖南省长沙市。编辑、作家。出版有《鲁迅传略》《鲁迅回忆录正误》《1957 年夏季 —— 从百家争鸣到两家争鸣》《辫子、小脚及其他》《鲁迅论集》《小书生、大时代：朱正口述自传》（朱晓整理）等。

我能够以文字工作为业，得感谢教我的老师。

我是抗日战争爆发以后才上学的。一年级还没有读完就开始逃难了。那一年逃难到湖南耒阳，我插班进了省立十一中附小的四年级。教国语课的是陈敬馥老师。她第一次发下批改过的作文本时，表扬了四个学生的作业，其中就有我。她在班上念了这四篇作文，并且要求我们把它抄下来，贴在教室的墙壁上让同学们看。我心里好高兴。小孩子都是喜欢被夸奖的，越夸奖越来劲儿。我对国语课特别是作文，兴趣倍增，更用功了。

我最后一次见到陈老师是在 1952 年。她到我家来做客，同我母亲谈起她丈夫在“三反运动”中自杀的事。我记得，那时她丈夫鲍先生大约是省政府卫生处的技工，有一次卫生知识竞赛，他提了一小提箱奖品来学校，给我们发了些牙刷、手巾、练习簿之类的小奖品。他是那种脸皮最薄的“资产阶级知识分子”，以为别人也同他自己一样对说过的话都是负责任的，完全不知道政治运动是怎么回事。当然，最后的结论是，他没有犯贪污的错误，却犯了对党的政策很不理解的错误 —— 使他轻生的错误。那天，陈老师对我母亲说：“他怎么舍得死！”是的，世上还有他的妻子和子女、他挚爱的一家人，他怎么割舍得开呢？母亲留她吃饭，她不吃，走了。母亲说她是强忍着痛哭才走的，她不愿意在做客的时候哭出来。此后再没有她的信息。要是还在，应该过了 90 岁了，恐怕难吧。

日本投降后，粤汉铁路一时还没有修复，我和家人还回不了长沙，就在郴州附近暂时住了下来。我插班进了初中二年级，国文老师是萧鸿澍先生。萧老师是一个极风趣的人，他的博学，他的诙谐，使得上他的课真正成了一种享受。有的老师怕妨碍正课，并不很愿意学生多看课外书，这也不能说没有道理。萧老师可不同，他是提倡课外阅读的。他自己涉猎面也广，上课的时候常常讲到课文以外去。他讲《阿 Q 正传》，讲《死魂灵》，乞乞科夫哇，罗士特莱夫哇，讲得栩栩如生。讲得多的还有哈代的《微贱的裘德》，讲得很动感情。我猜想，可能萧老师的身世同裘德有某种近似之处，才引起他的共鸣的吧。他还很热心地给我们讲苏联文学。在我向他借阅的书里面，现在还记得书名的有《油船“德宾特”号》和《喀尔巴阡山狂想曲》。

记起我闹的一个笑话。一回，同学们请他介绍一些课外读物，他在黑板上写了十多二十几本吧。我看了，说：“还有《阿 Q 正传》。”萧老师回过头来看了我一眼，指着黑板上写的“鲁迅：《呐喊》”说：“在这里面。”

我不记得以前是不是听过鲁迅这名字，但确实是因为萧老师的引导，我才开始读鲁迅的书，对鲁迅产生浓厚的兴趣。10 年之后，我就写出了一本《鲁迅传略》。

让学生多看课外书究竟好不好，老师们的意见各不相同。如果让我这个当学生的人来说，别人我不知道，对我自己来说，后来从课外书中得到的知识在工作中用得更多一些。

后来学校迁回湖南衡阳。1951 年我到衡阳出差，顺道去看望萧老师。他正在病中，几个月之后去世了。前些年，我写过一篇《萧老师》纪念他。

高中我是在长沙长郡中学念的。我还记得入学考试的作文题目是“为文无关世教虽工何益说”。那时的初中学生都念过一点文言文，对于这样的题目大都能够对付。记得我也之乎者也地做了一通，最后被录取了。一年级的国文课是周怀霜老师教的。教材用的是商务印书馆出的复兴教科书，傅东华编的。课文好像没有白话文。这样倒正好，周老师旧学造诣极深，我不敢说他十三经、廿四史都能背得出来，但确实是熟极了。学生问什么他答什么，如数家珍。他教了我们一年后，应聘到明德中学去了。接着教我们国文的是彭仲贤老师。彭老师信佛，学生请他题字，落款总是仲贤居士。

那时正是解放战争时期，各地的学生运动日渐高涨，学生日益“左”倾，不但在政治上不满现状希望变革，反映到学习上，一些同学也希望国文课上不要净读古文，请彭老师补充一些白话文的教材。彭老师没有答应，他说：“我教给你们的这些范文全是好文章呀。”我对他的这个回答很反感。那时，我正起劲地读鲁迅的书，对于他那篇《青年必读书》里说的多读外国书，少读或者不读中国书的那些话，完全接受了。

我高中还差一个星期毕业，即辍学到社会上混，再也没有进过学校，连短期的补习班之类的也没有进过。现在能够不太吃力地看看线装书，完全得益于周、彭两位老师的教诲。要是那时我对古文少一点反感，更用心听讲一点，成绩当会更好些。那时，我们班上已经有同学能写点旧体诗了，我不但不去学，还很看不起，以为这是落后保守的表现哩。

那时，我把许多时间和精力都用在读课外书上。我长期订阅叶圣陶先生编的《中学生》杂志，真可说是这个杂志的忠实读者。因为杂志的介绍，又购买了不少开明书店的出版物，“开明青年丛书”我总共买了几十本。也不全是有关国文课的，像蒲韧（胡绳）的《二千年间》、高士其的《菌儿自传》等，我都买了，读得极有兴趣。但觉得一生受用不尽的，是夏丏尊先生、叶圣陶先生的三本书：《文心》《文章讲话》《阅读与写作》。这就是我课堂外的老师。

当然，要说课堂外的老师，在我，头一位还得推鲁迅先生。我最初关于社会、历史、政治等方面的许多看法，都是从他那儿来的。就作文这一点来说，他提供了最好的范本。他的锋利、谨严，以及用字的考究，都是我很愿意学习的。学了几十年，还是没有学到，这当是与天分有关，无可奈何。虽不能至，心向往之。

夏先生和叶先生的书，特别是刚才我说的那三本，就是专为我似的中学生写的。你看那一本《文心》，完全是一本反映中学生生活的小说，人物都各有个性，情节也毫不牵强，就在故事的自然进展中，穿插介绍有关阅读和写作的种种知识。我读它，很快便被它吸引住了，好像自己也置身于书中所写的环境之中，在那些老师和同学中间，当了一回“旁听生”。书中所讲的那些具体内容，我已无法从五十年前的记忆中搜寻，但是书中讲“触发”的一章，至今印象鲜明。我想，这应该是夏、叶两位先生的经验谈吧。后来，我觉得我自己也得到了这样的经验。

除了这三本书，《中学生》和《开明少年》这两本杂志上也常常刊登指导阅读与写作的文章。更应该说到的是，这两种刊物都为读者保留发表习作的篇幅。《中学生》上的叫“读者之页”，《开明少年》上的叫“我们也写些”。两种刊物还不时出题目征文。那些题目出得真好，现在还记得的，有“写信给书中人”“记一件忘不了的事”“我最熟悉的人”等，与其说是出题目，不如说是划了一个范围，只是启发人的思想，而绝不束缚人的头脑。当年应征的青少年里，后来还真出了些知名的作家，像著名党史专家龚育之先生，我记得就在《中学生》上发过文章，那时他是长沙明德中学的学生。我也投过稿，但是发表得少，《开明少年》上发过两篇，《中学生》上只发过一篇。一个中学生看到自己写的文字印在书上，不用说有多兴奋了。这真是一种最切实、最有效的鼓励。

少年时代的这些记忆，我一直未能忘怀。我曾经想过，邀些朋友合作，也办一个像《开明少年》那样的杂志；我也曾想过，写一本新的像《文心》那样的书，结合今天中学生的生活来写今天语文学习中的问题。但这些不过是想法，都没有成为事实，实在也是不可能成为事实的。

我也有多少年没有看过以青少年为对象的杂志了，不知道办得怎么样。如果也办得跟我当年看的那样好，或者还更好些，那我才高兴哩。

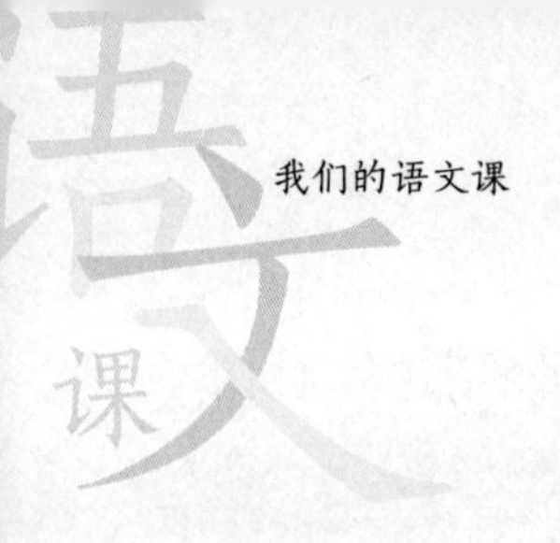

我怀念……

/ 蔡钟翔

蔡钟翔　1931年生，江苏省吴县（现为苏州市吴中区）人。中国人民大学中文系教授。主要从事中国古代文论和古代美学研究。著有《中国文学理论史》（五卷本，合著）、《中国古典剧论概要》和《美在自然》等，主编有“中国美学范畴丛书”。

我很怀念中学时代所接受的语文教育，因为正是语文教育决定了我一生的道路。

我上中学是在遥远的20世纪40年代，但记忆还十分清晰，在各门课程中，我最感兴趣的是语文课。引起我莫大兴趣的，倒不是教师的讲解，而是选读作品的无穷魅力。那时选入教材的都是千古传诵的名篇。除了教科书上所载的以外，教师还补充了一部分“北新活页本文选”（即北新书局出版的活页文选，用作补充教材，很灵活，很方便）。教师的讲解很简单，似乎也没有下多大功夫，上课时主要是解释课文的生词难句，归纳段落大意，逐字逐句串讲难懂的文章，余下的时间就是领着学生反复吟诵，有时一节课全部是吟诵，直念得“摇头摆尾”，十分投入，有些课文还要求背诵。我想这种上课方式，教师不必花很多时间备课，然而却收到了意想不到的效果，许多清词丽句牢牢地刻印在心头，自己写作的时候，合用的语汇句式就会从笔尖上汩汩流出。后来我才理解，这样吟诵、背诵，就是古人所谓的“涵泳”“体味”“沉浸醲郁，含英咀华”。作品的味道是通过熟读“品”出来的，尤其是文章的气势，不朗读是无法直接感受到的。当然，语文教育的思想教育功能也是不容忽视的，但那是得之于潜移默化之中，无须教师的饶舌，点到为止即可。如读《正气歌》《左忠毅公逸事》，自然会受到伟大的人格力量的感染，促进道德上的净化和升华。

引起我对语文课的兴趣的另一个环节就是写作。我记得当时写作的方式多种多样，有命题当堂作文，也有自选题课下作文。还有一种是“改写”，如将叙事诗改写为叙事文，将文言的记人记事改写成白话小说。又有一种是“拟作”，如读了欧阳修的《秋声赋》，就模拟写一篇《秋声赋》，字句不许抄袭，内容不许雷同，但必须是名副其实的《秋声赋》，这也是很费脑筋的。教师的评点起了很大的激励作用。卷子发下来后，我特别注意教师的批改，有些句子被加上密圈密点，我便要仔细诵读几遍。有时我也感到莫名其妙，怎么灵机一动会写出如此精彩的文辞？有一次，教师的总评说我用的词语如“精金美玉”，我更是得意非凡，连续高兴了好几天。更使我获益匪浅的是记周记。当时老师规定每周必交一篇周记，记周记的好处是迫使你去关注日常生活中的问题。我写过一篇题为“黄鱼的把戏”的周记，写的是我看到菜市上小商贩在黄鱼身上刷黄水，以图卖个好价钱。这是欺骗顾客的行为，我对此发了一通感慨。为了写周记，我就不停地在这样平凡的小事中寻觅写作的题材，并且即小见大，提升到一定的高度。还需要一提的是，当时的中学写作是文言、白话并举。文言文难度较大，可以帮助你追求词句的凝练、典雅，也有助于白话文水平的提高。但文言是文言，白话是白话，不允许使用文白夹杂的文体。在我看来，只要引导得法，练习写文言文是不会染上文白夹杂的痼疾的。学校里还定期组织作文大赛，这也是推进语文教育的一种很好的方式，我多次名列前茅，还拿过第一名，这就更加深了我对语文课的感情。

我上中学时，家境还比较富裕，我父亲想请一位家教利用暑假为我补习功课，征询我补习哪一门课程。虽然数理化是我的弱项，但我还是毫不犹豫地选择了语文。我用一个暑期读了《孟子》，另一个暑期读了《古文观止》。那时我所在的上海是日寇占领的沦陷区，飞机常来轰炸，一拉空袭警报，语文老师走不了，就延长了学习时间，可以说是弹声隆隆，弦歌不辍。

中学时的课外阅读，教师基本上是放任自流的。据我的记忆，只有一本书是老师特意推荐的，那就是亚米契斯的《爱的教育》。因为当时的课业负担不重，我有大量的时间可用于课外阅读，于是鱼龙混杂，泥沙俱下，什么都看，既读进步的新文学作品，也读武侠言情、鸳鸯蝴蝶，既读鲁迅、茅盾，也读还珠楼主、冯玉奇。此外，我也喜欢看文言的笔记小说、古代戏曲。我把文言文当成外国语来学，备有一个小本子，专记单词及其读音、解义。当时的杂志也在我的视野之中，留下深刻印象的就是《万象》，这本杂志符合小职员、小知识分子的口味，很容易借到，张爱玲的小说我就是在《万象》上看到的。据我的体会，课外阅读需要引导，但不必严格规定书目，不妨让学生自己去浏览，五花八门，开卷有益，杂有杂的好处。课业负担减轻了，腾出了课外阅读的时间和空间，学生是会有积极性去博览群书的。课外阅读必须有一部分读得比较细，注意丰富和积累词汇，学习表达方式，这对提高写作能力是大有裨益的。

在语文教育的熏陶下，我的人生观、价值观发生了变化，名作家、名教授成了我心中的偶像。记得有一次我去一位作家的家中买他著的书。他居住的是一间破败的陋室，没有一件像样的家具，光线阴暗，白天也得开着灯。作家还有一大堆孩子，生活过得十分艰难。但我还是很羡慕他，因为他能制造出精神食粮，而且传留后世。中学毕业，面临报考大学，我报了北京大学和复旦大学，都是不假思索地填上了中文系。结果，北京大学没考上，被复旦大学录取了，从此我就与语文结下了不解之缘。顺便说几句，那时的高考，中学老师是根本不管的，名牌大学录取率很低，但考生也不很紧张，因为有次等的大学可以上。我们考前的准备是买几本历届名校高考试题汇编，摸摸出题的路子，然后就一家一家地考，报五个学校就得考五次。押题是不可能的，所以也就不押了。语文课的考试，知识题很少，定音的一锤还是那篇作文。我考得不怎么样，大概作文写得还行，所以被录取了。

进入复旦大学中文系，真是喜出望外，那是名教授、名作家荟萃之地，我和他们朝夕相处，得以亲聆教诲。大学一年级各系都有一门共同必修课，叫作“大一国文”，后改名为“大学语文”。这门课与中学语文相衔接，是中学语文教育的延续。所有中文系的教师，包括正、副教授，都要承担一个班。众教授各有专长，于是开的大一国文也各具特色，异彩纷呈。当时大学各选各的教材，到中华人民共和国成立后才有统一的课本，所以比中学语文有更大的自由度。记得我上学时中文系的大一国文课由赵景深教授主讲，他精研戏曲，讲的课就掺入了很多戏曲的成分。

大学毕业后，我被分配到中国人民大学任教，一开始教的就是大学语文。那是 20 世纪 50 年代初，我们虔诚地“以苏为师”，向苏联专家学习。我清楚地记得一位苏联专家的中学语文示范课，讲的是一篇小说，小说中描写了一位小英雄，课堂教学的中心就是对这位小英雄作人物性格分析，归结为英雄的共性若干点，个性若干点。好端端的一篇文学作品，经此切割肢解，便变得味同嚼蜡，而考试的时候，学生就得舍弃课文而去背诵老师分析的一、二、三、四。

20 世纪 50 年代的中学语文教育发生了一系列的变化。一是政治挂帅。教材里选进了一些当代的并不典范的政论文，这使教师很为难，不能说它写得不好，但夸它好又确实乏善可陈。而且这些政论文又缺少稳定性，政治气候一变化，就要更换，教师也不可能像对待名篇那样精读细研。为了突出政治，语文课的思想教育功能上升到首位，语文课变成了半门或三分之二门政治课，削弱了自身应负的智育和美育的职能。二是厚今薄古。大量压缩古代作品的比重，减少了学生接触古代名篇名著的机会。让一些不太成熟的当代作品占据了教科书中宝贵的位置，就不是取法乎上，而是取法乎中下了。在这两条上，我们恰恰没有效法苏联，苏联的中学语文教科书是很重视课文的文学性、典范性，很重视选读古典文学作品的。语文教育应该随着时代的变迁而有所改革，但传统的行之有效的教育方针和教学方法不应轻易地予以否定和废弃。我曾和一些资深的中学语文教师交换过意见，得到一点共识，就是中华人民共和国成立后的中学语文教育是走了弯路的。语文教师辛辛苦苦，付出了很大的精力，却没有抓到点子上，以致事倍而功半。许多好老师尽毕生之功与应试教育相周旋，却没有时间提高自身的水平，这是很可悲的。在进入新世纪的今天，这些问题值得我们去反思，去总结经验教训，以求改弦更张，走上一条顺畅的康庄大道。

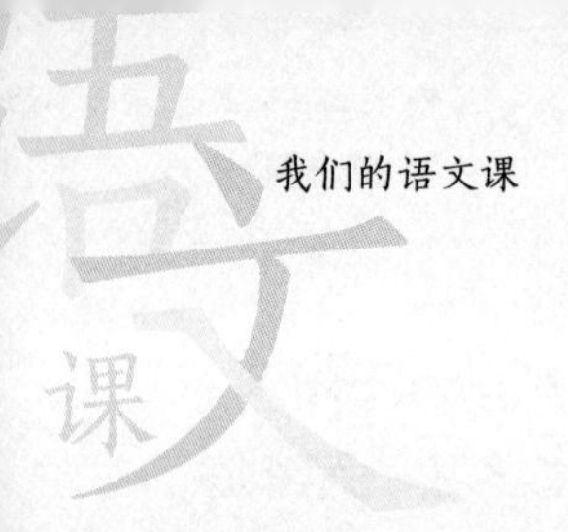

微笑中的回忆

/ 钱中文

钱中文 1932 年生，江苏省无锡市人。中国社会科学院文学研究所研究员、教授、博士生导师，《文学评论》主编。著有《现实主义和现代主义》《文学发展论》《文学理论：走向交往对话的时代》《钱中文学术文化随笔》《新理性精神文学论》等。

和在京的几位中学时代的老同学相会，往往会回忆起共同度过的几年中学生活，那时我们的脸上总会浮现出真诚的微笑。

我们会谈到各自喜爱的课程与老师、一些老师的身世与下落、几十年来的变化与遭遇，但我们谈得最多的还是语文老师，因为那时在语文课上受到的启蒙教育是共同的。

也许，对现在的中学生来说，语文课似乎是不值一提的了，不就是多识几个字，听听故事，欣赏一些作品，练习写作，学会表达自己的意思吗？这自然都是对的。而且近几年来，不少年轻朋友迷上了电脑，一上网，就像遨游在知识的海洋里似的。但是对于我来说，20 世纪 40 年代的中学语文课，却是与我一生的爱好和命运连在一起的！所以一谈起中学语文学习，就会引起一种特殊的亲切感。这可能已是老皇历了，谁爱听呢！

小学六年级时，有的同学把各种历史演义、武侠小说带到学校里来，我借来一看，就爱不释手，很快就成了一个旧小说与武侠小说迷。那时，学校是不管什么课外阅读的，空闲时间里，我们自己去找书看。我曾经从同学那里借来《小朋友》《儿童世界》看过，但一看旧小说与武侠小说，就觉得有趣得多，于是抓住什么就阅读什么，一有空就看。1945 年夏，我考入了无锡县中学读书。初中一二年级时，也是如此，而且发展到后来竟自己去买武侠小说阅读了。主要是这类小说满足了少年时代的好奇心。阅读这类小说让我们增长了不少历史知识，知道了古代皇帝的宫廷生活，王公贵族、文武百官、城市富豪、庄园地主、公子、小姐、丫鬟、奴仆、商贾、贩夫、布衣、贱民等社会人群的日常生活。一方面等级森严，权贵生活奢侈糜烂；另一方面，贫富悬殊，小民求告无门。特别是还有一批来无影、去无踪的身怀绝技的义士、侠客、剑仙，或杀富济贫、除暴安良，或为父报仇、为师复仇，或参加门派之争，而且总有大快人心的结局。正派的忠良、侠士技高一筹，而奸佞、邪恶之徒，总是一败涂地。这一类小说，结构紧张，情节动人，是极有诱惑力的。

那时的语文课文，文白兼有。教书的老师都受过高等教育，有丰富的国学、文史知识。老师讲授文言课文，辨词析疑，解释典故，往往插进不少历史故事、人物掌故，同学们很是爱听。但是初中二年级下半学期语文课中的白话文学习，却极大地改变了我的阅读兴趣，并且培植了我新的阅读趣味，直至今天。

这时，教我们语文课的是黄宗宪老师。课本中选有一部分白话文，但黄老师觉得分量不够，就请校工刻写钢板，油印“五四”后二十多年来的著名作家的短篇小说与散文，发给我们做课外阅读。我记得这些讲义中，有鲁迅的《故乡》《秋夜》《风筝》《为了忘却的记念》，有沈从文的《常德的船》《沅陵的人》，有徐志摩的《我所知道的康桥》，有朱自清为马君玠的诗作《北望集》写的序言，还有法国科普作家法布尔的《昆虫记》中的选段等。

黄先生是历史系毕业的，他曾在课上介绍“五四运动”所倡导的科学与民主，同时对“五四运动”以来的新文学也如数家珍，极为熟悉。他在讲解课文时，常常与“五四”新文学运动联系起来。他谈到“五四”新文学是“为人生”的文学，写的是劳苦大众的生活，是充满血和泪的文学，阅读它们会使人产生一种同情感；谈到文学中还有不少游戏人生的作品，专写才子佳人，没有多大的价值。他不仅讲解鲁迅，谈到《呐喊》与《彷徨》，分析阿 Q，还介绍了“五四”以来的一批优秀作家，如冰心、郁达夫、茅盾、巴金、朱自清、叶圣陶、丰子恺、夏丏尊等人的小说与散文，真使我听得入了神。

先生的讲课，使我大开眼界，给我打开了一个文学的新世界。我设法把他介绍的作家的作品找来，读着这些作家的优美的文字，精神上感到一种说不出来的满足。比起阅读武侠小说来，这大概是一种更高层次的审美享受了。同时，一种对劳动人民的同情感也油然而生，我在精神上成长了不少。我似乎觉得，这是我的心灵的一种久久的期待。不过，那时我对巴金的小说、散文不算十分喜欢，觉得语言相当欧化，读起来很不习惯，这想法到我青年时代才有所改变。我想，我在武侠小说里漫游得太久了，这些书里的人物只知仇杀、复仇，剑可炼成丸，吞吐自如，一搓双手就能发个掌心雷，置对手于死地，等等。这些童话式的故事虽然有趣，但哪如对现实生活的活生生的描写更让人揪心呢！那里展现的是人的真正的生存苦难、他们的麻木与辛酸、屈辱的命运与无望的抗争，而且这些人就在我的身边，我与他们似曾相识。在城里的大街小巷，在农村的田头破房，我常看见他们，常和他们擦肩而过，也能听到他们的呼喊；还有的人物，似乎就是隔壁人家里的主人与女佣。这时，我突然感到一种朦胧的责任，要站在被欺凌与被侮辱的人的一边，将来当个作家，为他们呐喊。这大概就是我最初在中学时代受到的启蒙影响了，而且是那么刻骨铭心！

此后，我的这种想法愈来愈强，将来以写作为生，几乎成了我的生活目的。说来也怪，打那时候起，我就告别了武侠小说，不再阅读它们，不再痴迷它们，不再为仇杀、打擂、飞镖、飞剑这类江湖的恩恩怨怨所迷。于是那时一有空，我就阅读新文学的小说、散文。我如饥似渴地阅读它们，真心地喜欢它们。就是现在，我也很少阅读被大捧特捧的新武侠小说，我认为它们除了使古人的感情现代化，多些剑谱、秘籍之类的争夺，把门派仇杀描写得更加出神入化之外，整个江湖恩仇与杀伐的框架却是依旧。如果说，一般的小说是以虚构的形式，审美地反映了生活，引起了人们的审美体验，那么，任何一种武侠小说，实际上只是虚构了一种极端的虚妄，引发浅层次的审美感受。

那时无锡有家名叫“集成”的书店，老板先摆摊卖武侠小说、言情小说和应用文一类的书籍。后来大概买卖不错，赚了钱，就开店卖书了。摆在门口显著位置的书架上的，主要是文艺类书籍，特别是“五四”以来的小说、散文集等，武侠小说倒放到店面的里头去了，此外还有翻译小说。书架很高，我个儿小，最高处有的书名就看不真切，有本叫“死魂台”（是繁体字），是鲁迅翻译的，每次去书店看到这本书，我都是这么念的，直到几年后再看时，才发现原来叫“死魂灵”。这一误读，给我留下了极为深刻的印象。说来也巧，多年以后，我竟然成了果戈理的一名研究者，而且在20世纪80年代还为《死魂灵》的中译本写过序言！那时，短短几年里，我买了不少开明书店出版的“开明文学新刊：散文”中的散文集，还有开明书店、北新书局出版的多种小说集，又买了文化生活出版社出版的、巴金主编的“文学丛刊”中的不少小说、散文集。我每买一本书，就在版权页上注明购买日期与价钱。现在看到这些古怪的习惯和记录，很是有趣，不觉会发出会心的微笑。此外我还有一个习惯，即每读完一篇小说，都会在篇名下面用数字做记号，标明读过几遍，有的小说是读了三四遍的。

这样，在老师的启蒙教育的影响下，在各种课程里我最钟情于语文课了。我对文言文也感兴趣，不仅抄录老师对课文中的生词、典故的解释，还自觉地记录老师讲解中附带谈到的一些小故事与文人掌故，也即自觉地做笔记了。一次老师在课堂上顺便引用古籍中的话，说的是古人治理国家有不同的方式，有的偏重于仁，有的则侧重于法，于是就有“皋陶曰杀之，三；尧曰宥之，三”的记载，由于印象深刻，所以我至今还背得出来。老师在课堂上偶尔讲到的李煜的词、沈复的《浮生六记》和王国维的理论著作《人间词话》，我都设法去买来阅读。李煜的作品书店里买不到，我就利用暑假到县图书馆借来手抄。我很激赏《浮生六记》哀婉细腻的情调，李后主词的清丽、明快、个人和家国忧伤相互融合的风格。《人间词话》读来则是似懂非懂的。自然，在古文方面还学到了其他不少优美的篇章。

大量的阅读，使我开始对写作感兴趣。我十分喜欢作文课，老师一出题目，我提笔就写；老师宣布自由作文，题目自己选择，我也蘸墨就写，而且写到最后一个交卷，仍是觉得意犹未尽。不管作文题目是什么，我实际上写的都是一种小说体的东西，或是自己的故事、心灵的悔悟，或是邻居女佣的故事。初中毕业后的暑假，我试着给无锡的《人报》投了两篇稿子，结果都登了出来，这真使我喜出望外，暗暗高兴了许久。那时通货膨胀，物价一天一个样子，所以报社给的两斗米的稿酬都以当天米价为准。我拿着报社寄来的稿酬领取单，走到报社门口，感到很是犹豫，因为我从来没有和这类机构打过交道，不知如何找人。向里望去，人们都是西装革履、神气活现的，而我才15岁，个儿不高，穿着汗衫、布短裤、布鞋。正当我探头探脑张望时，看门老头骂着“小瘪三”“小赤佬”把我赶跑了。可是我心有不甘，折回报社门口，扬了扬稿费通知单，意思是我是来领稿费的。结果，看门老头不由分说，嘴里骂骂咧咧，抄起棍子又把我赶走了。我自然懊恼异常，过了一阵，把稿费单给父亲一看，说已经过期了，只好作罢。

中学的语文教学，培养了我阅读文学作品的兴趣与爱好，而且是如此浓烈。多年后我体会到，爱好与兴趣对一个青年人来说太重要了！比如，那时我那么贪婪地阅读新的小说、散文，从来没有人叫我如此这般地干，这实在是一种年轻的心的向往，一种冥冥中的默契，一种自觉，一种动力。没有人逼着我去读书，但我不知辛劳为何物，只是自觉地、真诚地、全身心地阅读。这就是兴趣，这就是爱好！

中学语文教学还激发与培养了我的审美能力，特别是对人生的审美态度。小说、散文的大量阅读，毕竟丰富了我的审美经验。当我一接触到某种生活现象时，马上就能用审美的眼光打量它，评价它。也就是说，我的人生变得感性化了，审美化了。进入这种状态，就可以自由地写作，虽然这种能力还很稚嫩，但已开始有了雏形。

可是，由于时代的变迁、家道的中落、命运的捉弄，我的兴趣与爱好被遏止了，我被迫离开了心向往之的、早就预定好的“事业”，这是多么令人痛苦而又沮丧啊！在20世纪50年代初，我没有别的道路可走，我别无选择，我得服从集体的选择、革命的选择！我不断地检讨个人主义，我不得不为告别我心爱的选择，特别为不得不压着那种极其宝贵的，开始使生活心灵化、感性化、审美化的那种能力而黯然神伤。

不过，生活的机遇常常会改变一个人的命运，命运还是嘉惠于我。我虽然失去了文学创作的机会，后来却走上了文学理论研究的道路。虽然从事这一行当并非我的初衷，但与我的不少同学相比，我的命运算是很不错的了。真是失之东隅，收之桑榆。20世纪50年代中期，我对文学的兴趣与爱好，又被激活了，我又投入了我的全部热情、我的整个身心！

无尽的感激

/ 谢冕

谢冕　1932 年生，福建省福州市人。北京大学中文系教授，博士生导师。著有《文学的绿色革命》《新世纪的太阳》《论 20 世纪中国文学》《1898：百年忧患》等。

我能够走上文学之路，而且成为一个以文为生的人，不论是幸还是不幸——有人说“人生不幸识字始”，又有人说“书中自有黄金屋”——我都要感谢我在中学时代所受的语文教育，都要感谢那时的几位语文老师。感谢他们在我年轻的心中播下了文学的种子，使我有可能用我毕生的时间和精力与人类最优秀的、同时也是最优美的心灵和大脑对话，并接受那些高尚情感的浸润和启迪。

我通共只上了四年的中学，三年初中和一年高中。因为战乱频仍，这四年中学也是断断续续地进行的。高一读完以后，我过了六年的军旅生活。复员回来，我决心参加高考。借来了中学课本，用了一个多月的时间自学了全部的高中课程，这才考进了大学。我的中学时代是在硝烟和离乱中度过的。那时内忧外患，不仅“华北之大，已安不下一张平静的书桌”，而且是中国之大，连生存都成了问题！岁月如烟，那时发生的一切，都变成很遥远、也很模糊的记忆了，但我依然深情地怀想着让我深深受益的中学语文教育。

回想起来，当年虽然社会动荡，形势严酷，但那时的中学语文课本在选文上还是相当自由的，并没有太明显的政治干扰。那时语文课重视对青少年品性的熏陶，以及诱导和培养青少年对美文的兴趣。事隔半个多世纪，许多印象都淡远了，只记得读过《木兰辞》，也读过白居易的诗。《木兰辞》的叙述方式引起了我极大的兴趣——原来这样情节曲折的故事，可以通过有节奏的吟咏得到表现。当然，它唤起的是一种克服性别障碍、勇敢迎接命运挑战的热情。这篇用韵文写成的故事是如此动人，它的充满乐感的文字中夹带着优美的情操，沁入了我幼小而纯洁的心灵。

记得还有一篇文字，是用通俗的歌行体写成的现代韵文，讲的是一位叫作“瞎子先生”的双目失明的人，如何自强自立地生活的故事：“雨后天放晴，瞎子先生往外行，手拿竹竿来问路，敲敲点点不留停。”瞎子先生不幸跌倒了，边上的人搀扶他走过了马路。我那时很喜欢这篇课文，我们曾高声地全文背诵过它。在享受阅读的愉悦的同时，我懂得了人与艰难命运的苦斗，产生了对一切弱者的同情和爱心。当然，印象最为深刻的是课文中都德的短篇小说《最后一课》。这篇沉痛的文字，犹如一支火炬点燃了我们的爱国之心！

影响我最深的语文老师是余钟藩先生。余先生毕业于中央大学国文系，是一位对中国文化和中国文学造诣很深的学者。我记得最清楚的是他给我们讲授《论语》的“侍坐章”。子路、曾皙、冉有、公西华侍坐，孔子要弟子们讲他们各自的抱负和追求。孔子问曾皙：

> “点，尔何如？”
>
> 鼓瑟希，铿尔，舍瑟而作，对曰：“异乎三子者之撰。”
>
> 子曰：“何伤乎？亦各言其志也！”
>
> 曰：“莫春者，春服既成，冠者五六人，童子六七人，浴乎沂，风乎舞雩，咏而归。”
>
> 夫子喟然叹曰：“吾与点也！”

余先生是福州人，熟谙闽方言古音。记得他读这段文字时，用的是福建方言中传统的吟诵方法，那迂缓的节奏，悠长的韵味，难以言说的高贵的情调，再加上余先生沉醉其中的状态，都成了我记忆中一道抹之不去的风景。尽管有余先生细致的讲解，但当年只有十五六岁的我，仍然无法理解当时年届七十的孔子喟然而叹的深意，不过，我依稀感到了他落寞之中的洒脱。当年听讲“侍坐章”的印象，就这样伴着我走过人生的长途，滋养着我的灵魂，磨砺着我的性情。

我的文学兴趣就这样在我识字求知的初始开始了。在老师的引导和鼓励下，我的阅读面逐渐扩大，我对文学的理解也逐渐深入，语文课成了我最喜欢的一门功课。因为喜欢语文课，跟着也喜欢上了作文课。我开始学着写各种文体的文章。最常写的是散文，有时也写诗体的散文，就是现在被叫作散文诗的那种，有时甚至也写小说。余先生很宽容，也很开放，他没有拒绝我这种对作文文体的“扩张”，而且似乎还在暗暗鼓励我写作。

记得有一次作文，我有感于秋天的萧瑟，将这种对自然节气的感受融进了我对时局现状秋天般的心境之中，写了一篇名为“公园之秋”的抒情散文。余先生给了我高分，而且加上了热情的评语。后来，这篇散文被刊登在福州出版的《中央日报》上。这篇文字于是成了我的“处女作”。慢慢地，我的作文在学校里就很有些名气了，全校性的作文比赛我总得第一。直到高中一年级，转来了一位新同学，他的议论文写得比我好，那一年作文比赛的桂冠被他摘走了。

除了作文，我还办墙报，我办的墙报是文学性的，刊登各种体裁的文学作品。记得有一次，有一位平时作文成绩并不好的同学，突然投来了一篇名为“地球，我的母亲”的诗稿。诗写得真好，我欣喜异常，全文发表了。后来我读郭沫若的作品，才知道那位同学是把郭沫若的作品当成自己的作品投稿了。我暗暗责备自己的无知，为此羞愧至今，那是初中二年级时发生的事情。

有一段时间余先生请了一个学期的长假，来了一位代课老师，他就是余先生在中央大学的同学林仲铉先生。和余先生相比，林先生似乎更关心和注重新文学的研究和传播。他本人在桂林办过文学刊物，作为青年编辑曾和茅盾、巴金等都有过直接的交往。他在代课期间就向我们介绍过“五四”以来的新文学作家和作品，这些介绍为我们输入了更为鲜活的文学营养。我的文学天空一下子变得非常开阔了。我不仅开始了广泛的课外阅读——从古典到现代，还利用和同学们外出郊游的时间，把自己关在楼上，背诵白居易的诗——从《琵琶行》到《长恨歌》，这两首著名的古典长诗，当时我都能一字不漏地背诵下来。

从此，我和文学开始了非常密切的交往。后来，这种文学的阅读和写作就不再是一个人的单独活动，我开始和兴趣相近的同学组织读书会——这种形式在20世纪40年代末的进步学生中很普遍。我们在课外的时间定期聚会，在会上谈各自的阅读心得，而后，将自己的体会写成文字发表。从茅盾的《幻灭》和《动摇》，到巴金的《灭亡》和《新生》，我们有了更为广泛，目的性更强的阅读，并有了独立的思考。这种多向的交流和相互间的切磋，不再仅仅是文学的欣赏和知识的传播，更是一种心智上的滋养和熏陶：我们通过文学，认识了社会和人生，不仅获得了审美的领悟，而且获得了反抗和批判的意识。

也就是从那时开始，我开始了自主的阅读。我此后的一切阅读，都不再囿于中学语文课本限定的范围，而是独立的、有坚定目标的选择的结果了。至此，我认识到，小学的语文教育是识字，中学的语文教育是引领，后者的意义不单在于知识的传授，更在于启发。这种启发是通过讲授和欣赏一篇篇典型的文章，从知识的、文化的、智育的，也从审美的层面，全方位地诱导中学生对语文的阅读和写作的兴趣，其最终目的在于培养和启发青少年独立阅读和独立思考的能力。

从这个意义上看，中学生最初是接受语文课和语文老师的引导，再后来则是逐渐脱离这种引导，并开始自主、独立地阅读、思考和写作。这就是语文素养成长和成熟的过程，这种过程与人的成长十分相似。

往日的镜子

/ 潘旭澜

潘旭澜　1932年生于福建省南安市。曾任复旦大学中文系教授。出版《艺术断想》《潘旭澜文学评论选》《咀嚼世味》《小小的篝火》《太平杂说》等。

我不知道有哪个图书馆或者藏书家，收藏有从1912年至1949年三十几年里，从小学到大学的语文课本，即使只有流行最广的一种也好。也许不可能有完整、成套的了。记得20世纪50年代初，我就读的培元高中，就曾经不止一次地上交或就地销毁“反动书刊”。语文课本当然不会“漏网”。上交是为了集中销毁，那时当地没有造纸厂，无法将书化成纸浆，当然是烧掉最省事、最彻底。不久，主管部门嫌上交太费事，没那么大的地方好烧，就让各中学“自行处理”，也就是各自烧掉。大约这不是个别地方的土政策，而是“上头的精神”，甚至可能发过公文。私人藏书家，大约没谁收藏语文课本。即使有人有意无意地存藏一些，“文革”“破四旧”时，能逃得过吗？要是哪个图书馆、出版社或知识分子，现在还有一批这样的语文课本，其价值绝不在清代的一般线装书之下。

我是1939年春进小学的，到1949年冬正好11年。从小学读到高中二年级，读过的语文课本有二十多册。可是，这些伴我走过童年和少年的课本，早已去如春梦了无痕，一本也没有留下。我读书和工作的大学，是1905年创办的老牌学校，我几十年进进出出图书馆的书库，从不曾见过一本民国年间的大中小学语文课本。现在留下的，是一些约略的记忆，是我早年形成的血肉和骨骼中的一部分。

那时，小学语文叫作“国语”，初高中语文叫作“国文”。大约，小学主要是让学生识字、会听会讲国语 —— 普通话，所以课文中白话文占绝大多数，五六年级才有一些浅近的文言文。上中学以后，文言文增多了，文学名作增加了。不知是从书前书后的说明，还是从老师嘴里，我才知道编者是谁。那时并不太重视，所以现在已记不准了。似乎，夏丏尊、叶圣陶、王云五、徐调孚、傅东华都是不同课本的编者。如果没有记错，这几位在专业上都是一时之选。其中，王云五还是“四角号码”的发明者。这是当时最重要的两种字（词）典检索方法之一，现在有的字典也还在用，也可以用于电脑的汉字输入。

小学国语课让我印象最深的是第二册第一课：“开学了，开学了，学校门前国旗飘。见先生，行个礼。见同学，问声好。”因为我没有读一年级上学期，一入学就读一年级下学期，所以第二册第一课印象最深刻。大约从三四年级起，课本中选入了一些经典的文学作品。记得有许地山的《落花生》、胡适的《差不多先生传》，都是关于为人处世的。前者引导儿童要像落花生那样，不要炫耀而要默默地实现自己的人生价值；后者针砭一种做事不认真、马马虎虎的国民性。我因其教育味道太直露，文学性不足，而并不太赞赏。倒是对刘大白的一首写西湖的诗，读得起劲：“苏堤横亘白堤纵 / 横一长虹 / 纵一长虹 / 跨虹桥畔月朦胧 / 桥样如弓，月样如弓 / 青山双影落桥东……”长大以后，每到杭州，便想起这首诗。徐蔚南的《山阴道上》，还有丰子恺写故乡的作品，都让我对浙江风物十分向往。大约还有冰心、叶圣陶、朱自清的作品选。还选入了一些古代和近代的作品，有范仲淹的《岳阳楼记》、苏轼的《水调歌头》（“明月几时有”）、岳飞的《满江红》（“怒发冲冠”）、文天祥的《正气歌》、曾国藩的家书、林觉民的《与妻诀别书》。这些诗词和文言文，也可能是小学期间课外读的，记不准了。大约，课本编者在让小学生读书识字、会讲普通话之外，还要引导小学生学做人，做有用、正派的人。

识字渐多，国语课日益不能满足我的要求。我自己还从《千字文》《千家诗》《唐诗三百首》以及中外散文和小说中去学语文，从读报、唱歌、看戏乃至欣赏春联中去学语文。我读冰心、许地山、叶圣陶、夏丏尊、丰子恺、郁达夫、鲁迅、林语堂等现代作家的作品，读亚米契斯的《爱的教育》，有不少似懂非懂。读赵景深的《文人剪影》《文人印象》，知道了不少作家的生活与写作的情况。我零零碎碎读到的新文学作品，其吸引力都不如《唐诗三百首》和《三国演义》。后者是我小学四年级时第一次读的大部头，一读就放不下，好些片断还细细品味。《前出师表》《后出师表》都读得很感动，全能背下来。接着，还读了别的一些"讲史"的章回小说。有些好歌词，比如《骊歌》《毕业歌》《黄河颂》《太行山上》《玉门出塞》，也成为学语文的好材料。

五六年级时，两周写一次作文。老师出的题目，我常觉得很没意思，不知道要写些什么、该怎么写。所以，大多是应付了事。"光阴似箭，日月如梭""光阴如白驹过隙""自从'七七'卢沟桥炮声一响"，诸如此类的套话常常用来做文章的开头。老师经常在口头上或作文簿的评语里夸奖我，但是很少给我打高分。我母亲许愿，如果我作文能得到全班前三名，就给几个铜板让我买油条吃——这在抗战中，在我家，算是重赏了。可是，一次次作文，一年年过去，我总没能"获奖"，母亲总没能给我"颁奖"，老是失望，但她又执拗地相信，她这儿子应该也能写好作文。她不曾说出所以然，更没有公开埋怨老师，我是凭直觉知道她心思的。

我父亲是农村中医，能读懂深奥的医书和古文。他认为语文不但是"百科之母"，而且对人的品格性情也至关重要。他很想帮我将作文扶上去，可他自己又不懂新文学，不知怎样让我的作文快快进步。有一天，他请了从城里来的乡文书上门给我指导。我事先不知道，一点思想准备也没有，想不出什么问题请教。那乡文书说，你写篇作文让我看看，我一时竟不知要写什么题目才好，越着急心里便越乱。忽然想起不久之前看过胡适的一本书里，头一篇是《自述一章》，也就决定写一篇《自述》。其实，这是一个根本性的错误。胡适当时是学术文化界的权威，经历丰富，可写的材料很多。我一个山村小学生，读书少，见识少，一年到头在群山脚下打转，又不敢写自己的生存状态和胡思乱想，便没有多少东西可以"自述"。写成时已经汗流浃背，比在学校里作文何止难十倍。乡文书草草看了几眼，也不知逐字逐句读过没有，说"不错，不错"，就算"指导"过了。我知道他心里打分大约就刚及格，但没有什么好向他解释的，更无法说明何以没有写得好些。我只觉得很对不起我父亲，让他失望，让他扫兴，辜负了他一片苦心。那时，乡下小学生几乎没有请人家教的，所以，父亲郑重其事地准备了土烧酒和几样小菜，答谢好不容易请来的乡文书。

从初中到高中，国文课逐渐多选古代诗词和文言文。作品选自《诗经》《左传》《战国策》《论语》《孟子》《庄子》《楚辞》《史记》《乐府》等，涉及的作家有曹植、嵇康、陶渊明、郦道元、骆宾王、王勃、孟浩然、王昌龄、王维、李白、杜甫、韩愈、刘禹锡、白居易、柳宗元、李煜、欧阳修、王安石、苏轼、陆游、辛弃疾、文天祥、郑思肖、马致远、归有光、袁宏道、张岱、张溥、黄淳耀、夏完淳、李渔、魏禧、汪琬、邵长蘅、方苞、全祖望、袁枚、姚鼐、龚自珍、薛福成、刘鹗、梁启超、秋瑾等，少数作家还选了又选。不以文学史上的地位为去取，有合适的作品就选，基本上不选小说、戏曲。选目也与20世纪50年代以后的文学史或作品选不同，比如杜甫，似乎是选了《春望》《旅夜书怀》，而不是“三吏”“三别”；白居易的作品选了《琵琶行》，而不是《杜陵叟》《卖炭翁》。现在看来，编者可能着眼于让学生从所选的名篇中，粗略了解中国文学、文化的丰富多彩，以历代优秀作品培养其纯正的文学趣味，提高写作能力。当然还含有以自强不息、廉顽立懦的正气熏陶读者的用意。

这些课本对我有引导、启发作用。我因之而去读了《古文观止》和其他一些诗词选本和别集。但我深感国文课本远不能满足自己的读书要求，还有一部分不大对胃口，于是只顾自己随心所欲地自由阅读。先是继续大读特读历代章回小说，到了初中毕业时，从明清小说到民国时代平江不肖生、还珠楼主的武侠小说，重要的或特别流行的基本上都读过了。逐渐地，觉得章回小说读得差不多了，而且兴趣日减以至读腻了，就同时读些新文学。在读初中期间，意外地“发现”了沈从文，那时我对他的作品评价并不太高，但却觉得别有一番滋味。后来，我从事现代文学教学，又从学校图书馆找到沈从文的几乎全部作品通读了一遍，只是上课时不可以给学生讲。1981年初，我还建议上海一家新办刊物重发了沈从文的《边城》，并写了一篇评介同时发表。读高中期间，最重要的自由阅读是第一次通读了《鲁迅全集》。虽然有许多读不懂的古典今典、弄不清的笔墨官司，但还是有很强的吸引力，更令我觉得很开眼界。后来，为了教学和编写年谱，我至少三次重读《鲁迅全集》。外国文学也读，但很少，如莎士比亚、杰克·伦敦、莫泊桑、契诃夫、高尔基、泰戈尔、赛珍珠、肖洛霍夫，都零零碎碎，浅尝辄止。文学之外，历史书读得不少，几乎占我全部自由阅读的一小半。从而，初中毕业会考时，我历史科的得分为泉州第一。高中历史课上，老师讲到南宋形成与宋金和议时，提问到我，见我讲得清楚，干脆叫我代他讲这一课。高考时，我为以中文系还是历史系做第一志愿颇费思量，最后觉得“文史不分家”，遂以中文系为第一志愿。入学时被指定为历史课课代表，才知道我是新生中历史考分第一的。

再回过头来谈中学学语文的事。抗战一胜利，我就从乡下转学到泉州一家没名气的初中读二年级。在一位同时转学的学长的鼓励下，我开始向报纸副刊投稿。第一次投稿竟顺利发表，此后又陆续发表了几篇，全是杂文随笔，抨击时弊，发点牢骚。想起叶圣陶的严整纯正、沈从文的行云流水、鲁迅的老辣深刻，觉得自己那些硬做出来的短文，不仅内容平庸，写得也拘谨，惭愧得很，都用笔名，也不敢让老师同学知道。不知怎么搞的，国文老师还是知道了。这位读私塾出身的老师很高兴，曾一再委婉地表示赞赏。虽然我从他的教学中获益不多，但他的关心和鼓励却使我感动，所以，临毕业时写了一首七律并买了两个盖杯一起送给他。过几天，他回赠了一幅裱好的字轴，上面是他自己的答诗。

讲舍天空日影微，翩翩雏鸟傍林飞。
纵然怀有凌霄志，忍别巢中慈母违。
温陵欢聚几何时，三载流光逝莫追。
从此城南挥手去，暮云春树有余思。

旭澜学弟以赠别诗见示，书此以应。
吴茗史

我非常感激他的情意，几十年来一直铭记不忘，而我胡凑了一首什么七律呈送，竟连一丝影子也没有了。只是由此忆起，我在读初中时是能凑成古体诗的。可是几年后开始经受劫难和改造，又因为打工的行当是现代文学，就由入了门改造得“扫地出门”，连七绝、五绝都凑不成了。这对我的前辈来说，简直是不可思议。不过，也有个好处，就是逢到什么节日不必写应景诗。顺便说一句，1951 年我很落魄时，路过小巷，无意中见到这位吴老师，他正在教私塾，大约因为“出身不好”或人家给罗织了什么罪名，被中学清洗了。相对无言，如在梦中。

还是回头讲我在高中的语文学习。我上的高中叫培元高中，当时和现在都是全国名校，可是教过我的几位国文老师都很不合时宜。一位老师大约是个进士，还当过县官，上课就是将课文吟读一遍，作文则要求以骈文为榜样。他上课我基本上不听，其实也不对，失去了学点骈文的机会。一位老师是个举人，泉州老人都说他有学问，可他对新文化、新文学十分隔膜，弄得连国学也不敢讲，最后辞职了事。还有一位是个牧师，讲课很带劲，唾沫飞溅，曾教我们一些闽南话该怎么写，还曾说到他去信纠正王云五字典中的差错，还再三告诫我们，作文中不要用“但是”，一用就意味着你的文章被“钉死”（在闽南方言中“钉死”的发音与“但是”相同）了。由于他讲的内容大多涉及方言和古音，而且关于作文的一些说法太片面，所以我都不喜欢听。应付国文课对我来说没有什么压力，我有空就自己读喜欢的书，还继续写些短文在泉州、厦门、福州的报纸上发表。这时，培元高中还有好几个学生经常在报上发表文章，成为“泉州文坛”一个突出而亮丽的景观。我发表的文章少，只能算是边缘。现在看来，高中生能发表文章可以说是好事，但发表得太多，过早在地方上有了名气，尤其是将课余时间大部分用于写作，有多方面的副作用。我当时发表文章少，并非意识到了有什么副作用，而是才能远不如那些学长，不能像他们那样写得那么多。

应该特别带上一笔的是，泉州这座历史文化名城，海上丝绸之路的起点，寺庙林立的“宗教博物馆”，给我的熏陶和启示，比我在两所中学上语文课和历史课要多得多，深刻得多。

我高中还没有毕业，社会上就发生了天翻地覆的变化。有关部门在一片“斗争”“打倒”“消灭”“改造”声中，在一片“一边倒”“学习苏联”声中，推行既有调整又有强化的“斯大林模式”。在新大纲还没有编出来之时，旧教材就一概废止，用领导人文章、报纸社论、宣传材料、人民文艺丛书、鲁迅晚年杂文作为大学和中学的语文教材。根本之点在于“大树特树”（虽然这提法是 20 世纪 60 年代才出现的）和为当下的政治运动服务。我 1951 年高中毕业后，为养家糊口，在小学和中学做了一年教师。1952 年入大学，那时正是思想改造、院系调整（大学的撤销与重新组合）之后，大学中文系的多数课程，已经有大纲或紧跟形势者所著的准教材。教授和讲师们绝大多数唯恐被斥为“站在地主阶级反动立场”或“没有与帝国主义和国民党反动派划清界限”，都小心翼翼的。有位当过校长的教授，上课时竟拿着准教材念。有位当过文学院院长、后来曾被指定为某教材主编的教授，讲课就是念他自己用铅笔写的讲稿。为什么用铅笔呢？同学们的猜测是，一旦有人说他宣传资产阶级思想，他好用橡皮擦掉，另写一些革命字句，好证明自己“无罪”。但毕竟是在上海的老牌大学里，多数老师还是秉持学术良知，不时讲些真正的知识和独立的见解，尤其是在课堂以外。虽然，我听过课的老师大多是名教授，有几位还是公认的权威，他们在有意无意中帮助我开拓了学术视野，但我的主要收获还是靠自学。入大学前已有一点初步的基础，入大学后又多看书、勤思考，就比较不容易轻信、照单全收。更因为功利心少，就不会有意自我扭曲，得以保持基本的文化良知。但是，无论听课还是自学，都会接触到许多伪知识和难以接受的观点，除了当时就看出不可相信之外，还有不少造成了长期的困惑。有些我信以为真，有些一直心存怀疑，“文革”以后一直不断地反思。

上大学以后，尤其是当教师之后，一直不大关心中小学语文。“文革”后期，我因患重病，得以从干校即劳改场回福建，与一直分居的妻子女儿在一起生活。那时，大女儿正在读小学，我这才知道小学的语文课本比想象中的还可怕。我忧心如焚。想起了父母亲当年总是言传身教：正直是做人的根本，读书要明理、要培养正气。虽然，我明知正直、正气极难而代价又极大，但是，如果听任女儿读这种书，不仅没有尽到为人父的责任，对不起女儿，也对不起父母亲。于是，出于不忍之心，我手写了一批优秀古代诗词，让女儿去读、去背诵。我没有多讲她听不懂的大道理，只是说给她一些有营养的好东西。女儿读得有滋有味，小辫子晃来晃去。随后，我连续手写了一批又一批。20 世纪 90 年代，女儿到日本留学，在接受日本文化影响的同时，始终热爱中国优秀文化，保持中国人应有的民族自尊心。她回国后，在几年里，不事张扬地出版了近十本散文、小说，不少人说她的作品得益于中国古典诗词，她自己承认与童年背手写本有关系。

在给女儿手写古诗词时，我还特别痛切地感到我们的语言文字正遭受严重的污损与伤害。同时，有些简化汉字造成了我对她教学的困难。随意将汉字简化，一直使我颇为反感。那种“大跃进”式的胡乱简化，打乱了汉字特殊、有序的造字规律，破坏了它的相对稳定。且不说在一片反对声中取消的第三批简化汉字，就连现在还作为规范的一些简化字也令人匪夷所思。比如，干字包括了原来干支的干，代替了幹事、幹部、幹练的幹，还代替了乾枯、乾娘、乾着急的乾（可乾坤、乾隆又还得保留乾字）。“大跃进”不是说什么“多、快、好、省”吗？只不过就是缺了一个根本的“好”字。这样的简化，也是如此。结果，弄得“旧社会过来的人”要重学另一种汉字，即简化字，青少年不识未简化的汉字。这对古籍整理和出版，对继承优秀文化遗产，对华人世界的文化交流，对书法艺术，对电脑编码，都造成了不良影响。现在，有些报纸要出两种字版，全国上下从题字、题词到招牌广告，越来越多地恢复了不少原来的汉字，表明不慎重地简化要不得。在对待语言文字、对待优秀文化传统诸方面，一定要尊重民心民意，尊重事物自身的规律。

我今年（2002年）虚岁70了。几个月前，做过我学生的中青年朋友说要为我祝寿。几经讨价还价，最后妥协，只请做过我研究生的中青年朋友来聚聚，做一番学术、感情上的交流，不是什么祝寿——我不敢当也不值得。前不久，除了出国的，都来了，真不容易。学生们在交谈和文章中，说我“为人正直”。这个评语，尽管有偏爱的成分，尽管包含着婉转的批评，但却合乎我的人生追求。我觉得这是极大的安慰和极高的奖赏。但愿这个感受，化为一炷心香，告慰我父母亲在天之灵。我在学业上虽然不足道，但立身处世则一直以先烈为贤、为镜。

人生多梦。有的随生随灭，有的如同一首歌，唱了一年又一年，一代又一代。

语文学习看戏始

/ 阎纲

阎纲　1932 年生，陕西省礼泉县人。编辑、作家。出版的文艺评论集有《文坛徜徉录》《小说论集》《阎纲短评集》《神 · 鬼 · 人》《余在古园》等，随笔散文集《冷落了牡丹》《哭笑不得》《惊叫与诉说》《必死与活着》《书生意气》等。

我小时并不用功，贪玩，逃学，玩纸牌，常被母亲痛打。我闹过许多笑话：把满街头的“糖炒栗子”读作“糖炒票子”，在父亲的书里奇怪地发现了“大便（使）馆”，把送给父亲的请柬上的“敬备菲酌”的“菲”读成平声，把“棘手”念作“辣手”。有的一错数十年，20 世纪 70 年代才把“血债要用血来还”中的两个“血”字的读音区别开来。但是，我的功课尚可，作文尤佳，屡屡得高分，大字也写得有模有样。于右任是我的偶像，我的屋中到处挂着我临摹的他的手迹，满屋里飘着墨香。及长，又是演唱，又是写作，自以为肚子里有了点墨水。

我酷爱戏曲，偏爱语文。我的语文学习自看戏始。

我虽不蠢，却少天分，麒麟送子，有幸降临到一个有文化的人家。父亲爱好文艺，喜弄管弦。我童年时家居西安，五岁不到就着迷似的熬夜看戏。隔三岔五，父亲带领全家人等，乘坐一辆马拉的轿车，直奔新戏迭出的“易俗社”。这社建于民国初年，曾被来省讲学的鲁迅先生题写匾额，誉之为“古调独弹”的老戏园子。阵阵锣鼓、声声丝弦，我为台上的喜怒哀乐、善恶忠奸所打动。我坐在妈妈怀里，神情专注，或笑，或哭，替古人担忧。在散戏回家的路上，随着轿车的摇摇晃晃，我又在妈妈的怀里睡着了，连做梦也是王宝钏挖菜、白娘娘盗草、《折桂斧》《柜中缘》和《杀狗劝妻》。我最早记住的戏名是“蝴蝶杯”，对田玉川藏舟的浓重的人道主义情结刻骨铭心。人问：“什么戏？”必答：“《蝴蝶杯》。”一次，演戏中间，按常例挂出三个大戏牌，预告次日演出的戏目《蝴蝶杯》。随同的客人问我上写何字何戏，我随口而出：“《蝴蝶杯》！”四座皆惊，齐声夸赞：“小娃好灵性、好灵性！”其实我是蒙的，但它给我的鼓舞却贯穿了一生。

父亲看我迷恋戏曲和歌唱，便购得一台价值好多袋洋面的留声机，轻便型的，美国货，我们叫它“洋戏匣子”。唱片也价格不菲，百代公司灌制，以秦腔居多，全是我崇拜的名角、我喜欢的名段，另有20世纪30年代的流行歌曲如《渔光曲》（“爷爷留下的破渔网，小心再靠它过一冬”）等。听留声机成了我每日必修的课目，耳熟能详，详则能唱，唱则必像，词儿背得滚瓜烂熟，唱将起来入调动听，甚至透出流派的韵味。记得五岁以后，我就在父亲的命令下端立堂前，恭恭敬敬，唱戏唱歌，接受夸赞。我能背诵好多好多唱段，那是历演不衰的保留剧目，是气韵生动的传世之作，是文学，是散文，是诗——叙事诗、抒情诗，是最好不过的语文读本。戏曲培养了我的审美情趣，滋润了我幼小的心灵，授予我五光十色的历史知识，教给我绚丽多彩的绝妙好词，让我一生受用不尽。戏曲是我童年的艺术学院、社会大学，戏曲送我走上人生舞台。“左边湿来右边换，前面湿了换后面，前后左右都湿遍，娘将儿抱在怀里边。”“寒窑里没有菱花镜，端一盆清水照容颜。”“芍药开牡丹放花红一片，春日里风光好百鸟声喧。”“园中百花齐开放，花红柳绿分外香。蝶儿恋花好模样，花儿爱蝶花衣裳，因此上才把花蕊放。”“飞尘滚四蹄下一片火光”“愿作鸳鸯不羡仙”……这些唱词何等美妙啊！我的文章偶尔跳出几句戏曲台词，本能之使然，虽观之不雅，但我喜欢。

由戏曲而说唱，我也喜欢起大众文艺来。上初中时，我利用课余时间，从村民野叟那里收集了大量的、活在大众口头上的词语，边记录、边背诵，不多不少攒了两大本。之后我就开始发表文章了。1950年，我在文化馆组织群众创作，发表和出版了几出戏曲的剧本，不论是著文还是编剧，戏曲语言和大众语言都提供给我足以达意的词语。我将搜集到的那两大本妙语丽句，寄给位于北京的中国民间文艺研究会的《民间文学》请求发表，不料石沉大海。1956年我来北京中国作家协会《文艺报》工作,《民间文学》的陶阳先生说他记得那两个大本本，阴差阳错，谁知道怎么给弄丢了。我很伤心。

前面说过，小时觉得自己的肚里有点墨水，但是，越到后来越是脸红。20世纪50年代我在《文艺报》工作，编辑部主任将老舍先生专稿中的“如坐春风”改为“如迎春风”，老舍先生老大不高兴，逢人便挖苦我们。《文艺报》主编张光年（即《黄河大合唱》的词作者光未然）讲话中的“蔚为大国”，被我们改为“蔚为大观”。20世纪60年代，陈毅元帅在广州的一次讲话中提到的“面折廷争”四个字，谁也写不出来。20世纪70年代，我在评论柳青小说的书稿中，出现了“呻吟床第（笫）”的错误。20世纪80年代，我竟然觉得韦君宜的小说《母与子》中的“毁家纾难”非常陌生。

慢慢地，我缺乏了自信心：词到用时方恨少。我距离博观约取、厚积薄发还很远很远，尽管我苦学语文一辈子，又念过大学中文系，或编或写已过耳顺之年。

大半个世纪过去，迄未得道，语言乏味。自己的文章自己的书，自己不敢多看，生怕用词不当，用语太直，用字太硬，形容词太凶，甚至文理不通，写别字，词语误植，使人难以卒读。外孙女陆丝（小学生），常常纠正我的错别字，我羞愧难当，自觉浅薄和无知。义理、考据、辞章，炼字、炼句、炼意，缺一不可。我不敢说自己是文学家，遑论辞章家。说到底，语文修养不达标。

老之将至，后悔也来不及了。活到老，学到老，学无止境，为时还不太晚。君不见《作家人生十问》中有记者问:“你最喜欢读什么书？”我老老实实地回答:“《辞源》《辞海》《百科全书》。”

终生伴读的老师，除了汉语词典，还是汉语词典。

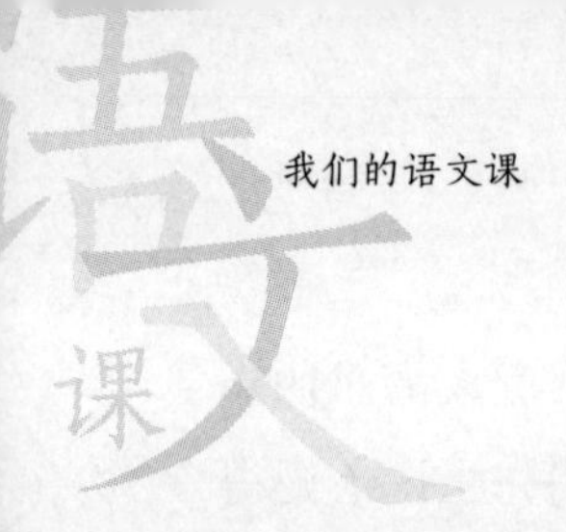

小耗子，上灯台

/ 梁从诫

梁从诫　1932 年生于北京市。曾任中国大百科全书出版社编辑、《知识分子》杂志主编。1994 年领导创建了中国第一家民间环境保护组织“自然之友”。1995 年曾获日本和韩国媒体授予的“亚洲环境奖”。1999 年，获中国环境新闻工作者协会和国家林业局先后颁发的“地球奖”和“大熊猫奖”。2000 年 8 月，获菲律宾雷蒙 · 麦格赛赛“公众服务奖”。

“自然之友”会员王丽是一位中学语文老师。她在读了我的一篇旧作后，执意要我写篇东西，谈谈自己当年是怎样学语文、学写作的。我不是什么专业作家，文字平平，有什么资格来谈语文学习和写作？为此我推辞再三。

然而，在读了她所编选的《中国语文教育忧思录》一书之后，我真觉得有必要说几句话了。我不是中小学老师，儿女早已成人，因此没有机会得知目前我国的中小学语文教学竟然存在着这么严重的问题。

我小时学习读和写，主要不是通过课堂和课本，而是接受父母的直接教导和家庭环境的熏陶。这些对我的汉语表达能力的形成，乃至我的整个为人，都曾起过某种决定性的影响。

从我的个人经历出发，我以为，培养一个孩子的汉语表达能力，首先要培养他对汉语（包括口语及书面语）的欣赏能力。只有爱汉语，知道欣赏它，才会产生要用好汉语的愿望。只把语言当成交流工具，看不出它的美，体会不到它的韵味，对之没有感情，也就谈不到对完美的追求。

回忆起来，我自己对汉语作为一种语言的欣赏，竟始自幼年时我那不识字的保姆教我的北京“土”儿歌。什么“小耗子，上灯台。偷油吃，下不来，叽呱叽呱叫奶奶……”，什么“上轱辘台，下轱辘台，张家妈妈倒茶来。茶也香，酒也香，十八个骆驼驮衣裳……”，还有“槐，槐，槐树槐！槐树底下搭戏台，人家的姑娘都来了，就是俺们家姑娘还不来……”，等等，至今我还能倒背如流，而且还传给了我的女儿。如果说幼儿也会被语言的魅力征服的话，我在近七十年前就被这些数百年间传唱于民间，而今却几乎失传了的民谣征服了。

稍长大一些，启蒙我欣赏中国文字的老师，是我的父母，尤其是我的母亲。我记得最清楚的一件事，是在我六七岁的时候，母亲把《战国策》中的《唐雎不辱使命》这一篇教给我和姐姐。当时抗日战争刚刚开始，我们一家逃难到昆明，为躲避日本飞机的轰炸，住在城郊一座尼姑庵破败的厢房里。我刚上小学二年级，识字不多。母亲是通过朗读来教的。首先是她对文章的欣赏感染了我们。有过演员经历的她，几乎是边读边表演，声音抑扬顿挫。当她读到唐雎正告秦王“若士必怒，伏尸二人，流血五步，天下缟素，今日是也。挺剑而起”时，那激越昂扬的声调，和随后读“秦王色挠，长跪而谢之曰：‘先生坐！何至于此，寡人谕矣……’”时的声调和表情，我至今不忘。这大概是我学习和欣赏古文的开端。

此后，我们家又迁到了四川宜宾一个更偏僻的小镇——李庄。父亲开始教我背唐诗和《左传》。我不是个勤奋的孩子，背诵的功夫不深，但居然也常常读得津津有味。特别是，当年父母体会最深的李白、杜甫的一些诗句，正好与我们生活的时代背景——战时后方生活的艰辛和对胜利返乡的渴望——相吻合。“剑外忽传收蓟北，初闻涕泪满衣裳”“遥怜小儿女，未解忆长安”，这些名句对我而言已不仅是遥远的古诗文，还表达了战争时期我自己的全部情感。它们使我从小就开始感受古人在国难期间的那种忧患意识，并在我心底植下了对这个灾难深重的民族永不磨灭的爱。小学时代，我的乐趣在读各种课外书——《西游记》《水浒传》《说岳全传》、老舍的《小坡的生日》、张天翼的《秃秃大王》等。战时后方很难得到适合儿童读的书，我当时是抓到什么读什么，但不爱读《三国演义》,《红楼梦》更是连瞄都不瞄。同时，父亲也给姐姐和我买了许多当时能得到的英美文学经典的中译本，如《鲁滨孙漂流记》《爱丽丝漫游奇境》《金银岛》《罗宾汉》《萨克逊劫后英雄略》(今译《艾凡赫》)、《人猿泰山》等。母亲甚至要我们读屠格涅夫的《猎人日记》。其中，我最不喜欢的大概是《木偶奇遇记》，整篇都是教训小孩要孝敬父母的说教。现在想来，实际上这些书不仅是我的文学启蒙课本，也是我的人生观和审美观的启蒙课本。我对美、丑，善、恶，诚实、虚伪，高尚、猥琐，君子、市侩等的判断标准，就是在那个时候开始奠下基础的。记得当年最喜欢《西游记》里孙猴子和妖怪比挖心的故事。孙猴子剖开自己的胸膛，呼啦啦掉出一堆心来。八戒在一旁说风凉话："好一个多心的猴子！"孙猴子问妖怪："你要什么心？"妖怪说："要你的黑心！"孙猴子翻来翻去，什么忌妒心、贪婪心、好胜心、虚荣心都有，唯独没有黑心！这个故事的寓意，我从小学四年级直记到 70 岁的今天。

也许有人会问："你少年时读过多少你祖父的文章？"说来惭愧，因为那里面尽是政论、学术和对青年的训谕，又多是文言文，我读不懂，也不爱读，甚至有点"逆反心理"。父母倒也不强求。其结果，直到今天，祖父的文章我读得也不多。他的文风对我大概没有多少直接影响吧。

母亲也教我英语。她常给姐姐和我读英语诗，特别是像《爱丽丝漫游奇境》和英国儿童文学作家 A. A. 米尔恩作品中那些韵律性特别强，又富于孩子所能理解的幽默感的儿童诗。父亲则给我们补充语言学家赵元任对这些儿童诗的别出心裁的精彩中译。战时物质生活极端匮乏，但我们家的精神生活却特别丰富。简陋农舍里，病中的母亲蜷在床上，就着一盏菜籽油灯教我们姐弟读书，至今回忆起来仍觉得温馨。当时在读《左传》，记得有一次问母亲，英语 typical（典型）的意思是不是和《左传》里常出现的"其是之谓乎"差不多？惹得她笑了一场。

母亲试图用写日记的方式来培养我的文字表达能力。这是我小时候的一大"苦难"，大多数时候我都在尽力逃避这门功课。等母亲喊一声"小弟！让我看看你的日记"时，我常常只得临时补记上三五天，其结果，每篇都是"早上我起来了，就去刷牙了，后来就吃早饭了。吃完就去上学了……"这种"作品"在母亲那里会遭到什么样的"嘉奖"，自不待言。

我第一次真正感到需要运用文字作为工具来表达自己的感情和描述事物，是在我 12 岁离家独自到重庆上初中时。由于当时从李庄到重庆要坐 3 天江轮，所以我一学期只能回一趟家。这样的学生，全年级 5 个班 250 个人里只有我一个。学校规定所有学生都必须住校。当周末同学全都回了家，偌大一间宿舍只剩我一人时，泪汪汪地坐在空荡荡的教室里给母亲写信成了我唯一的安慰。于是，我想尽办法要通过文字让妈妈知道我“多么可怜”“多么孤独”，把我一个人“扔”在重庆是多么残忍！然后，我又泪汪汪地盼着、读着母亲充满爱意的回信。这种“写作训练”可比记录“刷牙、吃饭”的“日记”有效多了。但是中学功课紧了，读的课外书也少多了。

抗战胜利后，全家回到北平。当年北平的蓝天、白鸽、古城下的驼铃和宫殿半圮的屋檐……这一切使我觉得自己一下子就领悟了自小就很熟悉的母亲的诗的意境。她的作品不仅深深地影响了我的写作，甚至影响了我的为人。

在学校的作文课上，我也开始有意识地通过文字来表述外在景物在自己心里引发的感受。在中小学语文老师中，我特别怀念燕京大学附中的张茵陈老师。她鼓励我自由发挥。当时我在班上调皮捣蛋，常被她厉声训斥，叫同学“别跟梁从诫学”！但是到发作文本时，却常得到她的嘉奖。母亲从小要我“be yourself”（按自己的本色做人），她自己也特别强调写作心态的诚实。我在作文中也总是力图体现出这种精神——尽力不去做廉价的模仿。这点常能得到张老师的理解和鼓励，她从不强迫我按现成的模式写作。这使我从小就没有受“八股”习气约束，我最腻烦套话、空话。

在我离开这所学校时，班上一位同学要走了我的作文留作纪念。多年后又见面时，才知道那个我自己用大针和棉线装订的作文本竟被他保存了二十多年，直到“文革”时才被人家当作“四旧”烧掉了！

大约高中毕业后，刻意学习和练习使用汉语的意识逐渐淡化，事实上直到今天，这个过程一天也没有停止过。我懂一点英语，也为英语所具有的魅力而倾倒。但汉语作为我的母语，不仅是我的思维、表达和交流的基本工具和载体，它传达给我的文化信息，更是成了我整个精神世界的根基。

其实，学习母语的过程对任何人来说，都起着相同的作用，无论这个人有着什么样的家庭背景和社会环境，或受过多少正规教育。我和那些有天赋、写作有成的人当然无法相比。然而有一点很清楚：如果说我今天尚能写出像样的中文，首先是因为我爱这个语言和文字，爱它所体现的文化传统。

本文刚刚完稿，我看到报载对台湾名作家龙应台的采访。其中写道：“龙应台说，她对华文世界的忠实感情，源于她对汉语语言和文字的热爱。”真是知音啊！怪不得去年访台时，和她竟是一见如故。这种对同一语言、同一文化的爱，是任何因素都无法隔断的。我想，我国的每一位小学语文老师都应当认识到，培养孩子们对母语的这种感情，应是自己的首要天职！

中学国文课琐忆

/ 邵燕祥

邵燕祥 1933 年生于北京市。当代著名作家、诗人。曾任广播电台和文艺期刊编辑。著有诗集《在远方》《献给历史的情歌》《如花怒放》《迟开的花》《邵燕祥抒情长诗集》等，诗评集《赠给十八岁的诗人》《晨昏随笔》，另有自传性文集《找灵魂》和杂文集多部。

我没有受过完整的中学教育

那时候的语文教育，小学叫“国语”，中学叫“国文”。

我指的是 20 世纪 40 年代，我在儿童、少年时所经历的语文教育。1939 — 1945 年我读小学，1945 — 1947 年我读初中一、二年级，1947 — 1948 年我读高一。

我没受过完整的中学教育，但因为我的哥哥大我五岁，我的姐姐大我六岁，我读小学的时候，他们正读中学，所以寒暑假他们的新国文教材一发下来，就成了我的课外读物。

我上小学的时候，当然还有别的课外读物。这些读物跟这些中学国文课本互为补充，成了我的文学启蒙读本，培养了我对母语和母语文学的热爱，影响了我的一生 —— 我想，这种影响不仅仅体现在我后来以写作为业上。

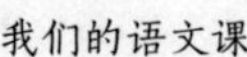

我不厌烦而是喜爱语文课

我爱上文学，跟我小时候喜欢语文课分不开；我养成找课外读物来看的习惯，一方面跟语文老师的指点有关，一方面跟自己按图索骥找名家名作来读有关，如书上选了冰心的《寂寞》《寄小读者》，我就进一步去找冰心的散文和小说来看。

因此，前几年相关部门讨论中小学语文教育，讨论改造语文教材时，我曾向一位出版社的编辑建议出一套“老课本”，把20世纪三四十年代几种比较通用、比较权威的中学国文教材汇编出书，不光可供重编语文教材参考，也可作为今天学生的课外读物，因为这些教材选的是优秀文学作品，不失为一种以青年为对象的文学选读本。这个建议后来未被采纳，但我听说那位编辑就此访问过一些专家。想是操作起来有一定的难度或是担心销路成问题吧，因为近年所谓的“教辅”读物印数动辄以数万、数十万计，一套国文老课本若是仅仅当作“怀旧”系列发行，未必能成热点，也就没有多大经济效益。

我并不是说当时的语文课本怎么怎么好。我读中学时一再跳班，除了因为偏科，为逃避补考不得不索性转校以外，也因为我对当时的学校教育不满意，对其中的国文课不满足。我当时觉得学校里的一套离时代、离社会太远了，实在不耐烦坐在教室里一节课一节课往下挨。我读中学时的教科书，经常让我用铅笔勾画涂抹得一塌糊涂。那是我听课时“身在心不在”的走神的记录。记得初一时父亲偶然发现我的书页如此这般，曾经大发雷霆。后来，我开始持续在《新民报》等副刊上发表习作的小品文，他才掉头不问了。

不管怎样，我们那时候，我和同学们似乎都没有对国文课本、教学和作文课产生多么严重的厌烦情绪，这是事实。

国文教材是文人编的，重在审美

我1945年秋入初中时，日本刚刚投降。教材改用正中书局版，还是抗战时期在重庆编就的，由国民政府教育部审定，应属“正统”。那时我开始接受中国共产党的宣传，不再心无旁骛地读书，越来越多地参与校内的政治活动。那两年的国文课学习篇目，我现在能记起来的，只有白居易的《荔枝图序》、沈复的《童年记趣》(选自《浮生六记》)、陆游的《老学庵笔记》选段、归有光的《项脊轩志》，别的篇目全无印象了。

而在这之前，我在沦于敌手的北平古城读到的高级中学国文课本——就是我哥哥姐姐在课堂上用的教科书，虽然是敌伪教育总署审定，由敌伪控制的新民印书馆出版发行的，但其实是抗战以前一套教材的盗版。我是直到20世纪50年代在旧书店看到这套教材在抗战前的版本时才知道的，连版式都一模一样，出版社是商务印书馆还是中华书局，我已记不清了。

我对这套书还有些零碎的印象。初中国文教材第一册，开头第一篇是巴金的散文："我爱月夜，但我也爱星天。从前在家乡七、八月的夜晚……"第二篇是鲁迅的《秋夜》："在我的后园，可以看见墙外有两株树，一株是枣树，还有一株也是枣树。"巴金那篇的篇名我忘了，后来也没在别处谈到过这篇散文(抗战前的"北新活页文选"中似选过，还配了一张纳凉看星的插图)，巴金的文集中是有的，原来并不算他的代表作。但文字干净，境界澄明，读起来朗朗上口，接着读到作者简介："巴金，字芾甘……"跟其他名篇的体例一样，既选了文，又荐了人，每读到一课就认识一位作家，可以按图索骥，到图书馆去借巴金、鲁迅、冰心、叶圣陶、苏雪林等这些"五四"作家的书看。

从这个意义上说，语文课本就是个文选。鲁迅的作品在书中选用最多，我记得在初中就有《风筝》《好的故事》《雪》《故乡》《孔乙已》，即使如此，也不能概括鲁迅的全貌。但阅读完课本、听完老师的讲课后，对鲁迅有兴趣的人就可以课外再找鲁迅的书看。国文课只能做到这一点，能做到这一点就不错了。

手头没有书，只能凭空回忆。印象里这套初中国文教材所选的现代作家，似乎到20世纪20年代后期为止，也就是"五四"以后的头一个十年。没有我当时醉心的何其芳，也没有萧乾，他们都是20世纪30年代始露头角的；仿佛也没有沈从文，如果不是编者认为他行文时有不规范之处的话，还可能认为他笔下的题材多涉下层，缺少书卷气吧。

而这一套教材是"五四"以后的一代文人编的。他们主要是用"五四"新文学作品来陶冶青少年。他们属于非激进的知识分子，他们在潜意识中要在学生身上培养的大约也就是这样的一种知识分子气质，包括人生态度和生活情趣。

这样，选材就着重选具有一定审美价值的作品。议论文选的也是"笔端常带感情”的梁启超的《欧游心影录·楔子》。胡适则只选了他寓批判于谐谑形象的《差不多先生传》。

附带说一下，编者注意到了初中学生的特点和接受能力，入选作品一般不做删改。但朱自清《荷塘月色》中有关《采莲赋》的部分是删了的（黄侯兴先生提到人教社的删节，其实是沿袭几十年前的删节本），后来我从陆晶清等编的散文选集中看到全貌，一时有受骗的感觉。今后如还选朱先生此文，删不删《采莲赋》，可以讨论。

我当时读的高中国文教材与初中的不同，是按中国文学史的顺序编选的。古代和近代部分，从《诗经》和《楚辞》开始，到《儒林外史》《老残游记》选段，记得还有王国维的《人间词话》，因我记得从注释中读到王氏所引词句的出处，寻出原词全篇，颇以为快。最后把胡适的《文学改良刍议》和陈独秀的《文学革命论》推出作结。我读这六册高中国文教材时，已经囫囵吞枣地读过胡云翼编的《中国文学史》，读过沈启无编的《大学国文》（上下册），也读过《小说月报》上连载的谈古典文学的专文，对中国文学的发展略知一二，觉得课本所选还是得体的，是得其精要的。

语法修辞作为附录

关于课本，还应该提到，我记得高中国文教材最后一册，末附外编，是语法修辞方面的内容。它不是插在每一课课文或每一单元之间，而是作为附录，估计用不着教师讲解，而让学生自己读。我最早的语法修辞常识，很可能主要是从这里来的（说得不肯定，是因为一个人的知识结构，很难像中药铺似的，说准哪味药准从哪个抽屉抓来）。因为读过许多课文，自己也作文并经老师批改，再看这些规律性的东西，就不费劲，一点便透，似乎豁然贯通了。我至今仍记得其中所引的一些例句，读来有新鲜感，如“春风风人，夏雨雨人”，知道了名词也能当动词用。我想如果例句都是从政府文告、报纸社论摘来，未必能引起我的兴趣。

近几十年我听一些中学生说语法难，先是觉得奇怪，觉得语法之于语文，就像公式之于计算，该感谢它才是，怎么反叫头疼？等我拿过他们的课本、试题，才发觉这些从繁复的语文现象中提炼出来的、本该是简洁明了的规律性东西，可能被人为地弄复杂了，被弄成了烦琐不堪的东西。也许因为某些专家学者认定语法修辞是科学，而科学重在分析，以致往往光从语法角度来解析，结果把课文大卸八块，意味（更不用说课文里的神韵）全无；这跟单纯从政治角度来解读课文一样，远远地偏离了审美。

老师的教学相对自由

回首往事，我从小不是厌烦而是喜爱国语课以至国文课，因为课本唤起了我的审美心理，又在一定程度上满足了那个年龄段上我的审美要求。

还因为我遇上了好老师：小学的王法章、吕象新（或吕向欣），中学的仇焕香、浦克刚、闫振盖。他们没有把国语课或国文课变成讲大道理的枯燥说教，也没有生硬传授文章作法，而是循循善诱地指引我们在克服语言文字的障碍之后，对课文进行欣赏。小学时老师似乎还在黑板上写必要的题解和段落大意，到中学则着重启发我们经过诵读，涵泳其中，得其意蕴。老师关于背景的介绍以至关于此文好在哪里的点评，只是为学生的审美从外围扫清障碍或铺平道路，指引入门，至于体味的深浅，就看学生资质的不同了。我哥哥从初中一年级起对文学发生兴趣，我想也跟遇上了国文老师闫蕴之有关。

那时候，我哥哥把课文里的《孔乙己》和《爱的教育》的片段改写成小剧的形式排演，在家里我是他唯一可以调遣的演员。他还在家里办壁报，这不但激励我更多地读课外书，还带动我于作文课之外练习写作，甚至自己抄写、将习作装订成小书的模样。我写所谓小诗，是在读冰心之后，写所谓小说，是在读老舍之后——老舍有《牛天赐传》，写牛家孩子起名叫天赐，我就写罗家孩子起名叫四维（“罗”的繁体字是四字下一维字）；我自制的第一本小书的封面用墨喷出黑底白字“热闹集”，也是仿老舍命名一本书为“赶集”的趣味。

有审美内容的课文和课外阅读，激发了我的想象力。上小学四年级时，班主任吕象新要我们每天写日记，可长可短，但必须动笔。我不懂得细致观察日常生活，又不满足于写“起床，洗漱，早饭，上学，放学，回家，睡觉”，于是笔下常有些想象之词（当然，并没有虚构做好事之类，那时不兴这个），吕老师不会看不出来，但未责备，想来她给自己增加了批阅日记的负担，也只是为了督促学生练笔。我的确从练笔中得益不少。后来多年不写日记了，那是别的缘故。作文课出的题目，往往是让学生抒发自己的感受，有一回夜雨之后继以大风，闫振盖老师就叫大家写“暮雨朝风厉秋寒”。

那时候，我们都没生活在考试的阴影里，也不怕考试。1948 年我跳级考中法大学，后来知道，多亏一篇作文考了高分，拉高了总分，才得以录取。给作文阅卷的是萧雷南先生，他是游国恩教授的高足，院系调整后到内蒙古大学去了。

现在回忆起来，当时我敬爱的几位国文老师，可能自备教案，但显然没有依照什么教学大纲。可能因国民党大树将倾，他们的教育部顾不上“部颁”什么统一的标准了，这就给了老师自然也给了学生相应的自由空间。仇焕香、浦克刚两位老师都在课堂上给我们讲过一些与课文无关的事情 —— 他们的经历、见闻、感想……有些是由课文引发，对课文做了补充；有些则与课文不相涉，但启发了我们对社会和人生的认识。那个动荡年代里残缺不全的教育制度，显然达不到什么理想的境界，但比起充满说教、索然寡味、使人窒息的去处，毕竟还有令人怀念的地方。

朗读、背诵有助于记忆和领会

年纪大了，记忆力日衰，但早年记诵的一些断章警句，还时时浮上心头。我因为背书不愿意出声，记得不牢，吃亏不少。说起背书，我至今仿佛还能听到当年哥哥在书房里琅琅地诵读《琵琶行》《滕王阁序》。忽然想到，大家都说“熟读唐诗三百首，不会作诗也会吟”，那么背诵一些文章，是不是无形中也会有助于文思？只不过语体文（白话文）都偏长，除非真的又上口又动人，否则要求背诵真是让人受罪了。朗读和背诵，不仅有助于记忆，而且有助于理解、领会，对于音调铿锵的诗文，这更是整体审美不可缺少的一部分吧？

我们那时的国文课，熏陶出我们这样的人；我们同代或上下两代的人，自然也各个不同，绝不是一个模子里出来的。今天要培养什么样的人呢？自然语文教育也会有新的探索。

以上云云，忆旧而已，不足为训。

我的两位语文老师

/ 蓝英年

蓝英年　1933 年生，江苏省吴江县（现为苏州市吴江区）人。当代作家、翻译家。曾在北京俄语学院、山东大学外语系执教。译著有《果戈理是怎样写作的》《回忆果戈理》《日瓦戈医生》（与人合译）等。随笔集有《青山遮不住》《寻墓者说》《冷月葬诗魂》《被现实撞碎的生命之舟》《苦味酒》等。

有人说小学老师对一个人的成长影响很大，特别是语文（那时叫国文）老师。我小学只上过半年，还是插班生，所以小学老师对我没有任何影响，我连他们的姓都记不得了。

1945 年冬我进入晋察中学，这是共产党办的中学。同学来自晋察冀边区农村，其中不少人还在区里或乡里当过干部。学校先在宣化，后傅作义进攻张家口，学校便转移到涞源县二区银坊村。各班分住在银坊附近的山庄里。我所在的二班住在银炉台庄。学习极不正规，上午或晚上上课，下午男同学上坡打草，女同学在屋里纺线。滕老师是我们的班主任兼语文、历史老师。一天晚上，滕老师坐在油灯前说："今天给你们讲讲鲁迅。"鲁迅的名字我刚刚听说过。前天打草回来过秤，有位同学为了增加分量，在草捆里塞了一个荆疙瘩（树根）。过秤的人说他："你怎么这样干呢？简直是阿 Q。知道鲁迅的阿 Q 吗？"这位同学知道阿 Q，脸马上红了，从草捆里拣出荆疙瘩。我问他鲁迅和阿 Q 是什么人，他说鲁迅是作家，阿 Q 是爱占便宜的人。滕老师说讲鲁迅，一定要讲阿 Q 了，并且肯定比同学讲得有意思。

没想到他讲的却是《狂人日记》。他先讲《狂人日记》的故事，因为我们没有一个人看过。滕老师讲得很动情，至今我还记得他说过的几句话："今天的月亮非常亮，这样的月亮我已经三十年没见过了。""人们要吃我了，把我养胖了一点再吃。""吃人的是我哥哥，我是吃人的人的兄弟。"我们听得激动、惊讶。屋里一盏油灯，纸窗外一片漆黑。屋子四周都是荒山，有不少狼吃人的传说。"狼叫唤了！"一位同学低声说。不知是他的幻觉还是狼真的叫唤了，我没听见，但心里更紧张了。50 年后，我问当年的老同学、现任全国一个大型协会会长的老鹿："滕老师讲'吃人'的那天晚上狼叫唤过没有？"他说："可能叫唤过，那时涞源狼很多。"他是在推理，既不肯定也不否定，但对滕老师那晚讲的课印象同样非常深。滕老师讲完故事便分析起来，讲中国礼教如何扼杀人性，很多人便是被礼教杀死的，所以说封建礼教吃人。讲到后来滕老师激动起来，问我们这篇小说的主题是什么。我们回答不上来，他得意地大声说："就是小说最后的两句话：'没吃过人的孩子，或者还有？救救孩子……'"说完停顿了半晌。油灯太暗，我看不清滕老师的表情。滕老师以描述革命的前途结束了这堂课："毛主席高举政治大旗，朱总司令高举军事大旗，鲁迅高举文化大旗，我们必定高歌猛进，打垮蒋介石，解放全中国。"这堂课给我留下的印象极深，听到的内容都闻所未闻，至今不忘。

第二天，滕老师拿出从延安带出来的用马兰纸印的《鲁迅小说选》让我们传看。我也看了《狂人日记》，但很多地方没看懂。如第一句"某君昆仲，今隐其名"，我理解为某君叫昆仲，名字已经写出，怎么说"今隐其名"呢？"把古久先生的陈年流水簿子，踹了一脚"，我理解为有位叫古久的人把别人的账本踹了一脚。尽管滕老师讲得未必精辟，比喻并不恰当，我理解得十分幼稚，但他在我心中种下了崇敬鲁迅的种子，我第一次听到有人说封建社会是吃人的社会。25 年后我在韩先生指导下通读鲁迅全集时，仍不时想起滕老师，想起那天晚上他讲的课。滕老师原是 115 师的指挥员，参加过平型关战役，不知怎么调到学校里来了。后来，滕老师离开学校了，据说是因为一个女同学。滕老师叫我给这位女同学传过条子，那位女同学也让我给滕老师传过条子。条子我都偷看了，无非是"到我这儿来"和"我没时间"之类。粉碎"四人帮"后老同学聚会，我同那位女同学谈起滕老师，那时她已是某部的司长了。她说滕老师逼她逼得太紧，她实在没法子，告诉了校长，可滕老师离开学校实在同她无关。20 世纪 50 年代初我在报上看见滕老师在某个中等城市当市长的新闻，是他还是同名的人就不知道了。以后再无滕老师的消息。

1947 年 5 月，我们二班“结业”了。大同学都分配了工作，我年龄太小，没地方要，便被转到边区联中继续上学。我一个人背着背包从易县良岗村走到建屏县西黄泥村。这里现在已变成水库。我被编入联中九班。我们的语文老师是韩老师。韩老师上过延安鲁迅艺术学院，有意搞创作，却被分配到中学教语文。他不仅讲课文，还讲语法。课文不仅有边区作家作品，还有古典诗词。他讲过边区作家的两篇小说《嘴角的血丝》和《我死得明白》。韩老师是山西人，用山西话念《嘴角的血丝》非常好笑，我们都模仿他的口音。1997 年老同学在新侨饭店聚会，还有人模仿韩老师的口音念《嘴角的血丝》。已经过去几十年了。这两篇小说的作者是谁记不得了，可能是孔厥。韩老师介绍过孔厥和袁静，但并不是讲他们的创作生平，而是讲他同他们的交往。他还提到袁静在延安时的“小资产阶级作风”以及孔厥如何追求袁静。他让我们讨论这两篇作品，自由发言，然后由他做总结。我们从被动听课变成主动“上课”，思维自然活跃多了。韩老师还讲什么是主题、题材和体裁；写文章只用第一人称和第三人称，没有第二人称；正确使用标点符号十分重要，逗号、句号、顿号、分号等标点符号在句子中各司其职，弄错了便会改变意思。他举的例子是“天留人我不留人”。他还教我们图解句子，用图表标出主语、谓语、定语和补语的位置。他大概认为图解句子很重要，两次测验都出了图解题。韩老师还向我们介绍外国文学，果戈理讲得最多。他讲《死魂灵》里的人物，并说鲁迅译得极好，“同他自己写的一样”。他还讲果戈理写作时，写到乌克兰少女裙子的花边时，记不清样式便写信问母亲；讲果戈理如何让不喜欢他作品的人读他的作品，并让他们尽量挑错。这些材料都来自孟十正翻译的《果戈理是怎样写作的》一书。1949 年 9 月我一进北京就买这本书，读得津津有味。但有的地方看不懂，如第一页：“在苍白的、甲状腺肿的萎缩的幻想上面，果戈理走过他的一生……”“甲状腺肿的萎缩的幻想”是什么样的幻想？怎么也想象不出来。那时还不懂得误译。20 世纪 80 年代初我重译了这本书，出了几版。我译这本书和对果戈理的偏爱不能说没有韩老师的影响。他还给我们讲了李后主的词，战争期间讲“亡国之音”是要有勇气的。好在那时也没有人批评他。

韩老师很重视作文，教学方法也与一般老师不同。他希望大家能感到自己的进步，第一次作文每人都得“丙下”，以后慢慢升。不同别人比，只看自己的进步。我从丙下得到甲，但作文未必比从丙下升到乙的同学好，只说明我进步得比他快。我没再见过这样判作文的老师。50 年后我们都已鬓发苍苍，聚会时仍会谈起韩老师。不少人说自己的语文底子还是韩老师打的，以后受用无穷。这时一定有人用山西腔说“嘴角的血丝”，大家一起哈哈大笑。

韩老师的命运不大好，他 1957 年被划为“右派”，致使我们二十多年一直没有联系。1996 年我们去看他，他外表的变化不大，一点都不显老。他总比我们大十岁以上吧，我们都已秃顶白发，他仍一头黑发。我送了他两本随笔集。几天后他忽然打来电话，激动地用山西话说：“书都看了，写得很好，出乎我的意料。有些文章内容重复。这可以理解，因为发表在不同刊物上。再出新书一定给我。”可见当年韩老师对我的作文评价并不高，不知他对我现在写的随笔能打什么？丙下还是甲？如果是甲，仍是同我自己比，说明我有进步，并不说明我的随笔比别人写得好。

我童年的故事

/ 韩少华

韩少华　1933 年生于北京市。曾在北京教育学院中文系任教。著有《韩少华散文选》《暖晴》《碧水悠悠》《温馨的风》《耶稣》《遛弯儿》等。

1940 年初秋，我上了北京南城的虎坊桥小学一年级。

记得开学那天老师给我留下的印象就很深：一位女老师，姓名却有些特别，叫作党正博。她剪着短发，身上穿着蓝布大褂儿。是不是有四十岁了呢？可惜我还不大清楚。

开学第一课正是党老师所教的国语。她读了一遍“天亮了”，我们也跟着读了；后来她读的是“弟弟妹妹快起来”，我们也读了几回；再后来她读了“姊姊说，太阳升起了，快来看太阳”，我们也读了个够……可我怎么也弄不懂：什么是“姊姊”？党老师是不是要说“姊”就是“姐”呢？不知道。

那时候，我也知道些日本人的事了。

这所学校的四合院有个前院，西屋三间是我们的教室，北屋四间半是老师和学生们开会的地方。唯有一棵老槐树，很大很大，就在北屋和西屋的两夹间儿，枝繁叶茂，连下面的树根都一个个地抓着地呢。到了冬初，教室里早装了炉子，可没有煤，冷得很。等下课铃一响，我们男孩子就赶快跑向那一棵老槐树，你挤我、我挤你的，拥了上来，晒晒太阳也好；又觉得暖和了似的，尽管那叶子早枯了，掉了。等打了上课铃，我们回到西教室，立刻又冷得要命。

后来到中院西屋，我上了四年级。那时我经常从玻璃窗看见有日本人踏入我们虎坊桥小学，这些日本人总戴着军帽、穿着军服，有时候又是便衣，可那军帽却偏要戴上。瞧，他掏出怀表还要看上一看，又总要站在那中院的北教室廊下，走来走去呢。哦，记得有个叫王继德的，跟我是同桌儿。有一回，我们俩从西屋的窗内往外看去，就见那日本军人穿着乌亮的马靴，正站在那北屋廊下。我们眼看那日本军人就要到这里来了，不由得我看你、你看我，又都赶快瞧那黑板去了。可巧有一位丁老师正在给我们上着课，他正戴着近视眼镜读国语课文呢。我心想，可千万别瞧见我们俩才好。丁老师的眼睛却相当尖，只看了我们一眼就一手将眼镜摘开，另一手还拿着书本儿，就如同什么也没发生似的，又戴上他那眼镜，继续读他那书去了！

等我升到五年级，即到中院的北教室上课时，就由崔书府先生——约定俗成，小学高年级都要称“先生”——来教我们国语。反正我崇拜崔先生。记得他是平头、大耳、白净脸，总穿着长大褂儿。每次上课他总要看看我们，前排后排，都要看上一看，然后才说话，自然也免不了要看看那檐下的日本军人。

就在那时候，1945 年的盛夏，我们放暑假快一个月了，忽由学校告诉我们说，日本投降啦，抗战胜利啦——好痛快！等到初秋，又上了课堂，看见崔书府先生也有了笑纹。

有一次，我看到冰心先生《往事》中的几句话，觉得新颖极了，就抄在作文本上呈给崔先生。等作文发下来，发现竟加了几串红圈圈！我却不安了，就到跨院宿舍去请教崔先生，很不安地说了一遍，说完把作文又呈给他。大约他那温和又有些严肃的目光落到我的脸上了吧，我见他随手在书架上一抽，取出一本小书来，竟也是冰心的《往事》。崔先生就说：“学童习文，仿了人家的句子也没关系；再说模仿也是好的。”我的心才着实放了下来。或许是一股孩子气吧，我竟反问起自己的先生：“那您也别给我加红圈呀！”崔先生笑着说：“别忘了，我给你的只是仿冰心的单圈。”接着，崔先生把我的作文拿起来，指着我自己写的句子又说，“这几句都是从你自己心里掏出来的了——也许它还稚嫩得很，可也值得给它加上双圈不是！”半年之后我考上了北平二中，从此就再没见过崔书府先生……

正在这时候，我父亲病故了。娘伤心得很，我呢，穿上孝，打着幡，把灵柩运到河北老家安次去。

我在东城内务部街的北平二中上了初中一年级，又认识了辅仁大学中文系的学生郭光，他还擅长男中音呢。

哦，那是1946年隆冬的晚上，很冷。我的两只脚跺个不停，就在金鱼胡同东口外的芮克电影院门前，等一场音乐会的票。忽见影院里出来一个人，一瞅，就在昏暗的灯光里认出郭光来；他拿出一张票给我，又使劲握了握我的手，匆匆进去了。音乐会的前半场有老志诚先生弹奏的贝多芬的《月光曲》。琴声渐静，钢琴家就在掌声中走下台去。就在这一刻，靠左侧墙边发出“轰”“轰”两声很大很大的闷响！刹那间，场内竟什么声音都没有了，我的脑子里也什么都没有了似的。“大家赶快退场！打开太平门！”只见一个年轻人已站在台子正中，边喊边挥手。散场还算顺利。等回到外面的寒夜里，我才发现街头一片黑暗，连驻北平的美军宪兵们也出动了。事后才知那晚影院里被投了两颗恐吓性的炸弹，原来是“军统”便衣干的。等我的脑子把爆炸事件和后面将要上演的节目《黄河大合唱》联系起来，才明白这是为了什么。下面郭光就要登台唱《黄河颂》了，也就是“我站在高山之巅，望黄河滚滚”这首歌。

听说他中华人民共和国成立后参了军，辗转作战，又到了内蒙古。我曾想去看看他，听说他就在呼和浩特歌舞团里任职。等我赶到那儿，他又到锡林郭勒陪朋友采风去了；我找到那儿，他又到别处去了。我呢，平生很少喝酒，但在那仲夏的晚上，我却在锡林郭勒跟几个牧民兄弟对饮起来，竟醉了。

在内务部街北平二中升了二年级，我就和郝凤武同了桌儿。他从沈阳来二中，在宿舍里住下，我们也要好起来。他课余喜欢打篮球，我就索性当啦啦队员。有一次，郝凤武眼看就要把篮球给打到场外去了，我赶快跑过去想把球捡回来——呀，球飞到墙外去了。我跑去一瞧，可巧遇到荣天琳先生。听高年级学生说他是教历史的，还说，他的课讲得好极了，常甩开当时的教材，讲些大家关心的时事，却又跟历史联系得很妙，似乎都是题里应有的事情……事后我跟郝凤武说：“你知道我碰见谁啦？荣先生！”可郝凤武只笑着，不言语。有时候郝凤武也说日本鬼子侵略东三省的事，偶尔也提起一个叫作“解放区”的地方的情况，我也喜欢听。

等上了初三的秋天，一个礼拜日，郝凤武约我来到北海临街的什刹前海，眼瞧就到一个小胡同的外头了。他说：“进胡同就要到荣先生那里去了——他是我姐夫。”我吃了一惊，愣住了。凤武领我来到小胡同里，见到了荣先生和他的妻子，我就感觉亲切不少；又瞧见两个书架上有许多中国和西洋的书，其中就有《亚里士多德》和《凯撒传》，简直让我爱不释手。哦，我还在荣先生家吃了饭呢。

1948 年的秋末冬初，郝凤武突然骑了自行车来到我家里，还拿着一个口袋。他见左右没人，便掩了屋门，打开口袋，小声说："都是荣先生的书，你把它放到要紧的地方。"我一口答应了，就当着凤武的面儿把一本一本的书、一沓一沓的资料，都藏在了那里间的半年才开一两次的福建樟木大躺箱的最下角处，我自己还低声说"绝不随便动"。可一到夜间，等凤武走了之后，我怎么也忍不住又打开那一尺来长的银铜锁，摸出两三本仿佛马上就浸润了樟脑味儿的书来，我记得还点了一盏油灯呢。我先掏出一本叫作《小二黑结婚》的书来，一看，是赵树理著的；再掏出一本《大众哲学》来，一看是艾思奇著的；又掏出一本《论持久战》来，一看是毛泽东著的。我就把《小二黑结婚》看了个够 —— 这还不清楚吗？荣天琳先生正是一个地下共产党员！

1949 年 2 月 3 日，中国人民解放军从永定门开到前门，我跟小伙伴儿早到了五牌楼下面，去欢迎解放军和平解放北平。后来我和郝凤武还在东单广场上演出过活报剧，由凤武扮演解放军，我来扮演美国鬼子呢。以后凤武真的参了军，我还欢送了他。至于荣天琳先生，就到北京大学历史系做了教授。

从小学到初中，一共是九年；可我想，大约可以分为三个段落，就是沦陷时期、国民党时期和共产党时期。而我，也只不过是提前接触了地下共产党员罢了。如此而已。

乱七八糟学语文 / 黄一龙

黄一龙　1933年生于北京市，祖籍四川省。编辑、杂文家。曾任职于四川省社会科学院，研究当代地方史。著有《希望断想录》《中国人的梦》《黄一龙阅世美文》《我的中国胆》等。

说来惭愧，写了多少年文章，最怕别人问我是怎么学来的，因为实在说不清楚。王丽老师也这样问我，她来信让我“撰写自己早年所受语文教育的经历”，真是哪壶不开提哪壶哇！

“早年”该从童年说起，别人是越老越能回忆起童年，我却忘得差不多了，连小学课本是什么样都毫无印象，却记得教我的老师是个漂亮阿姨。读高小的时候换了男老师，对人的印象淡漠了，才有了对书的印象。他教我们《最后一课》，那法国孩子对于亡国的体验至今还搅动着我的心；读沈复的《浮生六记》里的《闲情记趣》，开篇就是“余忆童稚时，能张目对日，明察秋毫”，沈先生的这个本事令我们一帮男孩十分羡慕，我们也张着眼睛看太阳，受了不少苦却终于毫无进步。这后一课是课本里没有的，老师写在黑板上令我们抄下来。还要背诵。另有一课也是写在黑板上且须背诵的，是近人吴芳吉的“改良旧诗”《婉容词》，从此对于“在欧洲进了两个大学，在美洲得了一重博士”而抛掉老婆的忘恩负义之徒，恨之入骨。

这种离开课本自选教材，学生现抄、老师现讲的办法，到了中学，竟成制度。那时中学的语文课叫“国文”，政府当局好像也规定了几种“部颁”课本，开明书局的，正中书局的，商务印书馆的，供学校选用。可是我的学校连这套规矩都不吃，校长只管把老师聘好，聘得一流老师，就把学生交给他，任他去教。不仅没有“教学大纲”统一步伐，不设“教研组”检查“教案”，而且连用什么教材都由老师自定。这自然是十分尊重老师的“主导作用”了，同时也是把一切重担都放在他身上，令他不敢懈怠。我看至少在这一点上，那时的校方就比现在的校长聪明多了或狡猾多了。而本校的国文老师，照例是不理任何“部颁”教材的，他们总是另搞一套，按自己的办法、自己的进度来教学生。

我的初中国文老师姓钟名瀚字紫沧，是前清秀才，本事了得。现在成都武侯祠大殿前，尚有他撰写的一副对联，这可不是随便什么人都能得到的殊荣。不过钟老师的本事也仅限于古文。依他的观点，白话文是用不着讲的，“学生子们”自己就该看得懂；要是白话文还须讲解，那它连白话的资格都不够。这道理也的确讲得通。所以，我们都规规矩矩地跟着钟老师学古文。那办法依然是他写我们抄，我们提问他讲解。对这后一点他也有说法，就是如果你自己都读懂了我还讲什么！至于究竟我们是真懂还是假懂，他通过不断地出作文题来考查我们。作文题目总和教材联系，而且必须写文言。记得有一次我靠在小学读《浮生六记》和课余读林（纾）译外国小说得来的功夫，洋洋洒洒写了一篇文言作文，得到钟老师的破格超高分：居然是一百零一分！他在课堂上说一百分是给文章的，多给的一分是给“这个学生子的好学”的。这个分数无疑是我这一辈子所得的最高分，算是“顶峰”了！我爬上“顶峰”时年 12 岁，这不过是说，从 12 岁以后，我就开始走下坡路了，一直走到如今。真没有什么好夸耀的。

要命的是所有课程都得背诵。过不了两个星期就来次小考，考的就是默写，过硬的“背功”，过不了钟老师的关。不过我们也并非驯服的背书工具，每次考试以前总动脑筋猜题，重点突击、现炒现卖，斩获率一般不低。可是有一学期钟老师教《论语》，那么多条孔子语录，又编辑得那么稀奇古怪，各篇各章之间毫无联系，极难捉准他要考哪条。好在小考的试题都只写在黑板上，考完就擦掉。我们这些忠实弟子于是找到一个窍门：先行自定试题，突击背诵，不管秀才出的题是什么，大家都按商量好的段落默写。实施的结果是第二天老师满脸疑惑地拿着考卷上讲台，说：“我昨天考你们的是这些题吗？”大家自然同声回答“是——”！他脸上疑惑依旧，却不得不把试卷发给我们：

个个满分！

写到这里，我能想象审我此稿的王丽老师会皱眉头，这种学生该算差生或者问题儿童了！不过，这类恶作剧我们也并不常用，不是不想，而是不敢。第二次考试钟老师就向我们挥舞一张纸，一边板书一边说："学生子们，我的试题在这上面。"看来，他是洞察了我们的诡计，他不想揭穿我们，但也不想我们在这条危险的路上继续滑下去，真是温柔敦厚极了。对这样的老师，你除了听他的话以外，还能怎么样？我的一点古代文学的功夫，就是在钟老师的治下奠的基。他选取教材似乎很随意，多年以后我们回头看去，才知在整个初中阶段他把经、史、子、集的若干代表作品教给了我们，带领我们在中国古代文学宝库的各个窗口转了一大圈！当年能够背诵如流的作品现在或记不得了，但是对这个文化宝库的博大精深，却是烙下了毕生的印象。

一个刚刚进入知识门槛的孩子，对知识的猎取其实是多方面的，课堂教育不过是其中的一个部分罢了。当年的课堂教学，我能记得的大约就如上所述，而在课堂以外得到的，至今仍有许多印象深刻。

《三国演义》《水浒传》《东周列国志》《说唐演义全传》这些所有小男孩的首选读物就不用说了；我因为上学上得早些，到毕业时才 11 岁，父母让我休学一年，这一年我就不停地"乱翻书"。上半年，我在爸爸任校长的学校里，把他书架上的 12 本当代作家选集翻了个遍，从此才知道了鲁迅、老舍、张天翼、沈从文、王统照、张资平等一批出色的作家。下半年，我在外祖父家中，他有一个藏书楼，"正经"的我不爱看，专挑《东方杂志》《小说月报》里面的小说看，还看那全是文言的林译小说，记得《复活》里的女主角叫"麻斯诺瓦"，从此在脑海中把这位美人想象成一个麻子。这些书大人不让看，我是每天把书塞在胸前的背心里面，牵着外祖母的那头奶牛出去放牧，给一同放牛的小姑娘说好话，请她替我看着牛，我就躺着大看特看麻姑娘的故事，那生活真是幸福美满极了！

比较起课堂里的奉命读书来，这种乱七八糟的自选课程，更合我的心意，也沁入我的记忆。它自然是毫无系统、杂乱无章的，因而可能为教育专家们所诟病。特别是我的阅读从来不讲循序渐进，没学会爬就想跑，十分没有规矩。最无法含糊的是大量的生字不认识，要是靠查字典就只能伏在字典上没法读下去了。我的办法是猜，生字躺在前后文之间，猜出的意思八九不离十，字音则把所有的生字都当成谐声字。念字念一半，自然念出若干笑话。可是这种在文章里面去识字的办法，倒未始全是旁门左道。我三十多岁在牛棚里面重学英语，记起了童年的章法，于是依靠过去掌握的几个单词大篇大篇地看文章，这次是字音八九不离十而字义对的错的兼而有之。有些办法可能为专家笑话，我也不敢胡乱推广。姑妄言之吧。

回顾当年，在学校里学的是地道的中国古代文学，“自选”的倒是“兼容并包”，以现代中外文学为主。学校里学文言文，学校外主要读白话文。后来接受了一种理论，认为文言文是“死文字”，祖先们的口语现在早已不用了，所以在回忆里面对学校的知识一向不大尊敬。只是年纪越大，越不敢蔑视古人，知道他们达到的成就不是随便可以企及的。而文言文呢，与其说它是已经死亡的口语，毋宁认为它从一出生起就是一种高度凝练的书面语言；它对学子的训练，与其说是文字技巧上的，毋宁说是思维方法上的。看今人作品，有的满口白话，但从一两句话就能道出无穷意蕴的功夫来看，就知道他的背后藏着古代文学的训练；而有的大腕编剧、大腕导演、大腕演员生产的“历史剧”，例如最近收视率很高的那部《康熙王朝》，尽管里面“之乎者也”人人讲、天天讲，一听就能听出他们缺乏古代文学的基本训练。所以，我本来想说我“早年”的语文学习主要是靠自己乱七八糟捡来的，写到这里，我又改了主意，觉得当年钟先生有计划、有步骤的耳提面命，也是极为重要的。

难忘语文课

/ 韩兆琦

韩兆琦　1933 年生，天津市人。北京师范大学中文系教授、博士生导师。主要著作有《史记笺证》《史记通论》《史记题评》《中国传记艺术》《中国传记文学史》《中国文学史》《汉代散文史》《唐诗选注汇评》等。

我上高小，是在 20 世纪 40 年代末；我上初中，是在 50 年代初，正是在这段时间，形成了我对语文学习的浓厚兴趣；再加上高中三年的继续发展，遂顺理成章地奠定了日后我一生从事文学研究与文学教学的基础。

我出生在一个贫苦的农民家庭，少年时代家里非常困难。父亲在我们村里可以说是一位有文化的农民，他年轻时趁冬闲上过几个月的私塾，以后逐渐自学，遂达到了可以阅读“闲书”（通常指旧小说）的水平。凡在当时农村可以见到、借到的小说，诸如《三国演义》《水浒传》《西游记》《红楼梦》，以至文字再稍深一些的如《东周列国志》《聊斋志异》等，他都能看，有许多段落他还能背，所以我从小就是听着父亲讲的故事长大的。我从小学三四年级开始，也跟着父亲看这些在农村可以找到的“闲书”，所以，我在小学里也比其他小伙伴们知识多，小学老师有时请假不能来上课，就安排我给小朋友们讲故事。

20 世纪 50 年代初，我考入了河北省沧州市献县中学。中学里有个小图书馆，藏书不多，但有一套新出版的“现代作家选集”，包括《鲁迅选集》《郭沫若选集》《茅盾选集》《巴金选集》《闻一多选集》等，共有几十本。这是我第一次接触新文学，这些作家的名字是我们以前在农村从来没有听人说过的。我们班上几个喜好文学的学生都争先恐后地去借，借来大家交换着看，一两天就看一本。遇到自己认为精彩的段落，就反复多看几遍。我对闻一多的诗很感兴趣，好些作品至今尚能背诵。初中毕业后，我接受分配，到天津市读天津一师，这个学校的图书馆要比献县中学好得多，我从这时开始接触外国文学与中国古典文学，至今回忆起来印象最深的外国作品是裴多菲的诗和朱生豪翻译的《莎士比亚全集》，这套全集我从头到尾读了一遍。至于中国古典文学，这时期我所读、所背诵的主要是唐宋诗词，其次是一些散文、杂剧等。喜欢阅读文学作品是我语文知识较多、语文成绩较好的第一方面的原因。

整个初中、高中阶段，我都特别喜欢上语文课，特别是其中隔周一次的作文。作文也如同画画，开始总要有些临摹，有些参照，然后才能开始自己的观察、选材。这时候语文老师的引导与鼓励是至关重要的。时至今日，小学四五年级时老师表扬我作文的情景依然历历在目。初中一年级我写了一篇《欢送解放大军南下》的记叙文，描写了献县中学师生夹道欢迎、欢送东北大军经献县南下的情景，老师在评语中给予我热情的赞扬，并给了我他几年来从未给过的最高分。于是久而久之，写作文就成了我的一种自觉的活动，平时注意观察，并随时写一些片段，就如同画家拿着画板到处写生、画素描。也就是说，在老师们的鼓励下，我从初中就自觉产生了写各种小文章的积极性。师范阶段，我的一篇记叙一位在朝鲜作战的志愿军与家乡通信的名叫“喜讯”的散文在《天津日报》副刊发表；不久，又有一首描写农村变化的新诗和一篇有关苏联英雄卓娅的妈妈访问北京的纪实报道，发表在《天津日报》上，这些也都是对我学语文的强有力的鼓励，我越来越坚定了日后从事文学工作的信念。

自己有这种创作的积极性，班级、年级或者学校在有某种需要的时候自然也就会想到我、找到我，例如新年、国庆的文艺会演，或者本校、本市有某项专门活动时，主管人员就会找我写作朗诵诗，或编写某种节目。为应付这些，自然免不了要花费许多时间，但这些都是很重要的锻炼。一个人的写作能力就是在这许许多多的锻炼中提高起来的，这是很重要的第二方面。

高小和初中阶段，是青少年学习词汇、掌握词汇最积极、最自觉的时期，我们那时不像现在有这么多的书店、这么多的书（那时即使有书，我们也没有钱买），因此我们就注意抄录一些东西，如某本书、某篇文章中的某些段落，以及中国与外国的诗歌等，比如当时读朱生豪译的《莎士比亚全集》我所抄录的精彩段落，我到现在仍然保存着。我在献县中学图书馆借过一本又旧又破的《成语词典》，在当时我真是如获至宝，一连读了好多遍，并从中抄录了许多成语、典故。学了就想用，有时用得不恰当是难免的，这时如有老师加以点拨，那可就永远不会再忘了。我手头有一本绿色封面的学生字典，是父亲带我去八里之外的小镇赶集时给我买的，我珍爱至极，出门时装在书包里，进教室后放在桌角上，没事的时候就翻，从小学一直用到初中，封面已经粘过好几回。毕业时，两位好朋友和我交换纪念品，一位姓卢的朋友说："把你这本字典送给我吧，它在我身边，一来可以让我一见到它就想起你，二来让它也帮着我在高中阶段把语文课学得更好一点！"于是，我在进入天津一师后的第二天，就赶紧到和平路新华书店买了一本内容更为丰富的有字、有词、有成语的汉语词典，这本词典跟着我一直到大学毕业。回想起来，从儿童到少年、青年，如果养成了一种爱翻字典、词典的习惯，这种习惯给予我们的语文知识的积累，是难以用数量计算的。五六年前有一次我和钱媛在英东楼谈天，她说起她父亲钱钟书先生让她读英文辞典的情景，听了之后感触很深，看来大学问家当年也似乎用过类似的方法。这是我学语文课的第三个方面的体会。

语文课的教材，当初只有二十多篇文章，拿到课本后，两天之内就看完了。回想老师讲授语文课的情景，印象总是不太深。我在天津上师范的时候，学过一门"普通文学"，相当于大学一年级所学的"文学概论"，只是更浅近一些。这门课使我眼界大开，过去十几年来阅读文学作品，光是读，从来没有一点理论的指点；初中、师范的语文课也总是串讲课文，没有对作品进行立体的分析，而这门"普通文学"课给我们总结、归纳了许多有关文学创作、文学欣赏的问题。尽管当时整个国家的气氛是"向苏学习"，眼界不广，而讲课的老师也是刚刚学着讲这门课，但对我来说，这已经是极其令人兴奋的课堂教学了。我为选择了上师范而感到幸运，因为"普通文学"课当时只给师范班开设，同院里的高中部则仍然只有语文课，而没有"普通文学"。现在回想起来，当时如果能把"普通文学"或者说是"文学概论"的一些知识、理论，有计划地渗透到初中、高中语文教学中，那将是多么好的一件事啊！当时的语文老师正是因为缺乏这方面的理论修养，因此在指导作文时常常出现一些说不清的麻烦，下面说两件发生在我头上的事情。

初中二年级的暑假结束后，老师命题让我们作文，题目是“离家”。那时的献县中学是向整个第八专区的各县招生，我们班上坐着的这五十来个土眉土眼的孩子，他们的家分布在周围的许多县，近者二三十公里，远者四五十公里，最远的是我，家在静海，离献县有一百二十公里。每到开学时，这些孩子背着书包、被褥以及路上吃的干粮，从四面八方步行到献县上学。近者要走一天，像我，就得单身一人走上两整天，每天要走六十公里，刮风、下雨、下雪，一切不在话下。请注意，我们那时可都是年仅十三四岁的孩子啊！开学了，大家都按时坐在教室里上课了，老师之所以要出个“离家”的题目，让我们写篇作文，其本身不就是对我们这些孩子的一种怜爱、一种赞美吗！我在班上作文好，我写的《离家》也最具感染力。内容大概是说，天还不亮，母亲就首先起床，一面咳嗽着一面下地去给我做饭了；随后，父亲也起来帮着我捆行李；八九岁的弟弟不顾父亲母亲的阻止，也早早穿好衣服，非要替我背着一个包裹送我到村外。当我写到我要离开我家的小破房子，以及这个贫穷但又使人留恋的村庄的时候，我写道：“开始我还能克制着，等我已经走出一段距离，回头再望家门时，我见到父亲、母亲、弟弟还站在门口远远地望着我，我终于再也控制不住了，我的泪水喷涌而出。”国庆节，学校举办学习成绩展览，我的这篇作文被张贴在我们初二（8）班的专栏上。当各班的老师、同学彼此往来观摩时，有一位老师看了我的作文后，在留言簿上写道：“韩兆琦的《离家》被评为优秀作文展览了。但请大家注意，青年人应有国际思想，为什么要留恋一个小家呢？这篇文章有毒，而且毒很深，建议立即撤下来，并要求作者向全校师生道歉。”这段留言引起了我们全班同学以及许多老师的反感，并由此引起校长的关注。校长组织所有语文老师集中讨论了这件事，最后将总结文章发表在当时的《河北教育》上。现在看起来，老师让孩子们写“离家”，动机本来很好，但老师应该告诉孩子们，作文要有好的立意，不要光是描写一段难舍难分之情，这样不能说明问题。比如，可以引导学生：你既然这么舍不得离家，怎么还是毅然离开了呢？你的父亲、母亲、弟弟那么心疼你，不放心你，怎么还是让你走了呢？你要是把这些再写上一段，那“积极”的思想不就出来了吗？至于那位留言的老师，他是看出了这篇作文是缺乏引导的，但他的思想过“左”，不是从指导孩子写作文的方法、角度上提出问题，而是一下子用“人生观”“世界观”的大帽子向着一个事实并非如此的孩子扣了下来，这就让写作文的孩子与评作文的老师都无法接受。我想，现在任何一位稍有“文学概论”或“写作学”基本知识的语文老师都不会再产生这样的问题。

在上师范二年级时，语文老师出了一道作文题——“试写你身边的某个人的一件事”。我描写了我们同宿舍的一位同学模仿电影《攻克柏林》中的希特勒的情景。大意是说，吃罢午饭，离下午上课还有一小时，大家照例先回宿舍躺上半小时。这天中午，我们刚刚躺下，周君突然破门而入，接着就甩开两臂、两脚跺地在屋里来回走起来，“嗨”“嗨”“嗨”，“夸”“夸”“夸”，他一边用力地晃着头、甩着四肢，一边喊着一种梦呓似的谁也听不懂的语言……大概就像这样共写了四百字。语文老师觉得我描写得活泼生动，在课堂上把我的作文念了一遍。因为大家都知道我写的是谁，于是大家也都笑得很开心，谁也没有想到这里头有什么问题。一周后，有位同学提出了质疑。他说老师评作文不讲“思想性”，韩兆琦写作文讽刺本班同学，应该受批评。经他这么一说，那位被我描写的本来对我没有意见的同学也对我有意见了。于是，我这个“讽刺”同学的过失再也无法洗除，团支部为此开会把我教育了一通。我内心只觉得委屈，因为我根本没有“讽刺”这位同学的思想，但我无法说清问题出在哪里。现在回想起来，老师在当时应稍稍引导一下，比如告诉我：“你不能这样一张嘴就写他的表演，又突然这样结束。这样你的写作目的不清楚，你只画了龙而没有点睛。你应该在开头先说，‘我同室周君，最善滑稽表演，而表现反面人物如希特勒等尤其惟妙惟肖，不信请看下文’；或者在描写之后，另起一段说，‘以上，我同室周君之模拟表演也。周君，名砚农，天津市人，善滑稽表演，尤其模仿反面人物如希特勒等最见功力，常使同屋伙伴笑得躺在床上打滚’。这样你的文章不就让人看得更明白，你的本意不也就表达得更加清楚了吗！”但我们当时的那些老师和同学都还没有这样的水平。由此可见，文学理论、写作理论是不能不学一点的，而且要尽量早一点学。这是我学语文、学作文的第四个方面的体会。

喜欢学语文，并不意味着就能不好好学其他课程。我常听到一种说法：“我理科不行，考大学只能考文科。”我觉得这简直是对文科学生的一种莫大的侮辱。我不相信，一个对数、理、化毫无兴趣，对学习数、理、化毫无办法的人，就能学好文科。我至今仍为未能继续学习数学而深深遗憾，仍为在师范阶段学过“达尔文主义基础”与巴甫洛夫“高级条件反射学说”而深深自豪。随着科学的不断发展，对“达尔文主义基础”与“高级条件反射学说”的某些观点，可能已经有了新的提法，这是很自然的事情。我之所以为学这两门课而深感自豪，是因为这两门课帮我确立了唯物主义思想。前些年甚嚣尘上的唯心主义大泛滥，诸如气功、算卦、水变油、特异功能等，我都认为是骗术之初级者，因为这些都可以用魔术、杂技、心理学、条件反射学说做出解释。说到这里，我觉得中小学里实在应该有一门普及唯物知识的课，而且应该早点学，早点奠定思想基础。这或者可以算是第五个方面吧。

以上所说，大多是几十年以前的话了，那时的中学课程门类少，知识也比现在浅得多。学校里的学生除了念书，几乎心无旁骛。在献县农村就不用说了，即以我在天津上师范而言，每天在学校住宿，晚上集中上自习，家在城里的学生也只在星期六回去，星期天必须在上晚自习前回到学校。我们农村来的学生，星期天也允许上街玩玩，但都是回学校吃饭，因为大家全都没有钱。这样的条件客观上造成了我们有很多的时间读书。现在学生们的家庭环境、学校环境都发生了巨大变化，社会上以及学校里的各种新东西多得很。在这样的条件下，再要求学生像我们过去那样学习书本知识，是不大可能的，所以我们的话也只是说说而已；现在的少年、青年同学如果能从我们所讲的某一点上觉着有些启发，那也就不错了。

我在二中学语文

/ 杨乃济

杨乃济　1934 年生于北京市，1955 年毕业于清华大学建筑系。曾任北京旅游学院教授，享受国务院特殊津贴。先后从事中国建筑史、清史、旅游开发、红学等多学科研究工作。主要著作有《中国古代建筑史》《圆明园》等。

说来荒唐，我已搞不清此番弄笔的由来，到底是在回首往昔的学子生涯，回味课桌边的书香，还是在追寻流逝飞光中几位师长的面影，那约稿信中规定的“名家谈语文学习”的命题，已不知不觉地被我抛诸脑后了。虽说我已爽快地接受了这个稿约，但我想的不仅是当年的学，还涉及那些授课的师辈；有教才有学，谈学又哪能不涉及教书人呢?

我是个做事全凭兴趣，又一贯学非所用的人。学的是建筑，搞的是旅游，兴趣爱好则任其游荡于五花八门而飘忽不定。所以，回想往昔所学，总觉得受益最多的不是专业课而是基础课，不是大学的课程而是中学的课程，尤其是从初一到高三连续学时最多的语文课，那又是一切课程的基础课，更是理所当然的重中之重。而要想让学生学好语文课，不仅要求先生教得好，还要求先生在授课的同时传授自学的本领，即所谓之“师傅领进门”，这又是语文课的重中之重。

初高中六年我都在北京市立二中就读，时间是 1945 年到 1951 年，当时在我们这个班任教语文课的老师共有七位。尽管七位中的五位都只讲了一个学期的课，但他们都给渴望知识的学子们传授了各自的专长与专好，从不同角度启迪了我们的心智。如初一第一学期任教的那位须发斑白的张老先生（只记得先生的姓），在第一堂课上便自我介绍说："我没上过大学，我是八旗中学毕业的。"言外之意是八旗中学远比现在的大学中文系强得多。从一定角度来说，此话亦不谬。张老先生以其坚实的文学功底，给我们这些初一学生讲授从未接触过的文言文，把我们一步一个脚印地、扎扎实实地领进了门。到了初一第二学期，任教的韩钢羽先生毕业于由朱自清先生掌门的清华大学中文系。他不仅在讲授现代散文时启发了我们生动的联想和丰富的心灵感受，还特别在作文上给我们出了像"蠓虫"这样别致的文题，把我们领进了现代抒情散文与诗的绚丽多彩的世界。我说不清韩先生到底向我们传授了多少知识，但他的确向我们传授了一种感觉，一种发现诗的感觉，一如他的老师——我们的太老师朱自清先生在《诗与感觉》一文中说的——

> 任一些颜色，一些声音，一些香气，一些味觉，一些触觉，也都可以有诗。惊心触目的生活里固然有诗，平淡的日常生活里也有诗。发现这些未发现的诗，第一步得靠敏锐的感觉……

仅仅授课一学期的韩钢羽先生能把如此这般的"敏锐的感觉"传授给我们，就足以使他在我一生的记忆中长存，让我感恩不尽了。

初一以后的五年中，先后有五位老师任教国文课（中华人民共和国成立后称语文课），其中王锡璠、佘文两位老师的授课时间最长（前者四个学期，后者三个学期），对我们的成长影响也最大。

王锡璠先生毕业于20世纪40年代初的北京大学中文系。先生籍属八旗汉军，祖辈驻防京东玉田，所以在讲课中也带着童年落下的京东口音。王先生长于讲授古典文学，朗读课文时依照古人吟诵的腔调，有板有眼。待到顽皮的学子们深有兴趣地模仿先生吟诵的腔调时，一般都将方言夸大，重音拖长，来相互打趣。记得学初二课本中王粲的《登楼赋》时，起首一句"登兹楼以四望兮"，先生朗读时先把发第一声的"登"字拉得很长，又将"兹楼"的音高挑了上去，经学生一模仿，就像燃放"二踢脚""炮打灯"一类的花炮的响声了。那时，每当先生来上课走近教室时，教室里就"登——兹楼""登——兹楼"地放起了花炮，使王先生进门后也忍不住笑了起来。

也正因讲授古文、古诗时不断地吟诵，在不知不觉中，王先生向我们传授了不少音韵学知识。如在讲授柳宗元那首五绝《江雪》，吟诵“千山鸟飞绝，万径人踪灭。孤舟蓑笠翁，独钓寒江雪”时，就将“绝”与“雪”都吟作入声，从而使我们知道为什么以没有入声的现代普通话念唐诗时，有时会合不上韵；也使我前两年看电视里的播音员以普通话的声韵读这首诗时，觉得听起来那么的不自在，不入耳。中学六年，我一直是个不太用功的顽皮学生，尤其不爱背书，只是由于特别下功夫模仿先生的方言口音，竟歪打正着地通篇背下了不少长篇古文。王先生在高一任课时（1948 年），给我们增开小灶，印发了《国学常识》讲义，并重点加以讲解，使我们这些本与经学无缘的学生，也对《诗经》《尚书》《周礼》《易经》《春秋》，有了粗浅的了解，给一部分对此有兴趣的同学发了一块敲门砖。对像我这样喜欢乱翻书的人，则大大开拓了一片兴趣知识的天地。现在回想起来，我之所以在读了理工科后还一直保持着对古典文学的兴趣，不时写下一些长短文字，多得益于王先生昔日的教诲。

王先生已去世有年，有幸的是十余年前我对先生的恩惠多少做了一点回报。那就是 20 世纪 80 年代初我与先生双双重返京城后，我去看望先生，得知先生曾结识一位随侍慈禧多年的老宫人，曾经聆听她叙说许多“天宝旧事”，便极力鼓动先生写了下来，发表于《紫禁城》杂志，后又以先生惯用的笔名“金易”署名，在北京和香港两地出版了长篇著作《宫女谈往录》。

从高二的第二学期一直到我们毕业，都由余文先生执教语文课。余文老师个子不高，讲话带有浓重的广东口音；一张黑瘦的脸上，留着鲁迅式的胡须。因此，初见先生时我便联想到鲁迅，继而又联想到有着黑瘦面容的藤野先生。余文先生原名余焕栋，毕业于 20 世纪 30 年代的燕京大学中文系。先生在校时积极参加抗日救国运动，曾被推选为学生会理事，继而奔赴延安，在延安鲁迅艺术学院从师于田园诗人何其芳先生，后来由于种种原因离开了延安，在武汉走上中学教学岗位，1950 年受聘来北京市立二中任教。

一个普普通通的中学（当时还没有市重点这一说），能聘来一位从宝塔山下的延安鲁迅艺术学院走出来的教师，真是太难得了，而在二中的六个年级中，只有我们这高二的两个班由先生执教，回想到这儿，不由得便忆起沈复

《浮生六记》开头的一句话——“天之厚我可谓至矣”。彼时北京解放才一年，虽说已能从报刊上看到连载的《新儿女英雄传》《吕梁英雄传》，但我们对以工农兵为主角的解放区新文艺还是陌生的。此时余文老师以他之所长在执教中不断地向我们介绍解放区的新文艺，向我们推荐了赵树理、马烽、孙犁、刘白羽等一批在老解放区和革命军旅中成长起来的作家及其作品，也向我们推荐了我们原本即有所闻的从国统区奔赴延安的何其芳、丁玲等老作家和他们到解放区后的新作品，使我们耳目一新。

在教学方法上，余先生不拘泥于讲解课文、分析语法，而是古今中外广征博引，把我们领进了一个海阔天空的文学大世界。虽说临近毕业那两年各科学习都很紧张，课外的政治活动也极多，但我一生中接触外国文学最多的恰好是那一两年。像托尔斯泰、巴尔扎克的大部头小说，梅里美的中短篇，歌德的诗，莎士比亚的戏剧，都是从燕园中走出来的余文老师给我领进门的。

对语文教学例行的命题作文，余先生总是结合当时授课的内容及时事来命题。如1951年春志愿军入朝作战取得辉煌战绩，当时又刚刚讲了一篇鲁迅的杂文，于是他就出了一个“到底是春天了”的文题，很多同学也学着写起了政论性的杂文。也就在这个时候，我和同班的几个同学一起（由戴宏森同学执笔），集体创作了一个时事活报剧《圣诞节回家》。这个活报剧由同班同学来演，扮演美军军官的同学是后来成了著名影星的李亚林。这出戏在校内外的演出都极获好评，余先生也在上课时向我们表示祝贺。究其实，我们所以能写出这个戏正是余先生教学的成果，最该接受祝贺的恰恰是我们的余文老师。

转瞬间半个世纪过去了，师辈们一一做了古人，当年的学子一辈，也都进入了“视茫茫”“发苍苍”“齿牙动摇”（见韩愈《祭十二郎文》）的垂暮之年。由于记忆力的衰退，忆及往事也只是一重淡薄的影像了。

但眷念归眷念，我毕竟没有忘记约稿信中的命题——“对中国传统语文教育做一个认真的总结和回顾，也为处于世纪之交的中国语文教育如何继承传统、面向未来提供一个很好的参照”。所以，最后我要书归正传地说，以我所见的今天应试教育下的语文教学，的确需要从传统源头的活水中找找出路。以我的切身体验，中学的语文教学需要有多方面的“师傅领进门”，需要向学生传授古今中外的广博的外围知识。我庆幸在中学六年中接触了七位语文老师，兼得了他们各有所长的传授、指引。如果初中、高中各由一位老师包教三年，也许考分能日渐提高，但获得的知识将有所局限。再就是语文教学切忌照本宣科，有了老师的活教活讲，才能有学生的活学活用。既然语文课是基础的基础，既然教学的结果在致用，那就特别要突出一个“活”字。

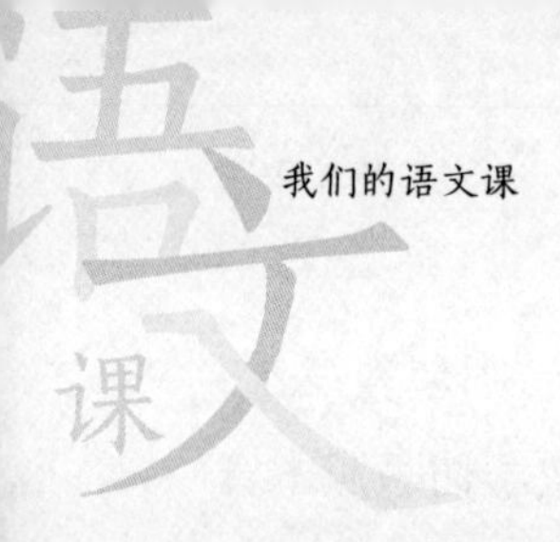

读书·作文·老师

/ 程树榛

程树榛　1934 年生，江苏省邳州市人。当代作家。曾任《人民文学》杂志主编。发表小说、散文、诗歌、报告文学、电影剧本等各类文学作品百余万字。著有小说《春天的呼唤》《生活变奏曲》《人约黄昏后》《假如生活欺骗了你》等，另著有散文集《万绿丛中》《人间沧桑》等。

我出生在江苏省邳州市的一个望族之家，乃宋朝理学家程颐、程颢的后代。家族早年也曾显赫一时，名震乡里，但到我的父辈，因受天灾之害，兵燹之苦，便家道中落，沦为平民。不过，我们这一代仍沿袭祖辈习惯，不忘读书习字，保有“书香门第”之誉。

我三岁丧父，与母亲相依为命，生活很是清苦。但因有众多叔伯哥哥姐姐为伴，并不感到孤寂。这些兄姊都从小攻读诗文，我于牙牙学语中耳濡目染，已认识很多单字。为满足我日益增长的求知欲，他们常常编一些儿歌、俚语，抄在纸片上，教我诵读。有不少生动的内容，我现在还能记得。如：“花喜鹊，尾巴长，娶了媳妇忘了娘”；“绣花轿，门前到，鼓乐喧天真热闹，姑姑姨姨接来家，哥哥今天娶嫂嫂”；“看看日头看看天，看看烟囱不冒烟，几家娘子喊吃饭，几家姑姑借油盐”……

之后，他们又教我唐诗宋词，李白、杜甫的一些名章佳句，苏轼、陆游的警语格言，这些都要求我默写背诵。我那时虽然是囫囵吞枣，但多少也能领略一点意境，着实获益不少。及至我正式上学读书时，对功课毫不费力，反倒有很多时间阅读课外读物，诸如《三国演义》《水浒传》《红楼梦》和大量的古典诗词和众多的通俗小说。由于年龄和阅历的关系，我当然仍不能全部明白书中的内涵，但于潜移默化中，也增长了许多知识，这在我写作文时便表现出来了。下笔成文、当场交卷，是受益的最好证明。为此，我曾多次受到老师的表扬。小学时代的一次作文，给我留下深刻的烙印，至今也未忘记。

记得是刚刚进入高小五年级的那年冬季，我刚满 11 岁。有一天早晨，天空突然飘起鹅毛大雪来了，纷纷扬扬，如柳絮飞舞。不多久，大地便如同铺上了白色地毯，银装素裹，琼楼玉宇，壮观极了。当时，我的家离学校甚远，足有五公里，母亲怕我在路上跌倒在雪窟里爬不出来，就不想让我去上学了。可是，我当时求学心切，不愿旷课，还是坚持到学校里去。一路上，跌跌爬爬，脚步蹒跚，一步一个坑。我四顾茫茫，渺无人迹，连最爱跳动的鸟雀也不见了踪影。但是，当我走到一条小河边时，却看到河边停靠着一条小小的乌篷船，一个身披蓑衣的老头坐在船头执竿垂钓。我认得这位老人，他是我们村上最年长的一位老爷爷，他无儿无女，心地善良，酷爱钓鱼。可是，他钓的鱼却很少自己享用，常常送给左邻右舍，我们家也得到过老人的馈赠。想不到今天下着这么大的雪，他仍然照钓不误，我心里暗暗佩服。由于与老人相距较远，我没有前去和他打招呼，径自往学校走去。

当我踏雪来到教室的时候，还是迟到了，同学们都已经坐在自己的座位上了。原来今天是一堂作文课，老师早在黑板上写出一个大大的“雪”字，不言自明，这是我们今天的作文题目。

在座位上坐定后，我拿起笔来构思这篇文章从何写起。我凭窗远眺，意图在茫茫银色世界中，寻找切入点。忽然，我隔窗又看到，距离学校不远的小河边，那只乌篷船头上坐着的老爷爷。触景生情，一首古诗跳进我的脑海。

千山鸟飞绝，
万径人踪灭。
孤舟蓑笠翁，
独钓寒江雪。

一下子，我的“灵感”来了，文思如泉，一齐涌向笔端。于是，这篇作文一气呵成。文中，我除了以一个幼小的孩子的心灵，描绘了银装素裹的雪天风光，描绘了瑞雪兆丰年带给乡亲们的喜悦外，还将那首诗作为文章的内核和结尾。这篇作文获得老师很高的评价，老师让我誊写下来，贴在墙壁上供同学们观摩，我也因此受到老师的厚爱。这件事后来竟传到我们程家的族长的耳朵里。那位年过八旬、长髯飘飘的清末老秀才抚摸着我的脑袋说："你小小年纪，能写出这样的文章，将来会有大出息。你要好好读书，学好本领，为我程氏门楣增光。"从此，我更加认真读书了，而且古今中外的书，均来者不拒，这个习惯我一直保留到现在。

我的中学时代是在徐州度过的。徐州是一座古老的城市，据说已经有三千余年的历史，而且是汉文化的发祥地，文化底蕴是很深厚的。市内有一座很有名的学校，那就是江苏省立徐州中学（简称省徐中，即现在的徐州一中），是当年江苏省的四大名校之一。能考进这所学校是很不容易的。我小学毕业后首选的学校就是它。那一年，省徐中初中部招生 80 人，但报考的考生有三千余人，我却侥幸地考取了。据后来的老师告诉我说，我的考试成绩并不特别优秀，之所以被录取是因为杜静生老师看上我的作文了。原来，当时的作文试题是"幸福要在自身去求"，它很符合我的胃口，故一挥而就。判卷的老师杜静生一眼便看中了我的那篇作文，说一个小孩子，有如此见识，肯定有发展前途，于是建议校长一定要录取我。此说是否带有演义成分我不敢肯定，但入学以后，杜老师对我刮目相看，我是有所体察的。

升入中学之后，我更加酷爱读书了。除了所学的课本外，我还阅读了大量的课外读物，尤其是文学书刊。但是，当时的图书馆藏书却很少。它仅有的一点常见的书刊，很快被我看完了。因此，我常常有一种缺少书读的怅惘和遗憾。有一次，我在一篇作文中流露了这种情绪。杜老师在评阅之后，把我叫到他的房间。他详细地询问了我的读书情况：读过哪些书，喜欢哪些书，还希望读哪些书。我一一如实地告诉了他。他听后，沉思了一会儿，然后打开他的小书柜，从中取出我希望看的几本，对我说："拿去看吧，要爱护它们！"那几本书很快被我看完了，还书时我又借了几本，如此反复，我一连借阅了十几本。由于我借书的频繁与其内容的"深奥"——它与我的知识和年龄均不相称，竟使杜老师产生了怀疑：借去那些书我是不是都认真看了？亦或是出自一种虚荣的欺骗？于是，便对我进行了"考查"。考查的方法是让我复述借去的某一部书的内容并解答他提出的与此书有关的问题。我的回答令他大为吃惊也大为满意。有一次，他在听完我的回答后，半晌没说话，仔细重新端详我一会儿，然后深切地说：“后生可畏，好自为之。”

说过之后，竟把他书柜的钥匙交给了我，也就是说，我享有了随时、任意借阅他的藏书的“特权”。从此，我和杜老师的关系又近了一层。需要说明的是，杜老师并非对我一味地关爱和褒奖，相反，他对我的要求却是很严格的，经常在课堂上当众指出我作文中的病句和错别字，有时竟搞得我下不来台。

有这么一件事令我终生难忘。如前所述，我们学校所在的徐州，乃历史名城，遍地都是名胜古迹。诸如项羽所建的霸王楼、因壮志未酬含愤而死的范增的墓、楚汉相争时的古战场九里山、子房山，以及云龙山和古刹、顶天立地的大佛……千百年来，无数英雄豪杰、绿林好汉，在这里角逐争斗；多少文人雅士、风流人物，在这里吟诗作画。古战场的遗迹，旧亭榭的碑铭，记录着一代代慷慨悲歌之士的动人传说和逸闻趣事。每逢节假日，我们总是在杜老师的带领下，到这些名胜古迹觅奇览胜，借以增长知识。每到一处，杜老师便向我们讲述这些古迹的来龙去脉和相关历史人物的业绩。游罢归来，他总是给我们留下作业，让我们记述游览后的感受，然后交给他批阅、评判。对此，我当然很感兴趣，往往在当天晚上便完稿交卷，换来的多是他欣慰的称赞和慈祥的勉励。

可是，有一次我却受到了他严厉的批评。那次是游罢云龙山归来之后，杜老师照例要我们写一篇游记。云龙山是我们经常去游玩的地方。这里松柏常青，碧水长流；亭榭立于怪石之上，楼阁建于山峰之巅，是徐州一大胜景。尤其是半山之腰的放鹤亭，为当年东坡居士所建，历来为文人墨客赏游之处。我们每次来云龙山总会在此流连一番，有时发古人之幽情，有时也来点小小的唱和。此次我的记叙文就是以此为主要内容的。但是，不知主宰我“灵感”的神经发生了什么故障，我的文章竟然套用了《放鹤亭记》和《醉翁亭记》两篇古文的路子，而且还颇为得意地交给了杜老师。

第二天晚上，杜老师便把我叫到他的宿舍里去。我以为他一定是看到我的文章后，大为赞赏，让我去是要当面表扬我的。谁知，迎接我的竟是一张少见的铁青的面孔，我走进房间后，一点也没有感受到平日那种随和亲切的气氛。在他的面前放着两样东西，一样是开明书店出版的《古文观止》，一样是我的作文簿。虽不知事情的缘由，我却不禁紧张起来，在他的面前垂手而立。

“你为什么要这么写？”他劈头就问了我这样一句。我有点丈二和尚摸不着头脑，不知怎么回答。他打开我的作文簿，然后又打开《古文观止》，严肃地望着我说：“套用别人现成的东西，能有什么出息？”他到底还是点出了主题，“自古以来，写文章最忌讳的就是模仿而缺乏创见！拿回去重写，自己不满意，别交给我！”随手把作文簿掷给了我。

我一句也不敢争辩，懊丧又委屈地回到了宿舍，在昏暗的灯光下，重新翻阅我的“作品”。只见天头地脚和行距间，到处有杜老师眉批的痕迹，他用各种符号和严厉的批语指出那些模仿的文句。看着这些，就好像杜老师板着面孔站在我的面前。此时，我自觉脸上烫得厉害。我做了多么愚蠢的事呀！我是20世纪40年代的青年，怎么能够用一千年前古人的语言来抒发情感呢？岂非东施效颦？我一怒之下把那篇作文撕得粉碎，抛到窗外，然后又悄悄地来到教室（此时，教室内已人去室空），展开作文簿新的篇页，奋笔疾书起来。仍以原题目，重新构思、重新着笔。

正当我的文章快要收尾的时候，只听教室的门被谁轻轻地推开了，我抬头一看，来人是杜老师。他走到我的面前，用手抚摩着我的头，爱怜地说：“很好，有志气，我知道你会这样的。天不早了，回去睡吧！”“不！我写完再走！”我执拗地说。他没有作声，隔了一会儿才轻声地说：“好吧！写完快点去睡！”然后转身走了，轻轻地给我带上了门。

杜老师以后再未提及这件事，不管是当着我还是当着别人的面；我对他充满由衷的感激。这才是对学生真正的爱啊！

半个多世纪过去了，往事历历，仍经常浮上心头，但是，这都变成深情的回忆了。每当我有新作问世的时候，总会怀念曾经辛勤培育过我的那些人，尤其是早已作古的杜老师。

我们当年学语文

/ 王元骧

王元骧　1934 年生，浙江省玉环市人。曾任浙江大学中文系教授、博士生导师，长期从事文艺学及美学的教学和研究工作。代表作有《文学原理》《审美反映与艺术创造》《探寻综合创造之路》等。

我因为不在中小学从事语文教学工作，所以平时很少关注这方面。依稀记得十多年前教育界仿佛有语文课应是思想课还是工具课之争。我当时也曾想撰文谈点自己的看法，但由于缺乏感性认识和具体材料，这想法也就放弃了。对当前中学语文教学的情况稍有了解是在五六年前，那时家里的小孩在读高中二三年级，正面临着毕业会考和升学考试，经常带着一大沓学校从全国各地收集起来的模拟考试的试题回家来做。我随便翻阅了一下其中的语文试题，发现大部分都是填空题和选择题，或填写某某作家的字、号、籍贯、生卒年月和代表作品；或要求在诸多同义词（如“激励”“勉励”“鼓励”）中，选出一个填入句中的空缺位置，是对是错，唯一的标准只有根据“答案”。我有些百思不得其解：这种死记硬背、唯答案是从的试题，能激发学生的学习兴趣，以及学习的主动性、积极性和创造精神，培养出建设社会主义的有用人才吗？这简直像毛主席曾经说过的“以学生为敌”！难怪现在许多学生都有厌学情绪！我当着小孩的面发泄了我的不满：“要不是为了应付考试，你完全不必要花那么多时间去做这样的题目。”

我非常赞成梁启超的名言：“趣味是生活的原动力。”我们当年之所以能爱上语文，首先就是出于兴趣。

我小时是一个很贪玩的孩子，上小学三四年级时还经常溜到戏园子里（其实是庙宇或祠堂）去看戏。看完戏回来，就根据记忆画戏里的人物、场面，或找来各种色纸等物，无师自通地制作头盔、蟒袍之类。

挨到 1948 年夏小学毕业，一方面由于家庭经济比较拮据，另一方面因为我爱好制作各种东西，父亲准备把我送到一家银楼去当学徒。当时适值家乡唯一的一所刚成立不久的初中招生，在邻居的劝说下，父亲终于打消了原来的想法，让我前去报考。我在毫无准备的情况下前去应试，居然以倒数第二名的成绩被录取了。当时的新生入学没有始业教育，第一堂课就是语文课。可能是由于上中学的机会难得，也可能出于对新环境的好奇，我一进入教室就感到特别兴奋和激动，和新同学一起聚精会神地坐在那里，静静地等待着老师的到来。

一阵铃声响过之后，进来一位约莫三十岁、身着一身白色衣服、举止优雅、神态安详的老师，这就是我的语文启蒙老师戴汉节先生。我记不清他是怎么开讲的，总之，他没有按照课文的编排次序来教，而是要我们翻到许地山的《落花生》。在介绍了作者生平之后，他就从容不迫、娓娓动听地朗读和讲解起来。我一下子就被课文的内容吸引住了。经戴先生这一讲解，只觉得这篇文章写得很有生活情趣，也非常平易亲切。因为文中写到的在后院开荒、种地以及享受丰收的喜悦等，我都有相似的经历。听着听着，我就完全沉浸在课文描写的境界之中，似乎自己也成了这家庭的一员，一起围坐着享受丰收的成果，听文中的爹爹讲述落花生的哲理。后来，我在一篇文章中曾这样追忆当时听课的心情和感受：

> 戴先生的声音也很优雅安详，就像一股山间的清泉，幽幽地流淌出来，滋润着我们的心田，使我们像是沐浴在春风之中，感受到一种生命复苏的喜悦。我感到自己好像是一棵吸足了甘泉和阳光的小草，似乎一下子长高了不少。

从此，我就特别爱听戴先生的语文课，也渐渐对语文产生了浓厚的兴趣。戴先生教我们语文时正是中华人民共和国成立前夕，那时政治黑暗、社会动荡、民不聊生。戴先生除了选教一部分课文外，还针对时弊，选了一些名家名作以及当时报刊上发表的优秀作品，由他自己刻写、油印出来，作为补充教材发给我们。他还在讲课过程中不时引导我们自己去找一些名家名作来读。当时的课堂作业和课外作业也很少，除了作文之外，其他作业几乎没有。作文也可以不按照老师的命题，而根据我们自己平时的观察和感想，由自己拟定题目来写。所以，我们不仅有大量时间去进行课外阅读，而且还可以充分发挥自由想象来进行写作。如果在习作中发现有好的文章，戴先生除了在课堂上进行讲评外，还要以墙报的方式把这些文章刊登出来，在同学之间进行评比，并参照我们平时的阅读与作文情况来评定我们的语文课成绩。这样，就把课内与课外、老师教学与同学自学、阅读与写作完全融为一体了。所以，我们语文课都学得非常轻松、愉快、自由、自觉，没有丝毫的强制和压力，从没有想到要怎么去应付考试，或为了考试而学习。在戴先生之后，教我们语文的老师虽然也换过几位，但是教学的路子大致还是相同的。因此，我在初中阶段就读了许多作品，除了鲁迅、茅盾、叶圣陶、朱自清、闻一多、老舍、巴金、冰心等人的作品之外，高尔基、屠格涅夫、安徒生、斯托姆、王尔德等外国作家的作品，也偶有涉猎（古代文学除了王维之外，我似乎很少看，因为是文言文，看起来很是吃力，或几乎完全看不懂）。我当时还是一个颟顸、懵懂、不明世事的少年，对老师讲授的课文和课外阅读的作品的领略和理解自然十分有限，但是回想起来，我在那些与自己生活比较接近的作品中还是得到了不少启示和教益，它们让我把抽象的认识化为自己的感受和体验。

比如，我父亲对我从小十分严厉，加上他长期在外工作，我对他的感情一直比较疏远，虽然抗战期间，由于要逃避日寇的骚扰，我辍学住在乡下，是他跋山涉水，带我到他工作的地方去读小学。在他身边生活了两年半，但一看到他那副古板的、不苟言笑的面孔，我几乎连话也不愿与他多谈。是朱自清的《背影》、王鲁彦的《旅人的心》，使我认识到在这战乱动荡的年代父亲肩上的生活担子的沉重、养育我们的艰辛，使我从细微之处体察到父亲对我的不露声色的关爱，我渐渐也变得能理解他、敬重他、感激他了。

我从小生长在浙南的一个小镇，抗日战争期间又在农村住了两年，还经常随村里的孩子到山上放牛、打柴，去溪里摸鱼、捉蟹（当然只是玩玩而已）。农民的生活在我眼中已是司空见惯，感到既平淡又平常。是鲁迅的《故乡》

《祝福》、茅盾的《春蚕》《秋收》《残冬》、叶圣陶的《多收了三五斗》，使我真正看到了旧中国农村的社会现实，发现了农民的勤劳、淳朴和善良，以及他们在“三座大山”压迫下悲惨的境遇，从而更进一步对农民产生了深厚的感情，特别是对遭受压迫、蹂躏最为深重的农村妇女，更怀有深切的同情。

我的家乡濒临东海，那里青山起伏、绿水蜿蜒，算得上是一个秀丽的地方。我平时贪玩，家乡的山山水水几乎都留下了我的踪迹。到了夏天，举家搬出椅、榻到院子里纳凉，面对的就是天上的星星和皓月。我可以说完全是在大自然的怀抱里长大的。但是除了嫦娥、吴刚、牛郎、织女的故事引起了我的一些遐想之外，我几乎感受不到什么自然的美。我看到的只不过是山、是水、是树木、是大海、是月亮、是星空……是朱自清的《绿》《荷塘月色》、冰心的《往事》《寄小读者》、闻一多的《秋色》《忆菊》、徐志摩的《我所知道的康桥》《再别康桥》，使我睁大了眼睛、开启了心灵，渐渐感受到了夜色的温柔、月色的神秘、晨曦的烂漫、夕照的辉煌、山川的灵秀、大海的壮丽，还有春光的明媚和秋色的斑斓……

我还从不少作品中获得了种种人生哲理的启悟，这些启悟在无形中影响了我的一生。在前文所引的追忆戴先生讲《落花生》的那篇文章中，接着就有这样一段抒写：

> 这不仅是一堂语文课，而且还可以说是一堂始业教育课；不仅是我进入初中，而且也是进入人生、进入社会的始业教育课！课文中爹爹说的一段话：“花生的用处固然很多，但有一样是很可贵的。这小小的豆不像那好看的苹果、桃子、石榴，把它们的果实悬在枝上，鲜红嫩绿的颜色，令人一望而发生羡慕之心。它只把果子埋在地底，等到成熟，才容人把它挖出来。你们偶然看见一棵花生瑟缩地长在地上，不能立刻辨出它有没有果实，非得等到你接触它才能知道……所以你们要像花生，因为它是有用的，不是伟大的、好看的东西。”经戴先生的讲解，就感到特别深情感人。迄今回想起来，仿佛还在身边！课文中点题的话“要做有用的人，不要做伟大、体面的人”，也就有意无意地成了我的座右铭。直到今日，还在影响和支配着我的思想和行动，教导我怎么做人！

以上所写的都是距今50多年的事情，随着年龄的增长、阅读面的扩大、感悟和理解能力的加强，我从语文课以及课外阅读中获得的精神滋养也愈来愈多，许多作品中的人物、场景、事件、警句和格言都一直深深地烙印在我的记忆里，并没有因岁月的流逝而淡化，迄今还时常会浮现脑际，让我细细品味，细细体会。它们扩展我的阅历，开拓我的视野，丰富我的情感，荡涤我的襟怀，帮助我发现世界、洞察人生、认识社会，教导我学会观察、思考，明辨是非、善恶、美丑，懂得同情、理解、爱憎，以及许多做人的道理……总之，没有什么像语文课那样，给我的全部身心以这样全面的熏陶和滋养。

回忆我经历的这半个多世纪，世事多变、风风雨雨，但我自问从未做过对不起天、地、人的事，也没有被潮流吞噬，或被名利征服，始终保持着自己独立的人格，堂堂正正做人，踏踏实实工作。究其原因，从学校的教育方面来说，我首先就要感谢语文课，感谢我们的语文老师！

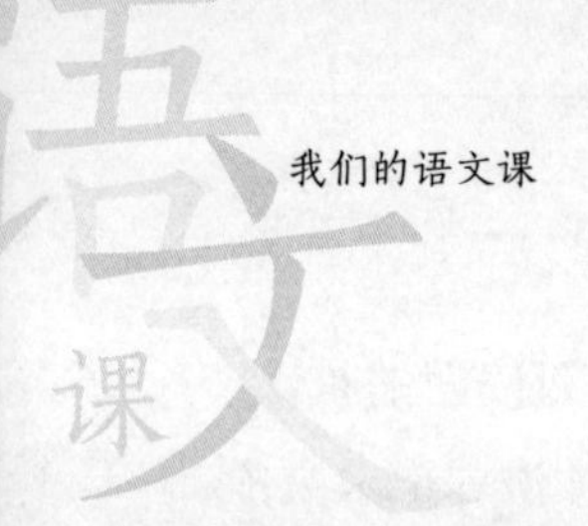

润物细无声

/ 曾昭奋

曾昭奋　1935 年生，广东省潮州市人。曾为《世界建筑》杂志主编。1989 年出版了国内第一本建筑评论集《创作与形式——当代中国建筑评论》。其他著译、主编的书有《后现代时期的建筑设计——美国当代建筑评论》《80 年代世界名建筑 100 例》《外国餐馆与商店 110 例》《当代中国建筑画名家作品集》《一代名园圆明园》《圆明园园林艺术》《当代中国建筑师》（第一、二卷）等。

1947 年，我上小学五年级时，久旱不雨，一天早晨，在上学的路上，我碰见了邻居的一位叔叔。他拉着笨重的水车正要下地浇水。他的妻子在后面喊着："你得多少吃点东西。"大叔答："留给孩子吃吧！"我这才知道他家的饭不多，他还没有吃早饭。快到学校时，天突然下雨啦。在校门口，我跟老师和同学们一起，在雨中又跳又欢呼。上课了，老师给我们出了一个作文题——"春雨"。

我写的是那位邻居，这篇几百字的作文得了多少分我已记不准了，但老师在文后所写的评语我却牢牢记着："昭奋同学，你有这样爱人爱物的心地，我祝你前程无量！"并且慢慢懂得，人应该有爱心。

《与吴质书》《陈情表》《兵车行》《岳阳楼记》《圆圆曲》等篇目是小学老师抄在黑板上，我们一个字一个字抄下来，跟着老师朗诵，在课余背诵的。几十年了，我不时记诵它们，由不懂到懂，由浅入深，反复体味它们的文化、道德内涵和作者们的爱心。它们已经成为我文化、道德修养和感情的组成部分。

“草色遥看近却无”，“润物细无声”，潜移默化，终身受益。

1950年，我读初中一年级。当时广东的农村中学还没有新的课本，语文课用的是中华人民共和国成立前的国文读本。朱自清的《背影》，就是当时学的。它所展示的人间情怀，我们这些十几岁的小孩还不能理解。后来，有人写文章批评《背影》，说它有小资产阶级情调，把《背影》给否定了。要是没有毛主席写文章表扬朱自清，恐怕朱自清都要被完全否定掉。不知道如今的中学生还学《背影》吗？静静想来，《背影》所蕴含的文化、道德和爱心，跟我提到的那些古文，是一脉相承的，并且同样延续在鲁迅的诗文中，如《纪念刘和珍君》，如“横眉冷对千夫指，俯首甘为孺子牛”，等等。

1955年，全国开展“反胡风运动”。胡风和他的朋友们因文获罪。这一年我正好高中毕业。我所在的中学是全省重点中学之一。报考大学时，全年级六个班，竟然有五个班没有人报考中文系。这种选择，似乎表明当年的青年对国家工业建设的向往，纷纷报考工科；而在两年后，全国开展“反右派运动”，“右派分子”们因文获罪的事实（例如，北京大学中文系有一个教研组，它的百分之九十的教师被打成“右派”），再一次证明了这种选择的时代性和必然性。共和国的教育史应该记下这样的事实与教训：自从“反胡风”“反右派”之后，青年们在报考大学时，即使心向往之，也极少选择中文系。

一年多以前，偶然翻看当今高级中学的语文试题。有一道题，用浅显的文字叙述一个场景，要求学生从四个极其相近的形容词（副词？）中选定一个来说明它。我反复掂量这四个词，就是无法选定。这个题目我只能得零分。又如，看报纸上说，一位中学生写作文，写他父母早亡，自己是孤儿，如何如何，文章写得好，可得满分。事实上，他父母双全。在上述情况下，语文课已经成了折磨学生心智、扭曲学生灵魂的工具。

十多年来，我为了写一些建筑评论的文字，接触了较多建筑师和他们设计的建筑物，渐渐地有了这样的体验：凡文化修养较好者设计的建筑物，总让人感到有较高的文化品位，有较浓厚的文化气息，让人感到有看头。我常对建筑学专业的学生或青年建筑师讲，画画画得不好，技术知识不够，都可以补，而文化修养，过了一定的年龄段，就很难补上。简单来说，所谓文化修养，它的初始、它的基石，就建构于幼儿和小学阶段的识字过程和朗读过程中，就存在于那些五言、七言的诗句和世代传诵的文章中。建筑师如果没有这种基础，没有这种底气，没有文化修养，他的建筑设计将永远停留在低水平模仿别人、低水平重复自己的地方，越到壮年和老年，这种后果就越明显。

青灯有味忆儿时

/ 王充闾

王充闾 1935 年生于辽宁省盘山县。当代散文家，曾为中国作家协会主席团委员、辽宁省作家协会主席。出版有散文随笔集《面对历史的苍茫》《沧桑无语》《何处是归程》《淡写流年》等。

谈到我的经历，有些朋友常常不解：在 20 世纪 40 年代初期，不管是乡村还是城市，早都办起了学校，你为什么却读了那么多年私塾？我的答复很简单：环境、条件使然。

我的故乡在辽西的医巫闾山东面一个名叫“大荒”的村落里。当时，四处兵荒马乱，土匪横行，日本“皇军”和伪保安队都不敢露面，那里便成了一处“化外”荒原，不要说兴办学校，当地人连学校都没有见过。说到条件，就要提到我的一位外号“魔怔”的族叔。他很有学问，但由于性格骨鲠，不行于时，靠着家里的一些资产，刚到 40 岁便过上了乡下隐居的生活。他有一个男孩，小名唤作“嘎子”，生性顽皮、好动，三天两头招惹是非。魔怔叔自己没有耐心管教，便延聘他早年的朋友、有“关东才子”之誉的刘璧亭来做私塾先生。我便也一同上了学。这样，我们这两个疯淘疯炸的顽童，便从“百草园”来到了“三味书屋”。其时为 1941 年春，当时我刚满 6 岁，嘎子哥大我一岁。

私塾设在魔怔叔家的东厢房。这天，我们早早就赶到了，嘎子哥穿了一条红长衫，我穿的是绿长衫，见面后他就要用墨笔给我画“关老爷”脸谱，理由是画上的关公也穿绿袍。拗他不过，只好听从摆布。幸好，魔怔叔陪着老先生进屋了。一照面，首先我就吓了一跳：我的妈呀，这位老先生怎么这么黑呀！

黑脸庞，黑胡须，黑棉袍，高高的个子，简直就是一座黑塔。

魔怔叔引我洗净了脸，便开始举行“拜师仪式”。程序很简单，首先，我们向北墙上的至圣先师像行三鞠躬礼，然后拜见先生，把魔怔叔事先为我们准备好的礼物（《红楼梦》里称之为“贽见礼”）双手奉上，最后两个门生拱手互拜，便算了事。接着，是先生给我们“开笔”。听说我们在家都曾练习过写字，他点了点头，随手在一张红纸上工工整整地写下了“文章得失不由天”七个大字，然后，我们俩各自在一张纸上摹写一遍。这样做的意义，我想，是为了掌握学生写字的基本情况，便于以后“按头制帽”，有的放矢。

先生见我们在家都背诵过《三字经》《百家姓》，便从《千字文》开讲。他说，《三字经》中的“宋齐继，梁陈承”讲了南朝的四个朝代，《千字文》就是这个梁朝的周兴嗣作的。梁武帝找人从晋代“书圣”王羲之的字帖中选出一千个不重样的字，然后，让周兴嗣把它们组合起来，四字一句，合辙押韵，构成一篇完整的文章。一个通宵过去，《千字文》出来了，周兴嗣却累得须发皆白。先生说，可不要小看这一千个字，它从天文、地理讲到人情世事，读懂了它，会对中国传统文化有个基本的概念。

当时，外面的学堂都要诵读伪满康德皇帝的《即位诏书》《回銮训民诏书》和《国民训》，刘老先生却不理会这一套。两个月过后，接着给我们讲授“四书”。书都是线装的，文中没有标点符号。先生事先用蘸了朱砂的毛笔，在我们两人的书上圈点一遍，每一断句都画了句号。先生告诉我们，这种在经书上断句的工作，古人叫作“离经”，是一件很不简单的事。

先生面相严肃，令人望而生畏，人们就根据说书场上听来的名字，送给他一个“刘黑塔”（实际应为“刘黑闼”）的绰号。其实，他为人正直、豪爽，古道热肠，而且饶有风趣。当我们读到《大学》的“知止而后有定，定而后能静，静而后能安，安而后能虑，虑而后能得”时，他给我们讲了一个两位教书先生“找得”的故事——

一位先生把这段书读成“知止而后有定定，而后能静静，而后能安安，而后能虑虑，而后能得”，发觉少了一个“得”字。一天，他去拜访另一位塾师，发现书桌上放着一张字块，上面写个“得”字。忙问：“此字何来？”那位塾师说，从《大学》书上剪下来的。原来，他把这段书读成了“知止而后有，定定而后能，静静而后能，安安而后能，虑虑而后能”，末了多了一个“得”字，就把它剪了下来，放在桌上。来访的塾师听了十分高兴，说：“原来我遍寻不得的那个‘得’字跑到了这里。”说着，就把字块带走，回去后，贴在《大学》的那段上。两人各有所获，皆大欢喜。

书中奥义无穷无尽，先生讲解后也还是不懂的居多，我就一句句地请教。比如读到《论语》，我问：夫子说的“四十而不惑”应该怎么理解？先生说，人到了四十岁就会洞明世事，也能够认清自己了，何事做得何事做不得，何事办得到何事办不到，都能心中有数；再过一些年就是“五十而知天命”，便又进入一个新的境域了。但有时问到了，他却说，不妨先背下来，现在不懂的，随着世事渐明，阅历转深，会逐渐理解的。

读书生活十分紧张，不仅白天上课，晚上还要上自习，温习当天的课业，以增强理解，巩固记忆。那时家里都点豆油灯，魔怔叔特意买来一盏汽灯挂在课室里，十分明亮。没有时钟，便燃香作记。一般复习三排香的功课，大约等于两个小时。散学后，家家都已熄了灯火，偶尔有一两声犬吠，显得格外瘆人。我一溜烟地往回跑着，直到看见母亲的身影，叫上一声“妈妈”，然后扑在她温暖的怀里。

早饭后上课，第一件事，便是背诵头一天布置的课业，然后学习新书。私塾的读书程序，与现今的学习方法不尽相同，它不是在理解的基础上记牢，而是先讲解，再背诵，在背诵的基础上反复玩味，进而加深理解。魔怔叔说得很形象：“这种做法和窃贼偷东西类似，先把偷到的财物一股脑儿抱回家去，然后再打开包袱一一细看。”

有一句古语，叫“熟读成诵”。说的是，一句一句、一遍一遍地把诗文吞进口腔里，然后再拖着一种腔调大声地背诵出来。那个时候，先生端坐在炕上，学生背对着他站在地下，听到一声“起诵”，便左右晃着身子，朗声背诵起来。遇有错讹，先生就用手拍一下桌面，简要地提示两个字，意思是从这里开始重背。背过一遍之后，还要打乱书中的次序，随意挑出几段来背。若没有做到烂熟于心，这种场面是难以应付的。

我很喜欢背诵《诗经》，重章叠句，反复咏唱，朗朗上口，颇富节奏感和音乐感。诵读本身就是一种欣赏、一种享受，可是也最容易“串笼子”，要做到倒背如流、准确无误，就须下笨功夫反复诵读，拼力硬记。好在当时用的那一版的《诗经》字大，每次背诵三页左右，倒也不觉得负担重，可以照玩不误；后来，增加到五页、八页；特别是因为我淘气，先生为了用课业压住我，竟用订书的细锥子来扎书，一次带起多少页来就背诵多少页。这可苦了我，我心中暗暗抱怨不止。

我原以为，只有这位“黑先生”（平常称他“刘先生”，赌气以后就改口叫他“黑先生”，但也只在背后叫）才会这样整治生徒；后来，读了国学大师钱穆的《八十忆双亲》，方知“天下塾师一般黑”。钱先生是这样记述的：“翌日上学，日读生字二十，忽增为三十。余幸能强记不忘，又增为四十。如是递增，日读生字至七八十，皆勉强记之。”塾师到底还是有办法，增加课业压不住，就以钱穆离座小便为由，“重击手心十掌”。“自是不敢离室小便，溺裤中尽湿。”

我的手心也挨过打，但先生不是用手掌打，而是用板子。板子是榆木制作，不甚厚，一尺多长。听人说，木板经尿液浸过，再用热炕猛烙，便会变得酥脆。我和嘎子哥就趁先生外出，如法炮制，可是，效果并不明显。

塾斋的窗前有一棵三丈多高的大树，柔软的枝条上缀满了纷披的叶片，平展展地对生着，到了傍晚，每对叶片都封合起来。六月前后，满树绽出粉红色的鲜花，毛茸茸的，像翩飞的蝶阵、飘动的云霞，映红了半边天宇，把清寂的塾斋装点得浓郁中不乏雅致。深秋以后，叶片便全部脱落，花蒂处结成了黄褐色的荚角。在我的想象中，那一只只荚角就是接引花仙回归梦境的金船，看着它们临风荡漾，心中总是涌动着几分追念、几分怅惘。魔怔叔说，这种树的学名叫作“合欢”，由于开的花像马铃上的红缨，所以，人们又称它为马缨花。

马缨花树上没有挂着马铃，塾斋房檐下却摆动着一串风铃。在马缨花的掩映中，微风拂动，风铃便发出叮叮咚咚的清脆的声响，日日夜夜，伴和着琅琅书声。在落花片片、黄叶纷纷之上的春色、秋光，也就在这种叮叮咚咚声中，迭相变换，去去来来。

先生是一位造诣很深的书法家。他很重视书法教学，从第二年开始，隔上三五天就安排一次。记得他曾经讲过，学书法不仅有实用价值，而且能提高艺术欣赏水平，这两个方面不能截然分开。比如，接到一封字体秀美、渊雅的书信，在了解信中内容的同时，也往往为它优美的书艺所陶醉。

学写楷书，本来应该严格按照摹书与临书的次序进行。就是先要把“仿影”铺在薄纸下面，一笔一笔地描红，熟练了之后，再进入临帖阶段。由于我们都具备了一定的书写基础，先生就从临帖教起。事先，他给我们写好了两张楷书的范字，记得是这样几句古文：“幼怀贞敏，早悟三空之心；长契神情，先苞四忍之行。”“江山之外，第见风帆沙鸟、烟云竹树而已。”先生嘱咐我们，不要忙着动笔，先要用心琢磨，反复审视（他把这称作“读帖”），待到谙熟于心，再比照着范字，在旁边一一临写。他说，临帖与摹帖不同，摹帖是简单的模仿，临帖是在借鉴的基础上进行自我创作，必须做到眼摹、心悟、手追。练习书法的诀窍在于心悟，读帖是实现心悟的必经之路。

我们在临帖上下过很大功夫。先是“对临”，就是对着字帖临写。对临以形为主，先生强调掌握运笔技巧，注意用笔的起止、转折、顿挫，以及章法、结构。然后实行“背临”，就是脱离字帖，根据自己的记忆和理解去临写。背临以意为主，届时尽力追忆读帖时留下的印象，再加上自己的理解与领悟。而后，他又从书局为我们选购了一些古人的碑帖范本，供我们临摹、欣赏。他说，先一后众，博观约取，学书、学诗、作文都应该这样。

先生有个说法：“只读不作，终身郁塞。”他不同意前人王筠《教童子法》中的观点，认为王筠讲的儿童不宜很早作文，才高者可从16岁开始，鲁钝者20岁也不晚，是“冬烘之言”。老先生说，儿童如果一味地读书、背书，头脑里的古书越积越多，就会食古不化，把思路堵塞得死死的。许多饱学的秀才写不出好文章，和这有直接关系。小孩子也是有思路的，应该及时引导他们通过作文进行表达情意、思索问题的训练。

为此，在“四书”结业后，在讲授《诗经》《左传》《庄子》《纲鉴易知录》之前，他首先讲授了《古文观止》和《古唐诗合解》，强调要把其中的名篇一一背诵下来，而后就练习作文和写诗。他很重视对句，说对句最能显示中国诗文的特点，有助于我们分别平仄声、虚实字，丰富词藏，扩展思路。他找来明末清初李渔的《笠翁对韵》和康熙年间车万育的《声律启蒙》，反复进行比较，最后确定讲授李氏的《笠翁对韵》。这样，书窗里就不时地传出“天对地，雨对风，大陆对长空”的诵读声。

他还对我们讲，对句讲究虚字、实字。按传统说法，名词算实字，一部分动词、形容词也可以算是实字，其余的就算虚字。这种界限往往不是很分明。一句诗里多用实字可以显得凝重，但用得过多则流于沉闷；多用虚字可以显得飘逸，但用得过多则流于浮滑。唐代诗人在这方面处理得最好。

先生还常常从古诗中找出一个成句，让我们配对。一次，正值外面下雪，他便出了个“急雪舞回风”的下联，让我们对出上联。我面对窗前的场景，想了一句“衰桐摇败叶”，先生看了说“也还可以”，又顺手翻开《杜诗镜铨》，指着《对雪》这首五律让我看，原句是“乱云低薄暮”。先生说，古人作诗，讲究层次，先写黄昏时的乱云浮动，次写回旋的风中飞转的急雪，暗示诗人已经怀着一腔愁绪，独坐斗室，对雪多时了。后来，又这样对过多次，便觉这样对比着学习，更容易领略诗中三味和看到自己的差距。

秋初，一个响晴天，先生领我们到草场野游，回来后，让以“巧云”为题，写一篇 500 字的短文。我把卷子交上去，就注意观察先生的表情。他细细地看了一遍，摆手让我退下。第二天，正值农历八月初一，民间有“抢秋膘”的习俗，父亲请先生和魔怔叔吃饭。坐定后，先生便拿出我的作文让他们看，我也凑过去，看到文中画满了圈圈，父亲现出欣慰的神色。

原来，塾师批改作文，都用墨笔勾勒。一般的句子每句一圈，较好的每句双圈，更好的全句连圈，特好的圈上套圈。对欠妥的句子，勾掉或者改写，凡文理不通、文不对题的都用墨笔抹去。所以，卷子发还，只要看圈圈多少和有无涂抹，就知道作文成绩如何了。

先生年轻时开始抽鸦片烟，久吸成瘾，为了买烟隔上几天就去一次镇里。这样，我们就可以放胆地闹学了。我们跑到村外一个烂泥塘边，脱光了衣裳，滚进泥坑里，把脸上、身上连同带去的棍棒通通涂满了黑泥，然后，一头钻进“青纱帐”，在一条小道边分左右站定，遇到看青人走了过来，就突然大吼一声：“站住！拿出买路钱！”竟把人家吓得打了个趔趄。在外面跑饿了，我和嘎子哥就回到他家菜园子里啃茄子吃。我们不是站在地上，把茄子摘下来一个一个吃掉，而是平身仰卧在垄沟里，一点点地往前移动，从茄秧下面去咬那最甜最嫩的小茄苞儿。面对着茄秧上那些半截的小茄子，魔怔叔和园工竟猜不出这是受了什么灾害。直到半个月后以后，我们在那里故伎重演，当场被园工抓住，谜底才被揭开。魔怔叔罚我们把半截茄子全部摘下来，然后一个个吃掉，直弄得我们肠胃胀痛，下巴酸疼，暗中发誓以后再也不干这类“蚀本生意”了。

但是，正如一位心理学家所说，顽童是没有记忆的。没过多久，我们又“作祸”了，而且，情节更为恶劣。那天，我因为书包被老鼠咬破，心疼得直流眼泪。嘎子哥说：“别哭别哭，看我想法子收拾它们。”晚上自习结束后，他拉我到马棚里，就着灯亮，用麻布罩住一只老鼠的脑袋，再把半把生黄豆一粒粒塞进老鼠的肛门里，用针线缝死，然后放出门外。当夜，院子里爆发了一场群鼠大战。原来，那个老鼠因腹中黄豆膨胀而感到干渴，就拼命喝水，水喝得越多就越是膨胀，憋得实在忍受不了，便发疯似的追咬同类，结果，当场就有三只老鼠送了命。

看我们闹得实在太凶，担心长此以往会耽误课业，塾师便与魔怔叔商议，今后每逢他外出办事，就由魔怔叔代课。由于魔怔叔是一位地地道道的“博物学家”，讲授的都是些活的学问，所以，我们特别感兴趣。

一天午后，他随手拿起一本《千家诗》，翻到“双双瓦雀行书案，点点杨花入砚池”这几行，就用手指着窗外枝头的家雀，说：“因为家雀常常栖止于檐瓦之上，所以，这里称作‘瓦雀’。”接着，他又告诉我们，李清照的《武陵春》词中有这样两句：“只恐双溪舴艋舟，载不动许多愁。”“舴艋舟”是指形似蚱蜢的小船。“蚱蜢”是一种形体很小的昆虫，用它来形容，说明这种船是不大的。蚱蜢的名字，听起来生疏，其实，我们都见过。说着，他就到后园里捉回一只翅膀和腹部都很长的飞虫，手指捏住它的双腿，它便不停地跳动。我们认出来了，这是大蚂蚱，俗称“扁担钩”，当即高兴地齐声念起儿歌：“扁担扁担钩，你担水，我熬粥。熬粥熬得少，送给刘姥姥。姥姥她不要，我就自己造（辽西方言，吃的意思）。”

我从一部《诗话》中看到“一样梦醒听络纬，今宵江北昨江南”这样两句诗，便问魔怔叔：“络纬是不是蟋蟀？”他说，络纬俗名莎鸡，又称纺织娘，蟋蟀学名促织，二者相似，却不是一样东西。说着，便引领我们走向草丛，耐心地教授如何根据鸣声来分辨这两种鸣虫。因为不能出声，他便举手为号：促织叫，他举左手；络纬叫，便举右手，直到我们能一一辨识为止。

夏天的一个傍晚，气闷得很，院里成群成阵地飞着一些状似蜻蜓、形体却小得多的虫子。魔怔叔告诉我们：这就是《诗经·曹风》“蜉蝣之羽，衣裳楚楚……蜉蝣之翼，采采衣服”中的蜉蝣。这种飞虫的生命期极短，只有几个小时，可是为了传宗接代，把物种延续下去，却要经历两次蜕壳和练飞、恋爱、交尾、产卵的整个历程。当这一切程序都完成之后，它们已经是疲惫不堪了，便静静地停下来，等着死掉。《诗经·陈风》“岂其食鱼，必河之鲂”里的“鲂”就是河里的鳊花，扁身缩颈，鳞细味美。—— 这也是从魔怔叔那里听来的。

但是，后来读书渐多，发现他所讲的内容有的也并不准确。比如，他说《诗经·小宛》“螟蛉有子，蜾蠃负之”中的蜾蠃就是土蜂，这大概是不错的。可是，他依据旧说“蜂虫无子，负桑虫（即螟蛉）而为子”，把蜾蠃捕捉螟蛉等害虫作为其幼虫的食物说成是收养幼虫，这就是谬误了。

不管怎样，我之所以长大以后能够“多识于‘虫鱼草木’之名”，和童年那段经历是有着直接关系的。我要特别感谢那位魔怔叔的指教，他是我的第一位老师。

私塾不放寒假，理由是“心似平原野马，易放难收”。但进了腊月之后，课业安排相对地宽松一些。因为这段时间没有背诵，晚自习也取消了，我便天天晚上去逛灯会，看高跷。但有时先生还要拉我们命题作诗，或者临机对句，也是很难应付的。

古制：“嘉平封篆后即设灯官，至开篆日止。”意思是，官府衙门到了腊月（嘉平月）二十前后便要封存印信，停止办公，由临时设置的灯官（俗称“灯笼太守”）管理民事。到了正月下旬，官府衙门启封办公印信，灯官即自行解职。乡村结合本地的实际，对这种习俗做了变通处理。灯官的差使尽管能够使人增加一些收入，但旧时有个说法，“当了灯官要倒霉三年”，因此一般人都不愿意干。村上只好说服动员那种平时懒惰、生活无着的“二混子”来担任，帮助他们解决一些生计中的困难。

到了旧历除夕，在秧歌队的簇拥下，灯官身着知府戏装，头戴乌纱亮翅，端坐于八抬大轿之中，前有健夫摇旗唱道，两旁有青红皂隶护卫，闹闹嚷嚷地到全村各地巡察。遇有哪家灯笼不明，道路不平，或者随地倒置垃圾，“大老爷”便走出官轿，当众训斥、罚款；街头实在找不着岔子，就要走进院子，故意在冰雪上滑溜一下，然后，就以“闪了老爷的腰”为名罚一笔款。官府一般用这笔钱来支付春节期间各项活动的开支，同时给予灯官这类特困户以适当的补助。被罚的对象，多为殷实富户，农村所谓“土财主”者。往往都是事先物色好了对象，到时候找个名堂，走走过场。这样，既解决了一些实际困难，又带有鲜明的娱乐性质，颇受民众欢迎。

每当灯官出巡，人们都前呼后拥，几乎是全村出动。这天晚上，刘先生也拄着拐杖出来，随着队伍观看。第二天，就叫我们以此为题写一首诗。嘎子哥写了什么，忘记了；我写的是一首七绝——

声威赫赫势如狂，
查夜巡更太守忙。
毕竟可怜官运短，
到头富贵等黄粱！

先生看过，批了“意在言外，别有寄托”八个字，让我带回家去给父亲看。

还有一次，那天正赶上元宵节，我坐在塾斋里温习功课，忽听外面锣鼓声越来越近，知道是高跷队（俗称“高脚子”）过来了。见先生已经回到卧室休息，我便悄悄地溜出门外。不料，到底还是把他惊动了。只听得一声喝令：“过来！”我只好硬着头皮走进卧室，见他正与魔怔叔共枕一条三尺长的枕头，凑在烟灯底下，面对面地吸着鸦片烟。由于零工不在，他唤我来给他们沏茶。我因急于去看高跷，忙中出错，过门时把茶壶嘴撞破了，一时吓得呆若木鸡。先生并未加以斥责，只是说了一句：“放下吧。”

这时，外面锣鼓响得更欢，想是已经进了院里。我刚要抽身溜走，却听见先生喊我对句，我便规规矩矩地站在地下。他随口说出上联：“歌鼓喧阗，窗外脚高高脚脚。”让我也用眼前情事对出下联。我正愁找不出恰当的对句，憋得额头渗出了汗津，忽然见到魔怔叔把脑袋往枕头边上挪了挪，便灵机一动，对出了句：

云烟吐纳，灯前头枕枕头头。

魔怔叔与塾师齐声赞道：“对得好，对得好！”且不说当时那种得意劲儿，真是笔墨难以形容，只讲这种临时应答的对句训练，使我后来从事诗词创作获益颇深。

我从 6 岁到 13 岁，像顽猿箍锁、野鸟关笼一般，在私塾里度过了整整 8 个春秋，情状难以一一缕述。但是，经过数十载的岁月冲蚀、风霜染洗，当时的那种凄清与苦闷，于今已在记忆中消融净尽，沉淀下来的倒是青灯有味、书卷多情了。而两位老师帮我造就的好学不倦与迷恋自然的情结，则久而益坚，弥足珍视。

“少年子弟江湖老。”半个世纪过去了，无论我走到哪里，那繁英满树的马缨花，那屋檐下空灵、清脆的风铃声，仿佛时时飘动在眼前，回响在耳边。马缨花——风铃，风铃——马缨花，永远守候着我的童心。

少年起步正当时

/ 柳萌

柳萌 1935年生，天津市人。编审，作家。主要著作有散文随笔集《生活，这样告诉我》《寻找失落的梦》《岁月忧欢》《珍藏向往》《当代散文名家精品文库——柳萌卷》《真情依旧》《生命潮汐》《穿裤子的云》《无奈的告白》《变换的风景》等。

倘若把人的一生比喻为四季，十四五岁是最美好的季节。身体开始发育，头脑正在健全，对未来充满幻想，见什么事情都很新奇。总之，这时的生命如同一棵树，只要日照、水分充足，准会渐渐长大成材。如果这个时候有机会读书，就如同被施用了催花养料，说不定还会绽放出美丽的花朵。许多后来有些生存本领的人、一些在事业上有成就的人，大都得益于中学时代所受的教育。当他们回忆自己走过的道路时，无不感激中学老师的教诲，以及学校打下的良好基础。我自己也是如此。

我曾经有过到大学读书的愿望，并且做了充分的应考准备，就在即将走进考场的前一天，那场突然袭来的“反胡风运动”击毁了我的梦想，紧接着又是一场更为残酷的“反右运动”，连我作为正常人的权利都剥夺了，我的整个生活秩序和命运都发生了变化。这种打击我相信对谁都是致命的，哪能想到22年以后，还有机会做些事情，而且这些事情又符合自己的心思——当编辑和从事写作。所以，每每想到这些，就会想到读中学时我所受到的良好的语文教育，不然即使有机会吃文字饭，怕是也没有这个能力。

那么，在中学读书时，我受到的是怎样的教育呢？

我读过两所中学，一所是河北省立宁河中学，一所是天津市立第一中学，在当时都是所谓的官立中学。尤其是最后就读的天津市立第一中学，在天津市跟南开中学齐名，就是在华北地区也颇有名气。我上学那会儿，这个学校的教师几乎全是北京师范大学毕业生，就是有从别的学校毕业来的学生，肯定也是名牌学校的高才生。这所学校出了不少作家、艺术家和体育健将。

教我语文课的几位老师的姓名，现在真的一时记不起来了，但是他们的那套教学方法，好像一直都不曾忘记，而且给了我受用不尽的益处。在写这篇短文时，我仿佛又回到了课堂，聆听他们的授课。首先走进我记忆的，是一位上了年岁的语文老师，圆圆的脸，驼着背，架着比瓶底儿还厚的眼镜，因此当时被淘气的我们起了个绰号“眼镜”，还因为他留着个八字胡，有时我们也叫他“胡子”。这位老师说话讲课慢腾腾的，念古典诗词课文的时候，他喜欢摇头晃脑拉长声，据他自己讲，这叫吟诵，读古典文学作品就应该这样。我们这些孩子却不这么想，只觉得他的念法好玩好笑，因此也就更觉得新奇。大概正是他的这种新奇念法，无形之中产生了一种魅力，我后来能记住的古诗词，都是这位老师教授的。这位老师讲授古典文学作品时，如果课文的故事性特别强，总是先讲故事给同学听，再结合故事讲解写作知识，这样的教学方法效果特别好。我之所以渐渐喜欢上语文课，我想跟这位老师的讲课，肯定有着密不可分的关系。后来我自己阅读名家文章时，总是先粗略地了解内容，而后再仔细地琢磨文章写法，大概正是那时养成的习惯。

还有一位中学语文老师给我的帮助也很大，尤其是在写作上。这是一位中年老师，北京人，讲一口流利的普通话。他讲述某种文章体裁时，不是简单地说说特点，更多的时候是讲解范文，让学生在熟记范文的同时，学习一种体裁的写作方法。他经常讲的一句话就是：“语文语文，语就是说，文就是写。说话有条理，算你学好了一半儿；作文能成篇，算你学好了另一半儿。会说不能写，能写不会说，都不算语文学得好。”所以，他特别注重学生的实践。在课外活动的时候，他经常组织学生搞演讲比赛，由他出一个题目让学生们即兴演讲，既锻炼了学生的口才，又培养了学生的思维，同时还巩固了词语结构等语文知识。在写的实践上，他主要是让学生写作文——写学校生活，写身边事情，然后在教室里定期出“壁报”。“壁报”上刊出的文章，先由同学互相评议，最后再由老师综合评论优劣。有时他还找来名家的同类文章，结合我们的习作，对比着讲述名家的写作方法，以提高我们的写作水平。

我在天津市立第一中学就读时，好像并未觉得功课怎么重，起码不像现在的学生这样，整天地在减负的叫喊声中读书，这也许是我不太用功的缘故。在我的记忆里，我们学习写作，就是边玩边学的，好像并没有什么压力。那时学校里有不少课外社团，像新闻社、文学社、话剧社、歌咏队，等等，学生根据个人爱好随意选择。我喜欢文学又想学习写作，先后参加过新闻、文学两个社。

新闻社由学生会领导，每个班都有特约通讯员，负责报道班里的好人好事以及班里的其他活动，写成稿件由新闻社统一“发表”。新闻社平日在学校出版黑板报，稿件的组织和版面的安排，全部都是同学们自己动手。如果碰到类似“五一”、国庆等节日，或者学校举行运动会、歌咏比赛等活动，新闻社还要“出版”油印的小报。稿件采编和报纸刻印全由同学负责，老师只给予必要的指导和启发。因为学校新闻社跟报社、电台有联系，所以报社和电台经常派编辑、记者来组稿，顺便也给我们做一些新闻写作辅导。他们认为，把好的稿件拿去发表，更能增强我们的写作兴趣和信心。这些新闻机构的编辑、记者，无形中都成了我们的写作老师，对我们学习写作的帮助，比在课堂上得到的还要大。四十多年过去了，我还能清楚地说出《天津日报》《天津青年报》和天津广播电台的编辑的名字。可见他们在我学习写作的过程中，对我的影响和帮助有多大。

参加文学社是从听讲座开始的。20 世纪 50 年代，天津各学校经常组织不同的讲座，请一些学者、作家、科学家，通俗地讲解历史、文学、科学知识，培养学生对某种知识的兴趣，以便确定自己将来的发展方向。我听的第一个文学讲座，是老作家周立波讲的，其后又听过赵树理、孙犁、方纪、阿垅、鲁黎、肖也牧等人的讲座，从此对文学总是有种说不清的向往。正式参加学校文学社以后，辅导老师和高年级的同学经常鼓励我写作，我也悄悄地写出了些诗文却羞于见人。有一次，班里组织参观天津钢铁厂，回到学校后老师跟我说：“你看工人师傅的劳动干劲，多么让人感动啊！你参加了文学社，可试着写写参观感想。”在老师的鼓励和启发下，我写了一篇名为“可敬的人”的文章交给了老师，不曾想未过几天，这篇文章在《天津青年报》上发表出来，原来是老师觉得写得不错转去报社的。文章发表后老师告诉我，这篇文章的样式应归类为散文。这时我才知道这样的文章叫散文。

这篇文章算是我的文学处女作，更是我真正迷恋文学的开始。虽然我连朦胧的写作梦都没有，更不敢奢望将来当作家，但是一定要吃文字这碗饭的想法，那时却在我的脑海里形成了。所以在后来的许多年里，无论处于怎样的境况，我都没有放弃对文学的追求。特别是丧失到大学读书的机会后，我在一家报社当编辑，每天忙完编辑部的工作，只要有时间我就读文学书，有时也悄悄写些诗文，然后投寄给各种报纸和杂志。当然，那时我还只是个文学爱好者，连写作的门道都未摸到，寄出的稿件退回的多于采用的，可是我并没有太多的灰心丧气，我相信只要我能够坚持下去，即使写作上成不了什么气候，起码也会有益于我的工作，反正我已经实现了吃文字饭的愿望。

正当我准备探索有无可能从事写作时，在那场残酷致命的“反右运动”中，一顶荆冠戴在了我的头上。从此有嘴也不让说话 —— 丢掉了语文的一半儿，随后又被发配到边疆不能动笔 —— 丢掉了语文的另一半儿，读书时学过的语文，长大后有过的愿望，这时通通烟消云散，留下的只有残存的美好回忆。在笨重的体力劳动之余，偶尔跟喜欢文学的难友，悄悄地谈点文学上的事，那不过是过把文学瘾，根本想不到会有出头之日。

忽然有一天，政治气候开始从阴转晴，我重新走上编辑岗位。经过简短的适应过程，我又能自如地说话和动笔，语文再一次回到我的身边，我别提多么高兴了。这时我情不自禁地想起，是那些教过我课的老师、那些辅导过我的编辑，给了我文学启蒙教育。假如没有中学时代打下的基础，没有后来自己坚持不懈地读书写作，这时我是绝对不可能重操旧业的。所以我一直认为，要想学好语文，中学时期的教育是非常非常重要的。别说是像我这样没有接受过高等教育的人了，就是有些非文学专业的大学毕业生，后来改行从事文学编辑工作或者业余写作，那还不同样是中学时代打下的基础？学习语文以及学习其他知识，少年时期都是最佳阶段，有志于吃文字饭的少年，一定要珍惜这大好的黄金时光，从这里起步，坚定地往前走，将来准会进入美好的境界，实现人生梦想。

一缕温馨与痛楚的回忆

/ 孙玉石

孙玉石 1935年生，辽宁省海城市人。北京大学中文系教授、博士生导师。著有《〈野草〉研究》《中国初期象征派诗歌研究》《中国现代诗歌艺术》《中国现代诗歌及其他》《中国现代主义诗潮史论》《现实的与哲学的——鲁迅〈野草〉重释》《中国现代诗导读（1917—1938）》（合作）等。

记得1955年高考的时候，语文试卷的作文题目是“我怎样做一名大学生”。面对这样一个十分枯燥的命题，我有些束手无策，当时究竟胡乱地写了些什么，已经全然不记得了。至今仍能留在我不断逝去时光里的一缕温馨的记忆，就是我在作文的结尾，随意加上的一个编造的故事。

一个秋高气爽的假日，我们的老师带领我们全班同学到郊区去爬山。山其实并不很高，但我个子小，论体力，比不了班上那些“大汉”。到了半山腰，我已经累得气喘吁吁、汗流浃背了。望着远处的山顶，我心里有些犹豫。一个声音忽然在我的耳边响起：“继续上啊，再加一把劲儿，就能爬到山顶了！”这是从后面上来的老师熟悉的声音。他已经到了我的身边。他擦着脸上的汗水，告诉我：“再咬咬牙就到了，不要半途而废。到了山顶，你就会看到一切都是很美的。”在这声音的鼓励下，我跟着老师和其他一些同学一起奋力地向上攀登，攀登，终于到达了那个可以远眺全鞍山城美丽景色的山顶。

故事当然是虚构的。但这故事里所写的老师，却是真实的。他就是我的高中语文老师皮杰。1952年夏，我考入鞍山一中。皮杰老师教我们语文课，一直到毕业。他是湖北人，刚刚从武汉一所大学毕业，为了支援文化比较落后的东北，同一批年轻的技术人员一起，离开自己的家乡江南，来到了寒冷的东北钢城鞍山。

他大约比我们大七八岁的样子，瘦瘦高高的个子，短短的分头，稍稍有些凹进去的双眼总是那么炯炯有神，宽宽的前额上，仿佛焕发着散不尽的青春的光亮。他讲课非常认真，作品体味细腻，常说出一些自己的见解来，讲评作文也非常有吸引力。他有时说得嘴角净是白沫，同学们却常常听得津津有味。我因为喜欢文学，做班级团支书的同时又兼了一段时间的语文课代表，所以很快就和皮老师熟悉起来了。

当时的一中，高中有七八个班，爱好文学的同学都喜欢上皮杰老师的课。即使不上他的课的学生，也喜欢到他的单身宿舍里去讨论问题、聊天、借书看，得到他的指导。慢慢地，这些同学自愿组织了一个文学小组，请的指导老师就是皮杰。大家在一起讨论文学，读作品，办墙报，把抄得清清楚楚的稿子一篇篇地钉在墙报上，有短诗，有散文，有杂记，还有“长篇小说”……我当时曾写过一首小诗，是读了鲁迅的文章，受到“遇见沙漠，可以开掘井泉的”那段话的启发，试着写一点人生的感悟，很浅薄，发在墙报上，还得到皮杰老师热情的肯定和指导。

皮杰老师精力旺盛，热心培养学生的文学兴趣，帮助学生组织了演剧小组，从选剧本、定演员、弄布景，到指导排练，他都亲力亲为。同学们演出过京剧《打渔杀家》、郭沫若的《棠棣之花》的片段，那些幼稚而认真的情景，至今好像还在眼前。

我很喜欢诗，后来走上研究诗歌的路，或许是与皮杰老师的影响分不开的。皮杰老师是个诗人。有一次，在我们上高一的时候，他在课堂上拿着一本刚刚出版的《解放军文艺》杂志，给我们朗诵了他发表在那上面的一首诗。这首诗是送给志愿军赴朝慰问团的，题目和内容现在都记不清了，但那时引起的我内心隐秘的羡慕、激动，至今都还没有忘记。在一种莫名其妙的力量的“蛊惑”下，课余时间，我经常胡乱地找一些诗集来读。有一次，我在课堂上看从哥哥的书里找到的一本伪满洲国作家的小诗集。皮杰先生看到了，拿起书翻了翻，又放下，轻轻地跟我说，这种书，不要再看了，应该读一些更好的书。在他的介绍与鼓励下，我偷偷地学习写诗。我如饥似渴地读着普希金、莱蒙托夫、拜伦、雪莱、艾青、郭沫若、闻一多的作品。自己的习作，有时也大着胆子，羞怯地拿给他看，他会认真地给我提意见，告诉我怎样努力。他曾严肃地告诉我："诗歌你好像还没有入门儿。"但他总是鼓励我去写。我们55级学生毕业的时候，皮杰老师找到我，要我写一首诗，在全校的毕业典礼上朗诵。我很害怕完不成这个任务，花了整整一天多的工夫，模仿郭沫若《地球，我的母亲！》的调子，写了一篇《教师，我的母亲！》交给了他。后来，一位很会朗诵的高个子女同学，在毕业典礼上朗诵了这首诗。上了大学后，我在1957年北京大学出的《红楼》杂志上，发表了一组小诗，题为"露珠集"。我将杂志寄给他，他读了后，马上给我写了一封信，说了一些鼓励的话，大意是，从这些"作品"里，看到我对于诗的领悟，好像有一点"入门"了，但还要多读一些名家的东西，要有更多的生活体验和艺术感悟。

皮杰先生曾带领我们一遍一遍地背诵课本里的《桃花源记》。我们那年高考的试卷里，竟神奇地出现了这个题目：给这篇古文加标点。我们当然是快意了好一阵子。至今，我还能用一种音乐式的吟诵调子，背诵出那些字句："晋太元中，武陵人捕鱼为业。缘溪行，忘路之远近。忽逢桃花林……"有一次，皮杰老师在语文课上给我们讲评作文，题目好像是"记一件事"。我写的是自己小时候在农村的一段生活经历。我根本不会讲故事，这个瞎编的最简单的"好人好事"，也叙述得很笨拙。讲评中，皮杰老师第一次当着全班同学的面，对我说了很多严厉批评的话。虽然没有说我的名字，但我听了脸直发烧，都不敢抬起头来看老师一眼。记得这次，他给同学们讲了这样一段话，我们的学校右面靠的是市立医院。他来上课的时候，总会从那里走过，常会看到一些死者从医院里被拉出来。站在周围观看的人，都有各自不同的表情。孩子的、青年人的、中年人的、老年人的，都不一样。特别是有的老妇人，拄着棍子，立在粗壮的大树边，她脸上的那种表情、那种眼神、那种内心的最轻微的颤动，让他看了很久。他大概是想告诉我们，写东西，写人物，要注意人的性格，注意观察和挖掘人内心深处的东西。

后来，他向我推荐了一些外国作品，要我读果戈理的《狂人日记》《狄康卡近乡夜话》，读屠格涅夫的《木木》，读陀思妥耶夫斯基的《穷人》《罪与罚》和《地下室手记》，读契诃夫的《醋栗》《套中人》，读梅里美的《嘉尔曼》，读《高老头》和《安娜·卡列尼娜》……这些阅读，使我开始懂得了什么是真正的文学，懂得了人生的价值与追求，懂得了个人奋斗的意志和艰辛；同时，也让我明白了，要了解文学，必须要了解人，了解不同的人的性格和他们丰富多彩的内心世界。我后来对于外国文学的兴趣和迷恋，就是从这个时候开始的。

皮杰老师的宿舍在我们学生寝室的楼上。我常到他房间里做客。在我这个中学生的眼里，那个很小的房间，好像就是一个知识的宝库。我永远记得在进屋后的门楣上，挂着学校一位美术老师给他画的炭笔头像：前额是那样开阔，两眼炯炯有神。我或是为借书，或是请教问题，有时在他房间里，有时夏夜到三楼顶的平台上，我们常会天南海北地交谈，聊天，有的时候直聊到深夜，像师生，像朋友，也像一位兄长与自己的小弟弟。因为爸爸工作调动，我的家人这时候已经搬到哈尔滨去了。就我只身一人，孤独地留在鞍山读书。假日里，除了市立图书馆和旁边的游泳池，没有别处可去。皮杰老师几乎成了我唯一的亲人。

接到北京大学中文系的录取通知书后，因为不想给家里增加负担，我没有去非常向往的哈尔滨，而是直接到了北京。临行的前夜，我到他那间小屋里告别。皮杰老师好像非常兴奋，我却有些依依不舍。他说了许多关怀和期望的话，到今天我还记得清清楚楚的。他对我说："到了大学，应该再多读一些世界文学名著，如果三年级的时候莎士比亚的全集还没有读完，就没有希望了。"

后来，大约因为写诗的关系，"反胡风"的时候，皮杰老师受到了牵连，被无端审查。到了那个黑色的 1957 年，他又被错划成"右派分子"。他在长期极度沉重的劳动中，耗去了自己生命中最美好的时光。

我们在鞍山再次见面的时候，已经是 25 年后的 20 世纪 80 年代初了。我到大连参加学术讨论会，在鞍山下车，想看看自己的母校，更想看望自己多年想念的老师。

这时我已经 45 岁，皮杰老师也年近花甲。我到他家里做客，没有去询问他所受到的种种折磨与创伤。我看到他已经有了一个美满的家庭，有自己相依为命的老伴，有几朵可爱的“金花”，这些都给他晚年以颇大的慰藉。我不愿叩动他内心深处的伤痛，但我心里知道，他有很多的话想说。他失去了很多很多。

他失去了自己展示诗歌创作才华的黄金岁月，失去了自己热烈追求的最绚丽的梦。

20 世纪 90 年代中期，鞍山一中的同窗们，在美丽的江城哈尔滨举行了校友聚会，我和皮杰老师也受到了盛情邀请。上次一别，匆匆中又过了 15 年，皮老师已年逾七旬，我也已是年过花甲。在会上会下，在美丽的太阳岛上，我们谈了许多许多。在漫游于松花江的船上，我们迎着阵阵北国的江风，一起豪情满怀而又略带悲怆地引吭高歌:“我的家，在东北松花江上，那里有，我的同胞，还有那……”歌声中，我默默地想着，皮杰老师这个聪慧的长江之子，把自己的全部青春都献给了大东北，献给了太子河与松花江养育的无数个后来者。而那个时代，给了他什么呢？这时候，是动情的歌声，或是别的一些什么，使我两眼禁不住满含泪水。

长歌将罢。静静地，我坐在船舷的对面，看江风吹拂下的两鬓苍苍的皮杰老师，顿然觉得，他已经显得苍老的额头，依然是那样宽阔，他噙着泪花的眼睛里，仿佛又闪出我所熟悉的那种青春时候的光芒来。

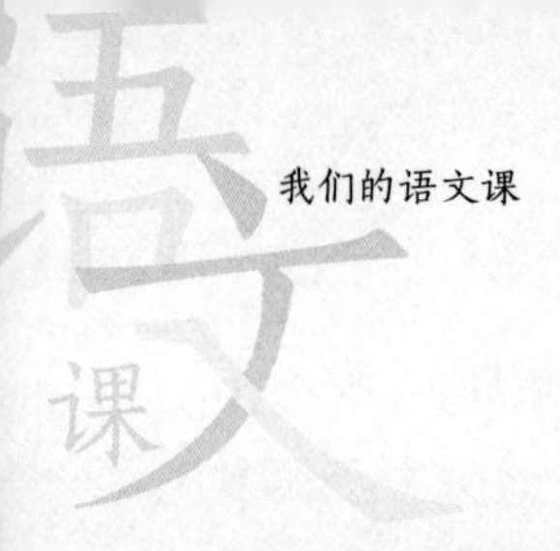

培养兴趣

/ 周先慎

周先慎　1935 年生，四川省崇州市人。北京大学中文系教授、博士生导师，长期从事宋元明清文学史的教学和研究。著有《中国文学》《中国文学史参考资料简编》《古典小说鉴赏》《中国四大古典悲剧》等。

最近在家乡成都遇到一位中学时期的同学，聊天中他向我提出这样一个问题：你在上中学时数理化的成绩非常好，我们都以为你会学理工科，没有想到你后来学了文学。我回答说，因为我的兴趣在语文。我在学术上的选择和发展同中学时期的语文教育有很大的关系，每忆及此就感到非常亲切。

中学语文教学给予我的影响是多方面的，比如初步的人文精神的培养、健康的审美情趣的熏陶、语文表达能力的训练、有关语言和文学基础知识的获取，等等，但对我影响最大的还是培养起了我对语文课进而对文学的兴趣。

兴趣对一个人的学习和工作、对他将来选择专业方向，甚至对他一生的发展和成就，都有着非常重要的影响。有两位著名的科学家曾经谈到他们在这方面的体验。有一次，一位中国年轻的大学生向诺贝尔奖获得者杨振宁教授提问，问他一个人要想在科学上获得成功，就个人因素来说最重要的条件是什么，他的回答就是“兴趣”两个字。在当时国人还没有完全摆脱长期以来形成的只要突出政治，学好毛泽东思想，就会战无不胜的思维模式的条件下，这样的回答真是大大出乎人们的意料。然而，他讲的却是他个人的真切体验，也是无数成功者和不成功者的真切体验。非常简单朴素，却是实实在在的真理。最近我又从《中华读书报》（2001 年 11 月 14 日 24 版）上看到了中国科学院院士、著名生物学家邹承鲁先生谈到他类似的体验。他在回答记者的提问时说，他之所以走上自然科学之路，是因为在中学时培养起了对科学的兴趣，特别是在他就读的重庆南开中学，一些理科教师善于讲课，能引起学生对自然科学的兴趣。

以我个人的经验来看，从对语文课产生兴趣，到对文学产生兴趣，到报考大学中文系，再到毕业以后从事文学的教学和研究工作，都是由中学时期培养的这一点兴趣发展起来的。语文课本收录了不少文学作品，形象性比较强，说起来培养起学生的学习兴趣好像不太难，但实际情况并非如此。引起学生对这门学科的兴趣，从而进一步培养起他们钻研和扩大有关专业知识的兴趣，对任何一门课来说都不是一件容易的事情。就语文课来说，教材编得不好，课文选得不恰当，或教师讲课枯燥乏味，都同样引不起学生的学习兴趣。

语文课能不能培养起学生的兴趣，课本的编选十分重要。我上中学是在20世纪50年代初期，那时已经相当强调突出政治，强调为无产阶级政治服务，衡量作品要政治标准第一、艺术标准第二，但还没有发展到1957年“反右”以后，特别是“文革”中那么严重。现在回想起来，也有一些教训很值得我们总结和汲取。那时的语文课本，确实选入了不少历代经过考验的名篇佳作、文章范本，但从突出政治出发，也选入了一些表面上看起来政治性很强，但语言表达却比较平庸的文章。几十年过去了，现在能在我的记忆中留下不灭印象的，也就是曾在培养我的语文兴趣中起了重要作用的课文，是那些经过时间考验的经典的文学作品和在语文表达上确实称得上典范的文章，古代的如从《左传》《战国策》《史记》《庄子》《孟子》等经典著作中节选的精彩章节，李白、杜甫、白居易等历代诗人的传世诗歌，以及陶渊明的《五柳先生传》《归去来辞》，欧阳修的《醉翁亭记》，范仲淹的《岳阳楼记》，苏轼的《石钟山记》《日喻》《赤壁赋》等散文名篇，现代的如鲁迅先生的《藤野先生》《祝福》《药》《为了忘却的记念》《纪念刘和珍君》，朱自清的《荷塘月色》《背影》等。而那些为了突出政治，实际上只是为了应付上级审查、装点门面而选入的语言表达上一般或相当平庸的文章，当时引不起学生的兴趣，至今则连一点点印象也没有留下了。当代的文学作品和文章具有时代感，当然也应该适当选一些，但要慎重，应该多方面听取语文专家们的意见。我念高中的时候，记得语文课本上就选入了当时非常年轻的作家刘绍棠的《青枝绿叶》。那时刘绍棠刚刚崭露头角，本人也还只是一个高中生，在思想和文学上都很不成熟，将他的作品选到教材中去让他和他的同辈人一起学习，这显然对他本人的成长和对整个语文教学都是不合适的。

关于建国后十七年的语文教学的经验教训，一些长期从事语文教学和研究工作的老一辈专家如叶圣陶先生、吕叔湘先生、朱德熙先生等都发表过非常重要的意见，概括起来是两点：语文课不能讲成政治课，语文课也不能讲成单纯的文学课。这个经验，是付出了沉重的代价才得到的。语文课当然不能只是语文知识的传授和阅读与表达能力的训练，同时还要承担思想教育方面的任务。这是毫无疑义的。但对思想教育的理解不同，对语文教学产生的影响就不一样。语文课的课文都反映了特定的社会内容，表现了特定时代作者的思想观点和感情，因此必然会对学生的思想产生这样或那样的影响。选文思想观点要正确、感情要健康，这是非常必要的。但语文课就是语文课，选文章时首先要看它在语文表达上是否具有典范性，同时也要顾及思想内容是否正确、积极、健康，而不能倒过来，只简单抽象地看内容是否突出了政治，而忽略了语文表达的典范性。语文课的特殊性质决定了，课文必然会对学生产生诸如道德情操、人文精神和审美趣味等多方面的感染教育作用。政治教育方面的作用当然也会有，但不是主要的，而且其内容和特点也应该不同于政治课。不能简单地认为，只要按上级的指示选进了一些政治性很强的文章，就是加强了语文课的思想性。不恰当地让语文课去承担本来应该由政治课担负的思想教育任务，既不利于语文课教学，也不利于政治课教学。老一辈语文教育专家们总结出的经验教训以及他们的一些基本认识，我们应该牢牢记取。

单有好的教材，老师讲得不好，也不能培养起学生的兴趣。我非常有幸，在四川崇庆中学念书时，初中和高中遇到了两位很好的语文老师。他们的课充满激情，富有魅力，引人入胜，给同学们留下很深的印象。初中阶段令我难忘的语文老师叫周济民。他戴一副深度近视眼镜，身着长衫，有点不修边幅，加上说话文绉绉的，人们都认为他有点迂阔。实际上，他有非常深厚的旧学修养，对传统典籍和历代名篇不但非常熟悉，而且理解很深，很有感情。他身上表现出了中国传统文人那种高雅不俗的风致。他讲起课来很动情，总是眉飞色舞，一唱三叹，能用极精练生动的语言，讲出课文中最精美动人之处，极富韵味。除了课堂教学很有吸引力之外，他还能细心地关注和肯定学生的优点，以激励学生的信心和引发他们学习语文的兴趣。有一次，他在我的一篇作文上用红笔画了很多圈，在末尾批了这么两句：“骧首前进，千里名驹。”这篇作文的内容我已经记不清楚了，印象中虽然有一些优点，却算不得非常出色，但这个批语对我的激励可非同寻常，我由此受到极大的鼓舞，对学好语文有了充足的信心。适当的鼓励对培养学生的兴趣也会产生很大的作用。

另一位令我难忘的语文老师是高中阶段的范伯威先生。他讲课不仅生动，而且很有深度，总能从课文中发掘出一些我们看不出来的东西，使我们受到启发。他讲的《藤野先生》和《五人墓碑记》等，至今仍给我留下深刻的印象。他还是一位民间文学和地方曲艺的爱好者，能创作也能演出，常常在四川的曲艺刊物上发表一些如“金钱板”一类的通俗文艺作品。在学校的晚会上，他也经常来一两段“金钱板”，节目都是他自己创作的，内容大家又都很熟悉，因此总能博得热烈的掌声。他讲课也带着演唱曲艺的风格，声音很洪亮，抑扬顿挫，生动活泼，很吸引人。但还没有等到我们毕业，他就因为我们当时怎么也弄不明白的什么“历史问题”而被解职了。他后来的境遇很不好，为了维持生计，竟沦落到在成都的一间茶馆里说评书。同学们听说后，心里很不是滋味。有一次我和一位同学相约，专门到那间茶馆去，真的看见范老师在那里摆一张桌子讲评书。我们不敢进去，只是远远地在街面上往里窥视。我们的心里很难受，眼泪差一点就流了出来。从旧社会来的知识分子，哪能找不出一点所谓的“历史问题”呢？他那么尽职尽责地给我们上课，讲得那么好，使我们在思想和知识两方面都获益很大，受到同学们的普遍欢迎，这就说明他并没有什么“现实问题”，是一个合格而且优秀的语文老师。这样的老师，不让他讲课而让他去说评书，总算不得是人尽其才吧？几十年过去了，至今我和我的同学们想起范老师，都还情不自禁地从心中升起一份敬意。

当然，由于培养起学习兴趣从而走上有关专业发展道路的，毕竟只是少数，但这种兴趣，对每一个学生的成长来说都是十分重要的。在我一生的学习中，除了前面提到的两位我十分敬重的语文老师外，培养起我强烈的学习兴趣从而使我获益匪浅的，还有在同一个中学里教数学的袁用书先生和在北京大学中文系讲授现代汉语的朱德熙先生。数学课和语法课，在一般人的心目中都是比较枯燥乏味的，但他们都能讲得十分生动，令学生学起来兴味盎然。我并没有因此选择数学或语法研究作为我后来的专业方向，但我在这方面的一些基本修养（比如缜密的逻辑思维和对语言的敏感等）对我的整体素质的提高，还是有不可忽视的意义的。同样，培养起对语文课的学习兴趣，对绝大多数同学来说，并不是要求他们因此就向文学方面发展，但由此获得的基本的语文修养，对他们将来的工作和一生事业的发展，必然会产生积极的作用。

对语文课的学习，我很愿借此机会向年轻的朋友们多说几句。我以为，语文修养是一个人的基本素养之一，不管你将来选择什么专业，从事什么工作，语文修养都是十分重要的。因此，在中学阶段必须打好语文基础。1994 年的冬天，我和北京大学的几位老师曾应邀到王力先生的故乡广西壮族自治区玉林市博白县，去向那里的中学老师和学生做过几次有关中学语文教学和学习问题的演讲。其中讲到的一些意见，我愿在这里再一次奉献给年轻的朋友们，同时也提供给从事中学语文教学的老师和行政领导部门的负责同志做参考。

经过多年的实践和总结，中学语文教学的目的和任务应该是比较明确的，就是帮助学生掌握好语文工具。具体一点说，就是培养和提高学生运用汉语进行阅读和写作的能力。有少数人因为从中学开始对语文有兴趣后来成为文学家或语言学家，那只是少数特例，同时在他们的成长和发展中，也必定还有另外的因素在起作用。作为基础教育中的一门学科，语文课的教学目的和任务，只是帮助学生掌握好语文工具，提高阅读和写作能力。能力的培养当然跟知识的传授有关，比如字词的知识、语法的知识、各种文体的知识、中外文学的知识，等等。但就语文课来说，知识的传授不是最终目的，归根到底，语文教学的主要任务是帮助学生掌握好语文工具。可以说，判断一个学生语文水平的高低，主要的标志就是看他阅读能力和写作能力的高低。

如果单从掌握语文工具这个角度来说，阅读能力就是一种接受和吸取知识的能力，而写作能力则是一种表达和传播的能力。前人创造和积累的知识与经验，除了口耳相传的有限的一部分，我们都要通过阅读来接受和吸收。当然这种接受和吸收，还需要具备相关的知识作基础。比如，你要读懂一篇有关化学的论文，就必须具备化学方面的知识，否则语文水平再高也还是读不懂。自己有了知识和经验，有了创造和发明，要告诉别人；或者在生活中有什么体会和感受，有某种强烈的思想感情需要传达给别人，就需要通过写作来表达。一个人一生的生活和工作，都离不开接受和吸收别人的知识与经验，也离不开表达和传播自己的知识与经验，更不要说思想认识和感情体验方面的交流了。在中学阶段，打好语文基础，掌握好语文工具，都是至关重要的事，是影响一个人将来一辈子的学习、生活和工作的事，是影响他将来在事业上的发展和创造的大事。因此，不论学生的志向在哪一方面，都一定要纠正重理轻文的倾向。许多老一辈的自然科学家，都有很好的语文修养甚至很好的文学修养，如华罗庚、钱学森、苏步青、周培源等，文章都写得很漂亮。苏步青先生任上海复旦大学校长时就曾经建议过，要是让复旦大学单独招生，就先考语文，如果语文不及格，别的就不用再考了。意见似乎很极端，但这是有经验、有眼光的科学家的深刻认识。

可是令人感到吃惊的是，我最近从电视上看到的中国人民大学一位年轻的教授发表的演讲，竟主张在高中阶段就取消语文课，理由是要培养专才。这是完全不懂得专与博的关系、基础与发展的关系，不懂得现实和未来科学文化的发展，都越来越需要多学科的交叉和交流的大趋势。学得很专，实际上就是多年来许多中学老师反对的偏科。我们如果在中学阶段就要求或鼓励学生这样学习，那他们的基础必然不广博、不坚实，将来无论从事什么专业，对他们的发展肯定是非常不利的。而对整个教育事业来说，基础教育阶段学生知识的欠缺和结构的不平衡，不但培养不出真正的专才，而且一定会产生许多由于基础不扎实或知识上有重大缺陷，因而发展缺乏后劲的庸才。对中学阶段任何一门学科而言，学生的学习兴趣再浓厚，也不会人人都成为这方面的专门人才；但另一方面，每一门学科的基础知识和训练，对学生整体素质的提高和将来的发展，又都具有非常重要的意义。对将来愿意在理工方面发展的中学生而言，我认为，认真学好语文，在年轻时就获得比较扎实深厚的语文修养，培养起较高的阅读和表达能力，不但不会影响他们将来成为理工方面的专家，还会使之一生受用无穷。希望大家多听听老一辈科学家和语文教育专家们的宝贵意见，千万不要去轻信什么高中阶段就取消语文课之类的不负责任的昏话。

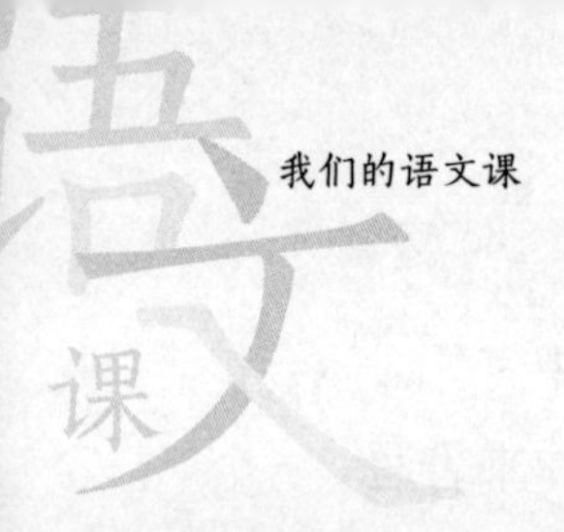

从认字块开始

/ 吴中杰

吴中杰 1936 年生，浙江省临海市人。复旦大学中文系教授、博士生导师。著有《论鲁迅的杂文创作》《鲁迅文艺思想论稿》《鲁迅传略》《文艺学导论》《中国现代文艺思潮史》《鲁迅作品赏析》《吴中杰评点鲁迅杂文》《论鲁迅的小说创作》（与高云合作）等。

从学前认字，到大学中文系毕业，我学了 16 年以上的语文；大学毕业以后，留校任教 45 年，教的是文学方面的课程，边教边学，仍可说是在学习语文；退休之后，则是边读书边写作，也还是在学习语文 —— 总而言之，这一辈子都与语文学习分不开。所以，当王丽同志约我写一篇谈谈自己语文学习经历的文章时，我就答应下来了。但回顾自己走过的道路，却觉得经验乏善可陈，倒是有一些教训可说。最大的教训，是青少年时代没有把基础打扎实，以致影响到后来的发展，这是很吃亏的。青少年是打基础的时期，如果青少年时期不把基础打好，到以后再补，就是很难的了。但我们这辈人没有打好基础却是时代环境造成的，也怨不得别人。

我小时候生活在浙江临海，那是一个海边山城，生活条件不错，而且有读书风气。母亲是小学教师，她对我的教育抓得很紧，很早就教我认字块。那是每张约一寸见方的小纸块，一面是字，一面是画，插在一张铁皮片上认，倒也很有趣，所以在入学之前，我已经认得许多字。

到我四岁时，母亲就带我到学校去听课，那时上学没有年龄限制，听到第二年，就算正式上学了。因为母亲管教得严，所以我读书还算用功，考试总是名列前茅。那时上语文课是要在课堂上背书的，背不出来要打手心，所以我只好用心记忆，背得烂熟。但似乎当地总体教学水平不怎么高，等到抗战胜利，母亲带我到父亲做事的河南洛阳去上高小时，就显得有点吃力了。洛阳是十三朝古都，文化底蕴深厚，即使是小学生，做起作文来也是文采斐然，使我相形见绌。好在我遇到了一位好老师 —— 金玉如先生。他是我们的班主任兼语文教师，虽然常常瞪起眼睛吓唬人，但心地善良，极有责任心。他先是把我叫到他的屋子里，拿着我的作文本，把我教训了一顿，然后就安排时间给我补习，甚至在暑假里，他应聘到一位同学家里做家庭教师，也把我带去旁听。我每天都要跟着他有腔有调地唱读《古文观止》，而且过几天就要做一次作文。一个暑假下来，我的语文成绩就走到全班的前面去了。金老师平时教课时，也不限于讲解课文，还常常安插一些课外读物，记得给我们辅导过的作品有：鲁迅的《阿 Q 正传》、胡适的《差不多先生传》、徐志摩的《我所知道的康桥》等。他的诱导，引起了我们阅读课外读物的兴趣。

小学毕业之后，我回到浙江临海读中学。不久，父亲也回到了临海。他比较重视传统教育，就利用寒暑假时间教我读古文。先是选读《古文观止》，接着就读“四书”，不但要背，而且要默写。但我这时的兴趣却在看古典小说上，如《三国演义》《水浒传》《西游记》《封神榜》《七侠五义》《小五义》之类，《红楼梦》也看过一点，却没有看完，因为不对口味，欣赏不了它的好处。只要能默写得出古文，父亲也并不反对我看小说，但若晚上看得太迟了，却是要管的。我有时看得入迷了，放不下手，就躲在蚊帐里看，后来竟看出近视眼来。

我读初中二年级那年，临海解放了。解放不久，就对知识分子进行思想改造。中学生还不能算知识分子，但也经常要进行政治学习，并参加各项宣传活动。大约从高中开始，每年寒暑假还要参加冬令营、夏令营。那时所谓的冬令营、夏令营，并非时下的旅游组织，而是集中进行政治学习的地方，所以，古文就无法读下去了。“四书”只读了《大学》《中庸》和《论语》，《孟子》没有来得及读。本来，父亲还想教我读“五经”，他的案头已经放着《春秋左氏传》，但在那时的政治氛围中，只好作罢了。我本来对读“四书”就不感兴趣，因为父亲讲解后还是半懂不懂，完全是靠死记硬背，才把它应付过去，可以不读了，当然是很高兴的事。但现在回想起来，觉得死记硬背在当时虽感痛苦，却多少也能提高一些古文阅读能力，对以后的语文学习，还是有一点好处的。此即所谓有一弊必有一利也。如果当时不读“四书”而改读唐诗宋词，也许能提高一些学习兴趣，但无奈我父亲认为只有“四书”“五经”才是正宗，所以一定要把教学重点放在这里。先读十几篇《古文观止》，大概只能算是热身。

学校里也提倡课外阅读，当然不会是“四书”“五经”和古典小说，而是革命理论和苏联小说。理论著作有毛泽东的《新民主主义论》《论人民民主专政》、刘少奇的《论共产党员的修养》，还有艾思奇的《大众哲学》等；苏联小说则有《钢铁是怎样炼成的》《卓娅和舒拉的故事》等。学校里还组织讲座，上辅导课，目的是进行革命思想教育。记得有一年暑假的晚上，两所中学联合组建的夏令营在体育场上举行文学讲座，全体同学都席地而坐，听一位语文教师讲《卓娅和舒拉的故事》，场面甚为壮观，接着，大家都看起这本小说来。当时正是一边倒的时候，各方面都在学习苏联，而斯大林又正在宣扬俄罗斯爱国主义精神，所以俄罗斯文学也就托庇时行，我因此看了一些俄国和苏联的文学作品。

这时，我又遇见另一位对我有引导作用的老师——邵全建。他是浙江大学外文系毕业生，但却对写作很感兴趣，还在做学生时，就在报刊上发表了很多文章。因为思想进步，在学业上又有所成就，所以中华人民共和国成立以后，教育局就请他来接任回浦中学校长一职，老校长则作为土豪劣绅而被下了狱。他既然做校长，在政治运动中当然不能置身事外，但似乎也并不热衷于政治，并不歧视像我这样常持独立见解、不大听话的人；他办公事很严肃，但当我向他请教学问时，倒还随和；他读书多，眼界高，这对我影响很大，使我对自己有一个较高的要求；我还向他借阅过他的文章剪报本，读着他的文章，使我感受到一种亲切感。我读初中时对数理化很感兴趣，在全校数学比赛中还得过算术组第一名，那时的志愿是想做工程师。但在全建先生的影响下，读高中时，我的兴趣转移到文科上来了，想做一个作家。于是，除了应付考试以外，我将大量时间都花在阅读文学作品上面，读得较多的是鲁迅的作品。我一接触鲁迅的作品，就被它吸引住了。那时，还不大能够欣赏鲁迅作品的艺术性，只觉得他所讲的道理很深刻，以此来分析生活现象，就能看出许多新的问题来。但因此也常常触犯禁忌，惹出麻烦。我又有一种认死理的脾气，如果对方不能以理说服我，我就要坚持自己的意见，结果常常弄得老师很不高兴，我也被视为捣蛋分子。

读了一些书之后，就想写作，开始是学写诗。那时最流行的诗人是马雅可夫斯基，他被斯大林称为苏联最有才华的诗人，所以我们都读他的诗，也学着写。他的诗，一句可以分成三四行、五六行，排列成阶梯状，叫作楼梯诗，读起来很有节奏感，但学着写却并不容易。至少我没有学好。写了几首，从外形上看虽然像诗，但读起来没有节奏感，仔细一看，却是分行的散文，根本没有诗味。我学写诗是以失败告终的，于是改学散文。散文虽然也没有写出什么成绩来，但是我颇有信心，并且做着作家梦，去报考大学。

我是 1953 年考进复旦大学中文系的。那一年，不知什么缘故，复旦大学新闻系没有单独招生，而是从中文系的新生中分一部分过去。我那时的想法是先做记者，有了生活积累之后再当作家，所以想进新闻系。与我一同考进复旦大学中文系的一位中学同学，他的志愿是要做教授，所以想读中文系，但结果是，他分在新闻系，我却分在中文系。于是，我们请高年级的老乡到系里去问，可不可以调换过来。系秘书说，分系本没有什么讲究，如果在名单公布以前，我们提出要求，是可以满足的，现在名单已经公布，就不能改动了。后来那位同学从新闻系毕业后，进了报社，却由于出身成分不好，只能长期做校对工作；而我在中文系毕业后，留校任教，做了教授，真是有点阴差阳错。

虽然做教授并非我的夙愿，但后来倒觉得进中文系并没有错。因为中文系的基础教育比较扎实，我在这里受到了系统的语言和文学的训练，这对写作和做学问都大有好处。那时正值院系调整之后，复旦大学从别的院校引进了许多教师，中文系一时名师荟萃，教我们古典文学的有郭绍虞、朱东润、刘大杰、蒋天枢、赵景深、王欣夫诸教授，教现代文学的有余上沅、方令孺教授和鲍正鹄先生，教文艺理论的有蒋孔阳先生，教古代汉语的有吴文祺、张世禄、郑权中诸教授，吴文祺教授还兼教语言学理论，教现代汉语的有乐嗣炳教授和胡裕树先生，教写作的有濮之珍、王运熙诸先生，外国文学课的教师是从外文系请来的伍蠡甫、杨烈教授。经过这许多名师的教导，读了这许多课程，我才觉得有点入门了。但系主任朱东润教授说我还缺乏独立工作能力，应该再打些基础，所以就把我留在系里做助教。留在高校工作，学习环境当然很好，但作家是做不成了，因为那时提倡写工农兵，学校是知识分子扎堆的地方，这里的生活不大好写。而且一留校就有繁重的教学任务，也只好改走学术研究的道路。

此后便是边教学，边研究，边写作，研究和写作的选题，都是与所教的课程相关的，如文艺理论、鲁迅研究、中国现代文艺思潮史、中国古代审美文化研究等。除了少数文学评论文章之外，我的著作大都是由讲稿整理而成的。但由于从 1957 年至 1976 年，整整有 20 年时间是在政治运动中度过的，而且不断地下乡下厂，很难坐下来工作，所以研究的成绩并不佳。近年来，因为临近退休，为了给退休后的生活做准备，我又重新学习写散文，出了两本散文集子。我的想法是，写散文既可以不脱离社会现实，又不至于太枯燥，而且过去的知识积累和生活经验，也能起作用。但是，早已没有青年时代的雄心壮志，并不想做什么大作家，只想做一个自由撰稿人。我之所谓自由撰稿人者，与那些奋发写作、以此谋生者不同，只不过是自由自在地读些书，自由自在地撰写几篇文章而已，其实，还是语文学习的继续。

学园往事

/ 林冠夫

林冠夫　1936 年生，浙江省永嘉县人。中国艺术研究院研究员，《红楼梦》研究学会副会长。著有《〈红楼梦〉版本论》《〈红楼梦〉纵横谈》《红楼诗话》等。

离开学校后，我一直从事古代文学研究工作。这当然是冠冕堂皇的说法。说通俗一些，不过是干文学这个行业，领一份工资糊口，偶尔也写一点杂七杂八的文字罢了。无论如何，也算是走了一段文学道路。

如何走上文学道路？无非是从小学、中学喜好文学开始，然后便是读大学中文系，再后来，还读了中国文学史专业的研究生。按部就班，没有什么特别的曲折，有人称此为科班出身。这个过程中的语文学习，应是走文学道路的最初起步。回顾起来，我与多数文学同人相比，大体上没有任何不同。不过，现实生活毕竟是十分复杂的。我个人的文学道路，与他人既是大同，每个段落又有自己的小异。

歪打正着

如果说我当年上中学和小学时，如何如何特别爱好文学，对语文课如何如何有特别的兴趣，等等，未免让人感到乏味，因为这些话都是许多人不断重复过的老生常谈。

婴儿最初学步，往往是借助那种可随意前进、转弯的学步车。这是后来正式步行的开始。我在小学时代“国语”这门课的学习，可以看作是后来走文学道路的学步车。虚龄七岁那年（其实是五岁多），我开始上小学。那时，我完全处于混沌状态，每天上学读书，放学后尽情玩耍。至于将来要干什么，课程如何，都不予考虑，也没有能力去考虑，一切都只是糊里糊涂，随大流，“例行人事”而已。尽管如此，我朦朦胧胧中似乎感到，读“国语”这门课，兴味要浓厚一些（“语文”是1950年以后的名称。以前，这门课在小学叫“国语”，在中学以上叫作“国文”）。有的课文选的是古代诗歌，这些古诗我虽然只是跟着吟诵，内容自是不甚了然，但读来总觉得十分有趣，十分美。这大概是对文学最原始的兴趣来源。

我出生在浙江省永嘉县的山里。那时的县城，即现在的温州市，被日本人占领，山区为侵略军势力所不及，仍在抗战政府管辖之下，学校照旧开学。与山里人有点沾亲带故的城里人，纷纷逃难到山中来。其中有一位老先生，后来我才知道他姓洪，是前清的府学生员。20世纪40年代初，城里还有不少私塾。原先，洪老先生就是以教私塾维持生计。他进山以后，受聘于我就读的学校。那年，我正上小学二年级，老先生恰教这个年级的国语。

老先生教这门课，与别的先生不同。无论所用的课本，还是教学方法，都是私塾式的，今天看来，颇不正规。那时，各校都用政府统一规定的课本，那是用又黄又粗糙的纸张印刷的。那种纸，当时叫“国防纸”。老先生不用国语课本，却教大家读“四书”，即《大学》《中庸》《论语》《孟子》。那个时代，能上学的小孩很少，有限的几名学生，家中大都是可以找出“四书”这类古书来的。

这一年，我主要是读“四书”，读那“言寡尤，行寡悔，禄在其中矣”“中者，天下之正道；庸者，天下之定理”“大学之道，在明明德”。这类东西，读来实在味同嚼蜡。书中说了些什么，自然连最起码的领会都谈不上，但又必须按先生的规定背诵，用当地民间的一句俗语来说，完全是“白乱念”，读得实在苦不堪言。

此外，洪先生还附带教我们读《千家诗》。我读《千家诗》与读《论语》之类，就完全不同了。因为，这之前有一天，我偶然到一邻居家玩——那家有两个女儿，小的在城里上中学——姐妹俩正在齐声读古诗。那时读古诗，不是时下影视剧中常见的那种拿腔拿调的朗诵，而是按读古诗的规律曼声长吟。诗的内容我还听不懂，但隔窗听来，却觉得非常悦耳，非常美，所以能记住一句半句。

这次，先生教我和同学们读《千家诗》时，读到“歌管楼台声细细，秋千院落夜沉沉”“花开红树乱莺啼，草长平湖白鹭飞”等诗句，我又回想起那次隔窗听诗的美好感觉。这才知道，那姐妹俩读的，原来就是《千家诗》。

对洪先生的这种教法，校长，还有一些新派的学生家长，都不以为然，但没有立即炒他的“鱿鱼”。因为那时教师的聘请是由校董事会决定，校长不过是建议而已。我父亲这时正主持学校的董事会，他倒十分赞赏洪老先生的教学内容和方法，说《论语》这类书，是基础的基础，对将来的上进和学习传统文化，十分重要。因此，洪先生的这套私塾式教法，才得以维持下去。读完《中庸》《大学》和《论语》后，老先生还是走了。究竟是因为日本人投降，先生要回城，还是什么别的原因，说不清楚，原先说还要读的《孟子》，也就作罢。

时至20世纪40年代初，小学国语课本还用《论语》《千家诗》这类书，无论如何是反常的，或者说是过时了的。可是，那非常时期的不正规，对我后来走上文学道路，却起了重要作用，可谓歪打正着。此后，我对古典诗词产生了浓厚的兴趣，与文学结下了不解之缘。近若干年来，我写过一点有关古典诗词的文字，也给学生开过诗词这门课，溯其源头，应是当年洪老先生教我熟读的《千家诗》。

最初的起步

我进了中学后，一下子觉得自己长大了。由于小学时读过《千家诗》，我对国文，特别是古典诗词的学习，就不像对别的课程那样马马虎虎、漫不经心。

读初中的头两年，教国文的老师换过好几位。给我留下印象最深的，是一位姓俞的先生。那时，国文课本是学校统一发的，但俞先生教得很特别，“课本大家自己看”，一句话就打发了。他陆续另外发许多讲义。这位俞先生对现代文学似乎没有多大兴趣，讲义选的都是古代诗文。其中，张岱、王思任的小品和黄景仁的诗，选得最多，课堂上都是按讲义内容讲授。一年下来，这些讲义可以装订成厚厚的一册。那个时代，上级对教学内容有没有规定，我不知道，但这一年俞先生置课本于不顾，而另发讲义，可见教师是很自主的，可以发挥自己的长处。而学生学到的，自然也不是些随潮应景的东西。这段时间我读得十分愉快。我还自己找了黄景仁的全集《两当轩集》，课外来读。若干年来，偶尔我也诌几句古体诗，最初的启蒙，当是上小学时熟读的《千家诗》，如果说开始到诗歌殿堂叩门，则是这个时候读的《两当轩集》。

中学还没有毕业，家里发生了变故，我便休学了。从休学到重新复学，在这段三年左右的时间里，我无所事事，读书便成为消遣，除了乱翻自己家里的藏书外，还向别人家借了些书来读，尽是些杂七杂八的书。虽然这几年读了一些古代诗词和散文，还有佛经、道经，甚至连弹词、宝卷之类都读，逮到什么读什么，但读得最多的是小说，有中外名著，也有不少是不登大雅之堂的，如武侠小说。

当时乱翻的书，正经八百的古文和诗词自不必说，想不到连小说这种“闲书”后来我研究文学时居然也起了些作用。如《东周列国志》和蔡东藩的整套历史演义，虽然不算是文学名著，但后来在大学中文系读《左传》《史记》《战国策》这类古文典籍时，由于早已知道那些故事，读来自然轻松不少。

休学了几年后，重新去读中学时，对将来要走什么道路，便有所考虑了，也开始懂得用功读书了。

近若干年来，我大概是过于懒散。不过，那只是懒得写那些为达到什么目的的文章，而读书，尤其是漫无目的的乱翻书，花的时间还是不少的。当年读书，更是颇下功夫。前些年，我的小儿子还在上高中时，院里放很多电影，他常钻进去看。我怕影响他的学业，曾与他有一次谈话，说：“人的才具禀赋，是有区别的。有的人是天才，无须用功即有很大成就；有的是蠢材，怎么用功也白搭。大多数是中人之才，努力些，也可取得一点成绩，不用功，便什么都不是。我们都可以归属到这一类人中。”这番话，虽然只是告诫儿子，督促他用功读书。而我自己的读书，多年来也是按这种想法做的。

个人的学业，取得一点成绩，即使是最微不足道的成绩，自身的用功读书也都是先决条件。但无论怎么读，老师的引路都必不可少。二者是缺一不可的。

在这个阶段，我最难忘的有两位老师：游止水先生和金江先生。两位老师与我，除了保持师生关系外，还结下了一份深厚的文字情谊。

游先生教我高三这一年的语文。那一年，高中语文分为“文学”和“语言”两门课。那套“文学”课本，编得很有特点。初中文学课本是选各类文章，而到高中时，入选的课文则是按中国文学史的顺序编排的，从《诗经》《楚辞》开始，一路顺次下来。据说，语文分科是向苏联老大哥学习的。后来，哥俩间有点疙瘩事，不学了，这门课又合并为“语文”，那套课本自然也被取消了。

这短暂的改变，得失如何，研究教育的专家，或以为有可探究余地，或以为不值一提。这是另一个问题。不过，用一年时间，系统地读了一部历代文学作品选简编，于高中学生来说，无论是将来进大学读中文系，还是读别的专业，都是有益的。不进大学文科，或没有机会读大学的，对最简括的中国文学史两眼一抹黑，作为中国人，无论如何是一种欠缺。所以，课本按中国文学史格局编选，与学不学老大哥，本来是不搭界的两回事。

我在高三这一年，从《诗经》《楚辞》读到唐诗、宋词。虽然都只是蜻蜓点水，但游先生古典诗词、散文修养高，教得又好，这门课的学习令我获益很多。后来我进大学中文系，以文学史为攻读专业，高中时读了这个课本所起的作用是明显的。那时的高中语文教师，对古典文学大都有很高的造诣，大都有专著，游止水先生便出版过几本古典文学专著。他对宋词研究尤深，他的那本《辛弃疾》，前几年还在重印。

我从游先生那里学到的，不仅仅是课本中的文学知识，还有许多课外知识。他给我讲了许多古代文学的研究和评论问题，还借给我许多当代学者的古典文学研究著作，教我怎么读这些书。尽管当时我听来也只是一知半解，不能真正领会，但对后来把注意力转到文学史研究上去，还是很有启发的。

发表第一篇稿子

我在读高中期间，从金江先生那里受到很多教益。后来我走上文学道路，可以说也是因金江先生的影响。我与金先生之间有着很深的师生情谊，至今我们仍保持着密切的联系。

那时，我就读的中学成立了许多课外兴趣小组，我参加的，不用说是文学组。金先生不仅在当地，而且在本省和全国，都有很高的知名度。学校的文学组，指导老师自然是金先生。这个组每周集中一次，我们在金先生的指导下，阅读和讨论古今中外的文学名著，还有当代有争议的作品，这令我收获很大。

除组织组员阅读名著外，文学小组还定期收组员的习作。我最初交的一篇习作，勉强也可算作短篇小说。金先生对这篇习作颇多赞语，除让我在小组里读了一遍外，还推荐给当地的报纸副刊，请他们审阅发表。

这之后的一天，管全校学生思想工作的团委书记吴老师找我谈话，问这篇稿子的写作经过。我当时没有多想，以为不过是投稿的例行手续，大概是发表有望了，只感到兴奋不已，便一一细说了那稿子是怎么写出来的。吴先生没说什么，只是在听我的述说时不时点头。不久，这篇算是小说的东西发表了。事后很久我才知道团委书记吴老师为什么找我谈话，那是受副刊编辑的委托。我的那篇稿子极为幼稚，是无须说的，可是，那位编辑看到这篇稿子后，居然不相信是出于一个高中生之手。说高一的学生，不可能写出这么成熟的短篇来，怀疑是从哪里抄来的，可他又找不出被抄的出处。在那个时代，报纸若是发表抄袭而来的东西，不免有许多麻烦，于是他请团委书记做做“思想工作”。后来，大概是吴老师向副刊编辑说了谈话经过，打消了那位编辑先生的疑虑，终于发表了这篇稿子。这是我第一篇正式发表的稿子，是在金江先生的指导下写出来的习作，虽然幼稚，但却留下了一段难忘的回忆。

到了20世纪80年代，我已经出了几本古典文学研究专著，也发表了几篇论文。有一次，金先生来北京，恰在这时，日本一位汉学家在论述一年来中国古典文学研究概况时，也提到了我的一篇论文。我把这篇文章的复印件送给金先生，并写上“向金先生再交一次作业”。

我将这篇文章送给先生，并题上述的字，不过是以此说明，我始终是金先生的学生，不忘先生当年的教诲，至今仍记得在文学小组向先生送交习作时的情景。对此，金先生十分高兴。后来金先生与我见面时还说起，他给后几届学生演讲时，还提到我那次送文章和题词的事。

在金先生的引导下，文学组成员和未参加文学组的同学，还有几位也在我校教语文的老师，都对寓言写作产生了浓厚兴趣，而且取得了很好的成绩，发表了不少寓言作品。后来，研究者称这批作者为“温州寓言作者群”。这个时候，我自然也在金先生的指导下，学着写作寓言。此后向金先生交的习作，也都是些寓言了，其中一篇《梨树的遭遇》，是读高二时的习作，居然也颇得一些选家的青睐，被编选进几种寓言选本。

转眼四十多年过去了。仔细回顾一下，从金先生那里学到的，固然是叩文学之门（至今仍然仅仅是在门外叩门，不敢说入门）的基础知识，但真正可贵的，还是金先生的精神品质对我们的无言教导。

金先生是一位寓言作家和诗人。他最早出版的作品是诗集《生命的画册》，教我的时候，已放下诗笔，专门从事寓言创作，一连出版过十多本寓言集，取得了极高的成就，其中《乌鸦兄弟》《船夫》《长在岩缝里的小草》《老驴推磨》等，都是寓言创作中少见的名篇，如今已被翻成多种外文的译本。20 世纪 90 年代，先生已将近七十高龄，不仅仍然坚持寓言文学的创作，童心依旧，写出许多情趣盎然的佳作，而且还花最宝贵的时间，甚至动用自己的积蓄，创办了一份叫《寓言》的杂志，目的是使同辈或后辈寓言作家有地方发表作品。

今天，先生已年逾古稀，仍是神采奕奕，几乎看不出一位古稀老人的常态。有一次，金先生到北京来，我的一位学生见到他，说了一句像是绕口令的话：“看起来，先生的先生比先生更年轻。”金先生的确称得上青春常在。人们或许以为，这是一生安乐所致，可是谁又能想象得到，这七十多年来，金先生走过的是一段何等坎坷的道路！

寓言作为一个文学门类，本身就有讽刺嘲笑人间丑恶现象的特质。金先生是寓言作家，因此，没有逃过 1957 年那一劫。此后若干年，先生过的什么日子，是不言而喻的。但无论何种挫折，都不能消磨掉先生的意志。支撑先生度过那段不短的艰难岁月的，是诗人的纯粹心灵，是寓言作家的风趣幽默。我当然也知道，此外还有师母相濡以沫的奉献。

金江先生教给我们的，不仅仅是文学创作的知识技能，更可贵的，是对理想的执着追求和遇到挫折时坚强的精神意志。这一切，都是先生传授给门下各弟子的重要精神财富。

高中毕业后，我进了复旦大学中文系，主修中国文学史，自本科到研究生，度过了漫长的整整十年从学生涯。这十年中，我得到诸多业师的教诲和培育，同样永远铭记于心。从这时起，才算是开始正式走上文学道路。如果记述这段大学本科和研究生的生活，将不是一篇而是一组更为冗长的文章，只能姑俟异日了。

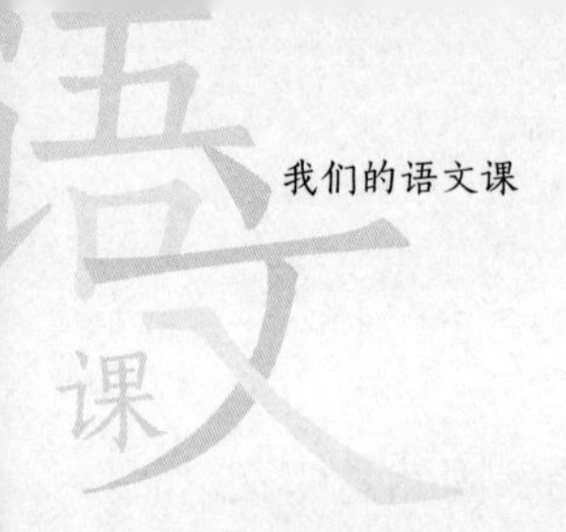

课内与课外

/ 童庆炳

童庆炳　1936 年生，福建省连城县人。曾任北京师范大学教授、博士生导师。长期从事中国古代诗学、文艺心理学、文学文体学、美学等方面的研究。著有《文学活动的美学阐释》《中国古代心理诗学与美学》《文体与文体的创造》《童庆炳文学五说》和长篇小说《淡紫色的霞光》等。

在朦胧的记忆中，小学的“国文”学习，有两个“重大”事件至今仍有印象。

第一件，是小学三年级时发生的事情。我们有一位姓罗的年轻老师，一上课就先写满一黑板，写的是对一些现代汉语词语的解释。例如，“美丽：好看的样子。美不胜收：好看的东西很多，一时看不过来的样子。美妙：美好奇妙的样子。美意：好的心意的意思。美中不足：好是好，但还有不足的意思。美事：好事的意思……”这些都让我们抄在本子上，然后他就一边在教室里的过道中走动，一边带领我们反复朗读，还要求我们背诵下来。罗老师为什么要这样做呢？当时我并不明白，现在回想起来才知道他的用意。原来，我们的家乡话是客家话。客家是从北方迁徙到南方的，因此客家话中存有不少古代汉语的词语和发音。如“今天”我们那里叫“今日”，“懂”“知道”我们那里叫“晓得”，“早晨”我们那里叫“天光”；倒是普通话中的一些词语，我们不知道。所以罗老师为了让我们学会普通话，用了那么大的功夫让我们背诵这些看起来很普通的词语。也许我的普通话训练就是从“什么什么是什么什么的样子”“什么什么是什么什么的意思”开始的。

第二件事发生在小学四年级。四年级的教室在东边的院子里。语文老师还是姓罗，不过这是一位年纪更大的老罗老师，他对学生的严厉是全校出了名的。他总是对学生板着一个脸，更要命的是他手里永远拿着一根竹鞭。无论是课上还是课下，只要看见学生有什么“越轨”行为，就让学生伸出手来，轻则在手上打三下，重则要打六七下。他教我们四年级的国语课，最重要的方法是在疏通文句后，让全班同学把所有的课文都背诵下来。因此，每逢上国语课，开始的环节，就是要求每个同学拿着课本到讲台那边去，背对老师面对全班同学背诵课文。如果背诵顺利通过，得到的奖励是“回去”这两个字。“回去”就是回座位上去。能够把课文背诵下来，这是很得意的事情，所以当罗老师说“回去”的时候，那的确是莫大的奖励。如果背诵不下来，或者背得丢三落四、结结巴巴，那么得到的惩罚就是“出去”这两个字。“出去”是什么意思呢？同学们都懂。原来，我们教室的外面有一长条鹅卵石路，路东是教室，路西是天井。老师所说的“出去”，就是让走出教室门外，跪在这条鹅卵石路上，手里还得捧着课本，不停地念，直到能背诵出来，然后才可以申请进入教室再次背诵。有时候全班有半数同学背诵不下来，那跪在鹅卵石路上的队伍就排成长长的一列，看上去十分“壮观”。我好面子，所以差不多都能背诵下来，但还是有一次因背诵中读错字音而被罚，跪在那鹅卵石路上。偏偏天又下起了雨，顺着天井的屋檐瓦口倾泻而下的雨水溅了我一身，冷风飕飕，甚为难堪和尴尬。平时看见同学“出去”心里有一种快意，现在自己也加入他们的行列，那些平日“出去”的同学就冲着我笑，似乎在快意地说“你也会有今天”。从那次“出去”以后，对那“屈辱”体验十分深刻，从此总是把课文背个滚瓜烂熟，对同学“出去”的快意也在无意中消失了。这是解放以前的事情，又在那偏僻的山沟里，你到哪里去申诉？况且那时连申诉的要求都没有。不过话又说回来，那时背诵过的篇目至今不忘，真是获益匪浅。也许我的学习语文之路就是从背诵课文开始的。现在看来，少年时期背诵一些名篇佳作，是非常必要的。少年时期是人的记忆力最佳的时期，要是在这个时期熟背一些作品，那些作品就烙印一样深深地刻在脑海里，不但终生不忘，而且随着年龄的增长你会不断地发现那些作品的意义和意味。当然，我不赞成像我的那位老师那样去处罚和羞辱学生。

小学五六年级的语文学习，印象就很浅了。因为是两个年级合班上课，老师先教一个年级，然后再教另一个年级。老师管不过来，学生也就自由多了。现在只记得自己上课时老是东张西望。教室的墙壁就成为一个关注的目标，那墙壁上贴有中华朝代更替表，还附有一个顺口溜：唐虞夏商周秦汉，三国二晋南北朝，隋唐五代宋元明，清朝亡了民国兴。下面还有注释，如三国是魏蜀吴，五代是梁唐晋汉周。我在无意的东张西望中把这些东西背了下来。对中国历史的发展线索的印象最早就是从这里留下的。我如今深感一个小学教师责任的重大，因为国家和家长把孩子交给你，就是把一个个幼小的天真烂漫的心灵交给你，把一张可以描画最美好的图案的白纸交给你。你在那上面涂抹什么，那白纸一样的心灵就留下什么。哪怕是教室墙上的一点点布置，也可能给你的学生留下一笔宝贵的知识财富。

我初中时期的语文教师和中等师范时期的语文教师现在都还健在。初中的林老师那时刚从厦门大学中文系毕业，他给我们的印象是年轻、帅气、潇洒，永远戴着一副样式新颖的眼镜，西装革履，整洁大方，他那个样子本身就具有文学性。当然，他的课讲得很好，能把课文中最细微的地方揭示分析出来，特别是揭示小说的氛围、诗歌的言外之意，是他最擅长之处。但是，我最喜欢的是他经常能在闲谈的时候随便给我们介绍一些作家作品，什么巴金、曹禺、老舍之类。后来我因为家庭经济困难，远离故乡去龙岩师范学校上学，没有直接升入县城的高中。

在龙岩师范，我遇到的语文老师是赖丹。在解放战争时期，他是香港的青年作家。记得有一天，他把几位语文学得比较好的学生领进他的住所，把他在香港各种报刊发表的小说（其中有些是连载小说），一一展示给我们看。在我们这些学生心中他的高大的身影立刻更加高大起来。他讲课慢吞吞的，但总能讲出一些对我们这些孩子来说是新鲜有趣的东西来。课下，他经常谈到的大文豪是歌德，最推崇的作品是《浮士德》。歌德、《浮士德》离我们是那么远又那么近。因为，在龙岩小城，根本就找不到一部歌德的作品，更何况什么《浮士德》，但我们又觉得歌德、《浮士德》是如此亲近，因为这是赖老师天天说的。这样，在我的心中就留下一个悬念：歌德为什么是大文豪?《浮士德》又是写什么的？不过，我在师范读书那几年，正是我们国家全面学习苏联的时期，虽然没有亲睹歌德的风采，却开始如醉如痴地阅读苏联的英雄小说。我记得我读过的苏联小说有奥斯特洛夫斯基的《钢铁是怎样炼成的》、高尔基的《母亲》、科斯莫杰米扬斯卡娅的《卓娅和舒拉的故事》、法捷耶夫的《青年近卫军》、西蒙诺夫的《日日夜夜》、波列伏依的《真正的人》、阿扎耶夫的《远离莫斯科的地方》、肖洛霍夫的《他们为祖国而战》、巴甫连柯的《幸福》……如果你生活在那个时代，不知道奥列格、柳巴是什么人，不知道友谊是什么、爱情是什么、人生最宝贵的是什么，不知道那些英雄们如何英勇机智地与德国法西斯战斗、如何面对敌人的枪口而英勇献身，那么你就是一个怪人，一个被认为是落伍的人。就在这大量的阅读中，我真正感受到了文学的魅力。我觉得我通过阅读获得的东西，比老师在课堂上教给我的多了许多。

1954 年一个平平常常的秋日，我的一篇读苏联英雄小说《古丽雅的道路》的几百字的读后感，被《文汇报》刊载出来，随后又得到“一笔财富”—— 五元人民币。我那时兴奋的感觉真是难以用语言形容出来。现在，我虽然经常得稿费，而且有时数目很大，可当时那种感觉再也找不回来了。

高考的时候，我的数学老师认为我的数学基础好，建议我考数学系，但我的语文老师又给我讲起了歌德和他的《浮士德》。也许就为了更好地了解歌德和《浮士德》吧，我在志愿表上毫不含糊地填写上了中文系。

一生之幸与痛

/ 曾恬

曾恬　1936 年生于河南省开封市，1959 年毕业于北京师范大学中文系，1986 年加入北京作家协会。著作有中、短篇小说及报告文学、散文、论文共百余万字。

“明天是……”每到星期五，我们的班主任刘老师，在他的那一堂国文课讲完、即将下课的时候，总要目不转睛地、轻轻地、微笑着说出这么三个字，故意“逗”我们快乐地高喊一声：

“星期六！”

“咱们做什么？”他还喜欢故意再问一句。

“听——朗——读——！”在这拖长的整齐的欢快的叫声中，总会有几个同学挥动双臂，忍不住拍手，甚至于抬几下屁股，把连体的课桌椅晃得咯噔咯噔响。这都是一些控制力较差的同学，他们必定要这样表达对“星期六朗读课”的热爱和盼望。虽然刘老师已经教我们一年多了，周末听刘老师朗读文学名著，早已经是雷打不动的“制度”，但是同学们的激情只增不减。因为我们以前不知道，国文课本以外，竟有那么辽阔和灿烂的天地！从刘老师声情并茂的朗读课里，丹麦那个卖火柴的小女孩、意大利那个万里寻母的小男孩、中国宋代那位“怒发冲冠”的抗金英雄岳飞、在狱中给新婚妻子写绝笔信的革命烈士林觉民……一个个融入了我们的生命，就像我们一生下来就认识他们似的。记得那时，星期六谁都不会忘记带擦眼泪的手帕。然而我们流泪不只是出于伤心。虽然才十一二岁的年纪，但那咸咸的泪水中已经饱含了比伤心的分量重得多的东西：正义、敬仰，甚至悲壮。

啊，我亲爱的开封五小！我敬爱的刘老师！我难忘的国文课！

幸运女神紧跟着我。小学毕业后，我随父母来到了首都北京，进入北京华北中学读初中，先后有曾铎、汪瑞华两位老师教我们语文。曾、汪两位老师和刘老师一样风华正茂、才华横溢。不管是什么课文，他们都讲得有滋有味。他们的声音时而高亢，时而低沉，时而悠扬婉转。他们的表情，光是微笑就有无穷的含义：满意的、启示的、安慰的、幽默的、忍俊不禁的……总之，他们上每一堂课，都必定把全部感情投入其中。所以，他们一登上讲台，就如同把我们领上了一艘大轮船。那托住船身的海水，是一片新奇而美丽的世界；那船的舵手兼导游，就是老师。每逢作文讲评课，同学们简直像是球迷等到了一场精彩的甲级赛 —— 谁是大赢家？谁将使出绝妙的几招？过程吸引着你，悬念更吸引着你。不，比看球赛还要兴奋，因为同学们自己都是参赛者。我们的老师，对如何上好作文讲评课，确实有“秘密”和“绝招”。哪个班上没有几个作文“高手”呢？他们受到老师的喜爱是毋庸讳言的。对写得漂亮的文章，我们的老师不惜用特级表演艺术家的水平去朗读，并做出令人折服的评点。但是在讲评作文的过程中，决不让“尖子”独领风骚。作文水平一般的同学，凡写出了精彩的段落、精彩的句子，哪怕是一个词用得妙，老师都要响亮地说出他们的姓名，以极其兴奋的情绪加以赞扬和夸奖。对作文有进步的同学，老师也会热情地鼓励 —— 他会把一篇普普通通的文章，朗读得人人感动。一两节作文讲评课上完，你会看到一片红红的小脸。那是得到了金牌的兴奋的红，那是自信心得到了肯定和提升的快乐的红，那是获得了美好的精神享受的满足的红……至于讲没讲过“写作技巧”，我倒是一点也想不起来了。

在华北中学，遇到重要节日，语文教研组的老师们喜欢举办文学名著朗诵会。我至今不忘汪瑞华老师朗诵时那认真的模样、那生动的表情。从老师们的独诵、合诵、联诵中，鲁迅、茅盾、郭沫若、裴多菲、高尔基等众多著名作家的名字，以及他们的美诗佳文，像春雨和春风，启迪着我们的智慧，滋润着我们的灵魂。这三年的语文课和有关的活动，在我成长的关键时期，使我汲取了营养极其丰富的精神乳汁，为我热爱文学、热爱教师事业，奠定了结结实实的基础。

如果说“幸运是偶然”的话，升入高中后，“偶然”又伴随了我三年。那是在北京师范大学附属女子中学（今北京师范大学附属实验中学），我遇到了李辛老师，他教了我们三年语文。同样的风华正茂，同样的才华横溢，唯一不同于我以往的语文老师的，就是李老师讲课的声音，永远像山涧的涓涓细流。你听他的声音会感觉自己是在春天。讲课的内容一旦遇到悬崖飞瀑般的激情，遇到雷鸣闪电般的悲壮，他的独特表达方式就突然变得严肃而沉默，本来就薄的双唇紧闭得只剩下一条窄缝，不大的眼睛亮起来，凝视着我们（或某处）。短暂的沉默之后，他会说出一段警句式的话。低沉的声音，异常清晰地回响在安静的教室上空。这时，同学们会不约而同地在本子上快速地书写，努力让自己的笔跟上老师的话语。

有这么优秀的老师，够幸运的了。到了高一第二个学期，更幸运的“偶然”降临了：我们班被教育部批准为语文改革实验班。行笔至此，我真想欢呼一声：1953—1955 年是多么美好啊！我们将全国统编的语文教材束之高阁。李辛老师自己编的教材由教务处刻印出来，我们人手一册。光是浏览一下那目录，就够同学们欢呼雀跃了：中国文学以“史”为纲，从《诗经》的“关关雎鸠”，到唐代的李白、杜甫、白居易的名诗，到宋代苏轼、辛弃疾的词，到清代曹雪芹的《红楼梦》，到“五四”时期的鲁迅、郭沫若，到中华人民共和国成立后的赵树理、丁玲……外国文学部分，既有普希金、契诃夫、高尔基，也有莎士比亚、巴尔扎克……好诱人的一座文学大花园啊！李老师在课堂上特别善于以点带面地介绍作家及其代表作。比如，他讲《致西伯利亚的囚徒》这首诗时，竟不惜用整整一节课的时间介绍普希金——他的生平、他的才华、他在俄国文学史上的重要地位。我们都听“傻”了！有了这个充分的铺垫，在第二节课上，老师仅用了十几分钟时间，就使同学们理解了诗的深刻含义。剩下的事情就是朗读了：老师示范读，带领大家读，同学齐声读，一遍遍默读。最后是背诵。一遍遍地背诵，直至激烈悲壮之情再也无法抑制地自胸中喷涌而出——师生都眼睛湿润，喉头发紧，声音稍显嘶哑，那明明是人人都在控制呜咽。那时，我们是多么盼望上语文课的铃声响起，又是多么讨厌语文课下课的铃声响起。

李老师在这次教学改革的实践中，提出了自己的一个“口号”，就是“领进去，带出来”。他主张，要敢于把学生领进古今中外优秀文学的世界里去，只要记住及时地把他们带领出来 —— 带到现实世界中。他不仅不怕他的学生在优秀文学作品中沉浸、陶醉，相反他要教会他们沉浸其中，陶醉其中。沉浸不是沉没，陶醉不是迷醉。他相信，奋发向上的社会主义青年，是具有很强的抗毒、排毒能力的。为什么不向他们敞开人类灿烂文明的大门呢？可惜啊！我这个当了整整六年语文课代表的人，竟一点也不知道中学的语文教学究竟发生过什么变化。万未料到的是，当我大学毕业回到母校当中学语文教师时，我在“语文课”面前，竟成为一个没头苍蝇。花季时代让我陶醉的语文课，不仅已无影无踪，甚至不能被提及。我跟当时的千万个语文教师一样，掉进了盲人摸象的队伍 —— 一群盲人听着看不见的指挥员的哨声，动作整齐地摸来摸去。“大象是个肉柱子！”“不对。大象是一根肉鞭子！”“再来一次！摸呀！好！这回最最正确：大象是……”我的心早已由惊疑而痛苦，由痛苦而枯干，由枯干而麻木……

我 45 岁时，幸运之星又降临到我的头上：我一连十年站在一所职工大学的讲台上，面对着一拨又一拨无比渴望知识的学生，讲授外国文学 —— 从古希腊、罗马时期讲到文艺复兴时期，从古典主义讲到浪漫主义、现实主义……在良心的督促下，这十年，我自认为我做到了呕心沥血，自认为努力地继承着我的中小学语文老师教学的精神和“艺术”，也算是痛快淋漓地圆了一场迟到得太久的“青春美梦”吧。感谢命运！

近几年语文教学改革的风浪再次掀起。我贪婪地阅读着、赞美着所有引起我共鸣的文章。这风浪令我这个 66 岁的退休教师，兴奋得几乎返老还童。我谨以此拙文献给冲在改革第一线的战士。坚持啊，胜利属于改革者！

难忘启蒙师

/ 王春瑜

王春瑜　1937 年生，江苏省建湖县人。作家、学者。中国社会科学院研究员。主要著作有《“土地庙”随笔》《明朝酒文化》《明清史散论》《阿 Q 的祖先 —— 老牛堂随笔》《牛屋杂俎》《交谊志》《喘息的年轮》《漂泊古今天地间》《续封神》等，主编过“新编三言二拍丛书”“中国经营文化丛书”“当记者随笔丛书”等众多丛书。

如果说，作为一名学者、作家，我的文笔还算流畅、简洁，这得益于我在少年时代打下的比较扎实的语文基础。小学和中学的语文老师对我的启蒙之恩，我永远不会忘记。

我这大半辈子，写过几百万字的作品，但第一篇作品 —— 严格地说，是第一篇作文的写作、刊出情景，至今还历历在目。1943 年，我虚岁 7 岁，在今江苏省建湖县高作镇蒋王庄小学读二年级。夏一华老师教我们写作文。他要我们把看到的有意思的事写下来。我想起我们一群小伙伴在一小块空地上种鸡毛菜（即小青菜）的情景，觉得很有趣，便用毛笔在稿纸上写道：“鸡毛菜长出来了，绿油油的，多好看哪！蝴蝶在上面飞来飞去，多快乐呀！”夏老师看后，微笑着用红笔在我的作文上批了一个“优”字，并贴在教室的土墙上，这就是“发表”了。同学们下课后都去看，我自然很高兴。夏老师肯定我这篇作文，认为虽然篇幅很短，但文字通顺，没有错别字，字也写得很认真。

我的第一篇作文受到夏老师的表扬，这对我以后的成长具有重要的影响。我幼小的心灵茅塞初开。什么叫写作？这就是写作，没什么神秘的。夏老师是个温文尔雅的人，皮肤白净，身材瘦弱，穿长衫，戴礼帽。有一次，我在描红簿上，竟然写下“夏老师像个大姑娘”这样一行大字。这真是没大没小，太不尊重老师了。夏老师看到后很生气，用戒尺打了我的手心几下。但他显然是手下留情的，我并没有感到很疼。这次“大姑娘”风波后，夏老师仍然耐心地教我如何做作文，并不时表扬我。我儿时相当淘气，又不讲卫生，头上长了不少虱子。夏老师不仅没有嫌弃我，有时下课后还帮我捉虱子。当时我就产生联想，他批改我的作文，改掉错字，跟在我的头上捉掉虱子差不多。令人痛惜的是，夏老师只教了我们一个多学期的课便因患肺结核病倒，不久即去世，年仅二十多岁。岁月悠悠，近一个甲子过去了，我常常想起这位第一个在写作道路上扶我学步的老师。没有当初的第一步，哪有我后来漫长的、通往成功之路的步履啊。

上了初中后，葛葵先生、王文灿先生、唐则尧先生，同样是令我终生难忘的。1949 年秋，我考入盐城师范初中部（前身是著名的海南中学），教我们语文的是葛葵先生。他毕业于南京师范大学。比起小学时代的老师，他真是位大学问家了！他对历史、古典文学、现代文学都很熟悉，在语文课上，分析主题、文章作法深入浅出，对相关作家的生平娓娓道来，并不时讲起他参加南京学生“反饥饿、反内战”游行示威活动的情景。他当时念的他们写在大横幅上的一首诗，我至今仍记忆犹新：“黄金美酒万民血，玉盘佳肴百姓膏。烛泪落时民泪落，欢声到处哭声高。”他要求我们课余时间要多读现代作家的作品。正是在他的启发下，我由读传统武侠小说、旧小说，转而读新文学作品，《小二黑结婚》《吕梁英雄传》《茅山下》《新儿女英雄传》等，便是我最早接触的新文艺作品，使我大开眼界。葛先生给我们出的第一篇作文题是“我最崇拜的人”。我看过小说《说岳全传》，便写了我崇拜岳飞及为什么崇拜岳飞。葛先生在课堂上表扬我这篇文章写得好，但也指出，岳飞是个愚忠的人，这一点不值得效法。显然，他是懂得历史唯物主义的。非常遗憾的是，葛先生因肺病复发离职，于 1953 年去世，还不到 30 岁。

此后，王文灿先生、唐则尧先生相继教我们语文课。王先生原是校医，但知识渊博，书法亦佳，他教生理卫生、数学、语文，都很受同学们的欢迎。他批改作文一丝不苟，对我的每篇作文都认真分析，指出优缺点，且鼓励的话更多一些。时值抗美援朝，我写了一则美军思乡的文章，他用红笔批曰："写得好，可翻译成英文，作瓦解美军用。"这真使我受宠若惊。回想起来，这恐怕是我大半生以来，我的作品所受到的最高评价了。文灿先生今仍健在，八十多岁了，衷心祝福他寿过期颐。唐则尧先生是位严师，表情严肃，不苟言笑，我私下给他起了个"唐老虎"的绰号，这是对老师的大不敬。后来有同学向唐老师举报，他找我谈话，指出我不敬师长的错误，但并未高声训斥。有一次作文，他出了题目，我却擅自另写了抗日英雄、神枪手王洪章的故事。他看后，严厉批评我自说自话，太随便，怎么可以绕开老师，自拟题目？他说："写作是件严肃的事，不可随随便便。"但是，他非但没有判这篇作文不及格，反而批道："讴歌抗日英雄，很有意义，通篇文笔流畅，能吸引读者，可试向报刊投稿。"唐老师说的"写作是件严肃的事，不可随随便便"，谆谆教诲，使我受用不尽。成年后，特别是我走上研究、写作的道路后，文章无论长短，都是心血结晶，而非信笔涂鸦。唐老师在 20 世纪 80 年代去世，仅得中寿，呜呼哀哉。

1952 年秋，我进盐城中学读高中，两年后，因病辍学。在此期间，语文老师万恒德先生对我的帮助最大。至今我仍保留了一本由他批改的作文簿。他对我的作文的批阅意见，促使我的作文水平上了一个新台阶。最近，我将刚出版的杂文、随笔集《铁线草》寄给他，聊表敬意。

在我看来，过语文关，最重要的是过作文关。固然，想写好文章必须广泛阅读，勤奋练笔，但即便是了不起的天才，也很难离开小学、中学老师的启蒙。我只是一个仅有中等智商的人，我之所以能笔耕不辍，实在要感谢小学、中学时的语文启蒙老师们。晨昏月夕，在散步林荫时，在握管凝思间，我常常想起他们，不尽的思念在我心头萦绕：啊，难忘启蒙师……

课堂教学以外

/ 徐葆耕

徐葆耕　1937 年生于北京市。曾任清华大学中文系教授。撰有《西方文学：心灵的历史》《释古与清华学派》等理论著作、《邻居》（合作）等电影文学剧本和《同窗》等小说。

接到关于中学语文教学的约稿信时我怦然心动，似有所感。但真正提笔时，又发现对中学语文教学的记忆已经模糊得一个字也写不出。但是语文教师的影像却异常鲜活，挥之不去。他们最令我难以忘怀的，不在课堂之内，而在课堂之外。

我是在 1949 年中华人民共和国成立前夕考入北京市第五中学的。第一次上语文课时，一个娇小的青年女教师走进教室，她长着一副充满孩子气的面孔，如果不是她的鼻梁上架着一副阔大的金丝眼镜，我会以为她是邻近女子中学的高中生。可能是为了掩饰自己的孩子气，她在课堂上总是显得很庄重，喜欢用教训人的口吻讲话。在讲课时，常插入一些她做“流亡学生”时的奇情异事，例如，有一次她讲到，她们一群学生在农家借宿，土炕上都挤满了，还不够睡，她便架起两根扁担，睡在这两根扁担上。这件事令我惊异了很久，想不明白在两根扁担上怎样睡觉。

那时是解放初，大中院校都十分活跃。有一天晚上，老师兴冲冲地带着我们十几位初一的学生去北京大学红楼参加一个诗歌讨论会。房间里挤满了人，我们只能坐在地上。由于电力不足，会场显得很昏暗，发言的人大都慷慨激昂，不断有人提问、争辩。据说其中有几位是著名诗人，而我只知道田间，当时已读过他的《赶车传》。发言的内容我几乎全都听不懂，但受会场气氛的感染，开始对诗产生兴趣。回来后，我一个晚上就写了七八首诗，其幼稚程度是令人笑掉大牙的，例如，有一首叫《查户口》："查户口，查户口，让好人安全，坏人溜不走。"我把诗拿给我们的语文老师看，她居然看得很认真，把我叫到教员预备室，一首一首加以批改。印象较深的是，其中有一首是写我们的音乐教师的，我觉得她的脸形难以描绘，便在诗行中用一个多边形代替。语文老师严肃地批评我说："写诗不能偷懒。遇到描写不出来的东西，一定要努力去搜寻，一定有一个语词是最适当的，诗人的任务就是在万千个语词中找到它。"后来我才知道，老师说的是法国作家福楼拜的名言。老师如果是现代派，应该赞赏我在诗中加图画的"创举"。但她不是，她教我老老实实地用文字描绘现实。这次谈话对我影响很大，"寻找那个最合适的语词"成了我毕生的追求。

那是个充满政治激情的年代。抗美援朝时，学校组织宣传队上街头演出，我被召去参加。语文老师似乎是整个宣传队的总编导，几乎所有节目都是她一个人创作的。排练到天黑时，大家饿得肚子咕咕叫，老师从外面捧来一堆烤白薯，每人一块。那个年头是没有什么"补贴"的，八成是老师自己掏腰包。我被安排扮成一个黑人来控诉美帝国主义对非洲的侵略，讲演稿大概也是语文老师写的。我一点也不懂，只能死记硬背。老师一句一句地告诉我何时激昂、何时低沉、何时停顿……我记不住，老搞错。第二天上街时，我演讲了一次，观众没反应，老师便不再让我出场。我的脸上涂满了墨汁，皱巴巴的。一出汗，黑墨汁就沿着下巴流进领口。我一边擦一边难过，我辜负了老师的期望。

一年级下半学期，有一次全班到农村劳动。回来后我写了一篇作文，受到语文老师的赞扬，她当堂向全班同学朗诵了它。我欣喜若狂，把它投给了《新民报》(《北京日报》前身）的《新学生》副刊，想不到真的刊登了出来。眼看着自己的文章变成了整整齐齐的铅字，喜悦难以形容，投稿积极性大增。几乎每个月，都会有"豆腐干"大小的文章见诸报端。我的写作生涯就是从此开始的。如果没有语文老师的鼓励，我也许不会走上写作这条路。

也许跟报纸上的那些"豆腐干"有关，我受到语文老师的青睐。有一天，老师约我和另一位同学周末到她家去。那是一个很漂亮的两进四合院，老师住在后院的一间很小的房间里。略坐片刻，她就站起身来说："咱们到前厅去。"

前厅很雅致，也很阔气。主人的女儿是北京市第十一女子中学的学生，比我高一级，长得清丽可人。语文老师和她很熟，几乎所有的谈话都带有调侃意味，与我们在课堂上看到的老师判若两人。老师弹着钢琴，让我们唱歌。那时候，我的嗓音很亮，曾在广场上演过《兄妹开荒》，但我会唱的歌很少。主人家的女儿会唱外国歌，老师弹着琴，她唱《小夜曲》，我们听得如醉如痴。恰在这时，女仆进来说，外面有两个男学生要见主人的女儿，她惊慌地说："那是两个流氓！在上学路上缠过我好几次了！"老师把头探出去看了看门外的男学生，故意说："蛮不错嘛！请他们进来！"吓得主人家的女儿一边央求，一边向钢琴底下钻。这时候的语文老师，一点"师道尊严"都没有，活像个调皮捣蛋鬼。

这位老师名叫张宝芬。我离开五中，进入清华大学后，听人说，"肃反"时查出她有"历史问题"，五七年又被划为"右派"，死得很凄惨。但在我的印象中，她始终是一个清纯的、热情的女孩，是领我走上文学道路的引路人。

初中三年级的语文老师叫张宗骞，脸细长，尖下巴，有点像堂吉诃德。他操东北口音，上课时说："我们学校有两个语文老师，一个宗'张骞'，一个慕'李白'。""慕'李白'"指的是高三的语文教师"李慕白"。我喜欢写作张先生早已有耳闻，他十分器重我，经常在作文课上朗读我的作文，令我喜不自胜。有个周末，他把我叫到他的宿舍，送我一本《戏剧艺术引论》，如果我记得不错，是张庚著的。他还同我讲了许多关于创作的话，我并不很懂，也没有记住。倒是他讲的一段同屋姚老师（教历史的）的"隐私"，让我大感兴趣。张先生说，姚先生每个周五都要进理发店，不仅理发，而且吹风、抹油、刮脸，为的是星期六下午到人民大学会女朋友。张先生的这段话，引起了我和几个同学的"窥私癖"，我们周六下午就到铁狮子胡同（当时是人民大学的校址）去"蹲坑"。果然，姚先生早已身穿呢子大衣、围深红色围巾伫立在寒风中。他鼻子、耳朵冻得通红也不肯戴帽子，以显示那刚理过的油光光的美发。不一会儿，姚先生的脸上现出灿烂的笑容：一个女学生，身穿列宁装轻盈地走过来，照现在的话说，"三围"极佳，面孔白皙，长辫齐腰。我们几个"蹲坑"的面面相觑，大为惊叹："值得！值得！"

我向张先生报告此事，张先生哈哈大笑。照现在看来，张先生也是有失"师道尊严"的，把同屋老师的"隐私"告诉学生，尤其有失体统。但在当时，我并没有这种感觉。张先生把这件事转告姚先生，姚先生也并未发脾气，并且说，结婚时请我们吃糖。

上了高中，就眼巴巴盼着陈布文先生来上语文课。陈先生是从延安来的，据说上过鲁迅艺术学院。在当时，鲁迅艺术学院的名气远胜清华大学、北京大学。陈先生是位女士，个子矮小，每次上课间操时，她都站在队伍前面同其他老师闲谈。她同别人谈话时，总是站得很近，像是准备亲吻对方，而且满脸笑容。每天中午，她都会在高三班的一个教室里朗诵苏联小说《恐惧与无畏》，略带南方口音的普通话有一种磁性的魅力，令听众着迷。

终于盼到了陈先生上课。她上课总是像在朗诵诗，有时仿佛沉浸其中，沉默良久，大家同她一起感动着。她很喜欢讲鲁迅，这极大地激发了我对鲁迅的兴趣。她上课时偶尔也讲一些笑话。有一次不知从课文的什么地方又联想到了在延安的生活，她说那里的女同志很爱美，用旧毛线结成绒球装饰在草鞋上。她说："当时我也很想把自己打扮得漂亮一点，可是我长得太丑了，他们都注意不到我……"这是我生平第一次听到一个女人坦然地说自己"丑"，那种解嘲式的口吻正好反映出她的自信。

她教我们的时间不长，不久就调走了。据说是到《新观察》当编辑。我便开始阅读每期的《新观察》，注意寻找署名"布文"的文章。1957年，《新观察》被判定为"右派刊物"。此后，也就再也没见到陈先生的文章了。而且，我有一种不祥的预感：她大概是难逃厄运的。

听钱理群、陈平原说过：他们师从王瑶，最大的收获不在课堂上，而是在王先生家里听他"闲扯"，他们管这叫"亲聆音旨"。我从中学语文老师那里得到的感受与他们近似。我觉得，对学习人文学科的学生而言，这也许是一条通往成功的"秘诀"。

但是，这种师生间的沟通需要一种宽松的环境和特有的真诚。现在，无论是中学生还是大学生，他们对老师的期望都非常"实际"：学得知识，考上大学，谋得职位。老师们也为此而殚精竭虑。待考上大学、谋得职位后，死记硬背得来的知识再也没有用，至于老师也就渐渐淡忘。坦率地讲，我已多年不请学生到家里来，也不想同他们谈心。我认为他们也并不欣赏我的倾吐。只是在他们出国需要有人推荐时，我才重新成为有用之物。

回首当年学语文

/ 刘锡庆

刘锡庆　1938 年生于河南省密县（现为新密市）。北京师范大学中文系教授。主要从事写作学及当代文学研究。主要著作有《基础写作学》《写作丛谈》《散文新思维》等，并主编《中国写作理论史》《写作学辞典》《当代艺术散文精选》《20 世纪中国散文经典》等。

我是个"三八式"：人家说的"三八式"是 1938 年入党的老革命、老干部；我这个"三八式"，是指 1938 年 10 月出生。我的出生地是河南密县。这里并不是我的祖籍，我老家在河南滑县牛屯镇。刘氏家族在当地是个望族，书香门第。我爷爷是私塾先生，父亲考入燕京工学院化工系，而革命家赵毅敏、大历史学家尹达等都是父亲一辈的本家兄弟（他们投身革命后都改了姓名）。我出生后继续往西走，那时叫"跑日本"，一直跑到陕西汉中古路坝的西北工学院（简称"西工"）—— 父亲刚刚在这所新成立的高校里任教。

我上的小学不止一所，依次是古路坝联立小学、西安同志小学、咸阳扶轮小学（后改为铁路职工子弟小学）。联立小学的老师都是从北平西迁来的，一口京腔，严格禁止我们说"此地话"（陕西话），所以我的普通话从上学起就打好了基础，还是较为标准的 —— 这是语文课给我的好处之一，使我终身受用！

上同志小学的时候，我记得跟母亲回过一次老家，在河南镇平的一所小学借读了一段时间。这所学校的老师和学生对课文的"吟诵"，给我留下了很深的印象。记得我当时正好赶上学习《万里长城》这篇课文，头一句似乎是："有一天，我和爸爸游了万里长城。只见长城曲曲弯弯，蜿蜒不断……”虽然后面的都忘了，但这一句的吟诵因为太像唱歌了，非常好听，所以至今仍记得，而那些一般的“白话文”—— 除了《来来来，来上学》因为是入学后的第一课，又有点押韵、好记 —— 真的是连一丁点也记不得了！由此我感到：白话课文，实在是太“水”了，不是记不住就是记住了也没有什么意义，因为它本身文化的“含金量”太低了，不能使人终身受用 —— 整个小学六年，除了完成识字任务外，所有课文大多被淡忘了，并不能作为文化积淀存留下来以长期使用，这真是一种智力开发上的极大浪费！

我上的初中是坐落在西安北大街的私立圣路中学（快毕业时改成了西安市第四中学，并从北大街搬到了后宰门）。这是北京通县潞河中学因抗战西迁而在西安办起的一所中学。规模不大，从初一到高三共六个班，但老师水平高，办学又有方，看重素质教育，各方面人才出了不少，20 世纪 50 年代连续多年“高考”成绩在西北地区都是名列前茅。著名演员陈裕德、郭达、石国庆等，都是我的校友呢。

那时，我家还在咸阳“西工”，我自己到西安上学，生活和学习能力都相当差，又非常贪玩、贪睡，数理化成绩一塌糊涂。

就这样，到初二时我鬼使神差地迷上了读小说，包括读“小人书”（连环画）。出学校后门往南，走不了多远就是那时很有名的“平安市场”，那里有很多小书铺。和老板混熟了后，租书看是很便宜的：一分钱一本，一毛钱十好几本。一开始，我上课时还用教科书挡着偷偷看，后被教数学的班主任石老师抓住了，书被没收不说，他还在课上公开点名奚落、挖苦我。这点燃了我的对抗情绪：干脆逃课算了！正巧，那时抗美援朝战事初起，有些大点的学生纷纷报名参加“军干校”，我和一个绰号叫“冰棍”的同班同学也想去当兵打仗 —— 我们从教导处那儿开好介绍信，又在填好的表格上涂改了我们的实际年龄（填时不知道 17 岁以下人家不要，而我们俩年龄都小，得改成 17 岁）。后来才知道，人家招的是“卫生兵”，要上前线做医护工作、抬担架。面试时因我涂改得较为巧妙通过了，而“冰棍”因涂改得过于明显被当场识破，并被取消资格。这一来，他急了，竟把我也“咬”了出来 —— 于是我也被取消资格！我当时气得大骂他是“叛徒”“出卖人的小人”，但都没用了，只好灰溜溜地回到班里。学是更无心念了，“破罐破摔”也罢。一计不行，又生一计：我同班好友许德林的父亲在宁夏开车跑运输，给他带信儿说那里招拖拉机手，我们可以去应试。这真是喜从天降！我又想去宁夏了，整天沉浸于在茫茫荒原上开着拖拉机千里轰鸣、纵横驰骋的梦幻之中！听说我俩要走，大家都纷纷留言、赠物，真是令人感动！但到最后却落了个空：白热闹一场，没能走成。初二这关键的一年，就这样被我白白地耽误过去了！

学业虽耽搁了，但读小说却大有长进。我不上课，整天在宿舍大看“闲书”：什么《三国演义》《水浒传》《西游记》，什么《说唐全传》《说岳全传》《三侠五义》《七侠五义》等，不论字画，不拘长短，看了个天昏地暗、巨细无遗！当时书铺里那么多书，没有我落下没读的。读得既多，记忆又好，讲故事、绘人物，张口就来，不仅语言能力见长，鉴赏能力和写作水平也得到了极大的提升。

说起我的“作文”，那更加有意思。我们班主任石老师教数学，代数、三角、几何，样样精通，书教得棒极了！但我打小算术就差，初二再一折腾，代数自然学得稀里哗啦的。数学不行，他就看不上眼，加上我在课上看小说，又被他抓住并批评过，心中实在不服，于是便在他要看的“周记”里，用胡编出的一篇篇“故事”来讽刺、影射他。他也很奇怪，看完后就在班会上读给同学们听，虽也有些评点、批评，但我总觉得他有点“大人不记小人过”，对我写的文章确有那么一点点“欣赏”。他这一读，实际上也就是一种“发表”了：大家也都把班会上听我的“周记”当成了一种乐趣——故事编得好玩，写得也很逗，常引得大家哈哈大笑！下课后好多同学都夸我写得不错，你想这对我该是多大的鼓励啊！说实在的，我什么时候都没有怕过写作文，相反，写作文却成了我的一件乐事！还记得当时教语文的冯老师也很喜欢我，我的作文经常被“贴堂”。但我最感激的还是石老师，从某种意义上说，他才是我成才的恩师！

整个初中阶段，我偏科很严重：理科成绩实在糟糕，得60分已属侥幸；但文科成绩一直很好，政、史、文，不管考什么、怎么考，我都希冀着“表现”一下！特别是语文，总是领先的。高二时，我们碰上了一个水平极高的教语文的刘老师。他对古典诗文的精彩讲解，让我们全班的男女学生倾倒！不过，他不久就走了，听说是调到西安大学中文系去教大学生了，大家虽很惋惜，但也觉得理应如此。不久，学校又分来一位新老师做了我们的班主任。这个金老师也教数学，对我关怀备至，这样，到快毕业的时候，我的理科成绩也上来了一些。虽这样，谁也不把我列入“功课好”的一类。直到高考我报了文科，并一举考取了北京师范大学中文系后，大家才大吃一惊，而我自己却相当平静。

那年高考的作文题好像是和自己的理想、志愿有关。我看罢命题并略事构思后即挥笔开写，洋洋洒洒地写了好大一篇。要是现在的试卷，我想我是一准及不了格的！

所以，我常感到侥幸，也有点后怕。我知道，我走的这些路，我的这些个人经验，对别人怕没有多大借鉴意义，它太特殊了；但我又想，特殊中也有共性：语文好、作文好的人，得益于语文课、得益于老师教的，怕并不多！这当然让教语文的人备感心寒，但它也有力地证明了现行语文教学的极大失败！我看，怕要从根本上改一改路子了！

我这样学，我这样教

/ 何镇邦

何镇邦　1938 年生于福建省云霄县。鲁迅文学院研究员。著有《长篇小说的奥秘》《当代小说艺术流变》和《文体的自觉和抉择》等文学评论集，主编有“文体学丛书”“当代名家随笔丛书”和“名家侧影”等。

语文是中小学的主科，我从小学到中学，上了 12 年的语文课；大学毕业后，我又在北京的一所中学里教了 20 年的语文课，当过好长一段时间的语文教研组组长。对语文这门课，我应该是有好多话要说的。我当年学语文时，对这门课饶有兴趣，并因为喜欢这门课而违背父训，弃医学文；后来教了语文，以教语文、琢磨语文教学的诸多问题为业，确实为语文付出了不少心血。因此，这儿记下的不仅有当年学语文的经历，也有后来教语文的点滴体会。

课内与课外

语文教学首先要处理好课堂教学与课外阅读、课外活动之间的关系，亦即处理好课内与课外之间的关系。课堂教学的主要内容是课文讲解与作文教学。而我们的语文课本，大概自 20 世纪 20 年代以来的近百年间，除了少数一些时候有些改革外，大体是文选加知识（尤其是语法、词汇知识）。这样的课本决定了我们的语文课大部分是范文鉴赏课，通过教师的串讲使学生学会鉴赏，从而提高阅读能力和鉴赏能力，间或使学生从范文汲取点营养，或进行点模仿，以提高写作能力。其实，语文教学更广阔的空间还是在课外。

当年我在中学里学语文时，正是语文的课外活动调动了我学语文的兴趣。记得我当时在家乡的县城里上初中和高中，学校的图书室不大，藏书也不多，但是却给我们提供了相当丰富的课外阅读书籍；尤其是当时的图书室管理员郭老师知道我爱读书，经常把新买到的好书为我留着，于是我的课外阅读在书籍方面就有了更多的保证。后来，我又把家里给我的伙食费和零花钱节省下一部分，陆续买了几十册书，课外阅读的书籍就有了更充分的保证了。当时读的书除了《水浒传》《三国演义》《西游记》等古典名著外，主要是苏联以至俄罗斯的文学作品，诸如《青年近卫军》《卓娅与舒拉的故事》《古丽雅的道路》《静静的顿河》《普希金抒情诗选》《当代英雄》《猎人笔记》等，还有一些西欧的文学名著，诸如狄更斯、哈代、雨果、巴尔扎克的一些小说。这些中外的文学作品就成了我最早的文学养料。当然，我也读了一些现代散文和古代散文，这些散文作品对我的写作水平的提高似有更大的帮助。现在回忆起来，课外阅读的益处不仅仅是开阔了我的眼界，丰富了我的知识，提高了我的理解能力和表达能力，更重要的是调动了我学语文的兴趣，培养了我读书的习惯和读书的能力。我后来走上文学道路，从事文学研究和文学评论工作，同中学时代重视课外阅读很有点关系。

当然，我上中学时的课外活动并不仅限于读书，上高中期间，我还办黑板报和墙报，参加演讲比赛和辩论，到革命老区进行采访并收集民歌，导演多幕话剧《河滨激战》……这些活动，对我当年学好语文课以及后来走文学道路都起过积极的作用。

由于有了当年学语文的经验，后来我在北京一所中学教语文甚至当语文教研组组长时，就比较重视课外活动的组织与开展，诸如定期举办课外阅读辅导讲座和作文比赛，开展朗诵活动等。20 世纪 70 年代末，我们还动手编印了一册《中学生课外阅读文选》，收入文质兼优的现代散文近百篇，还请叶圣陶先生题写了书签。第一次印了 20000 册，很快销售一空，后来外地一些学校还借了去重印了几版，颇有些影响。

读与写

就我的学语文和教语文的经验来说，我以为，语文学得好不好、教得好不好，也就是说，语文教学质量的高低，在很大程度上取决于读与写的关系处理得好坏。因为，读与写是语文教学中最重要的一对矛盾，也是语文教学活动主要内容的体现。

就处理读与写的矛盾来说，首先必须重视读，也就是说要选择适合中学生写作参考或模仿的散文讲透、精读，既要弄清楚其思想内涵，又要弄明白其写作的特点，从构思谋篇、篇章结构、开头结尾、过渡照应到精彩的段落和句子，都要参透，对其写作手法也要有较深的理解。我当年教语文时，比较注意选择古今中外的散文名篇精读、精讲，尤以现代散文为主。著名作家、教育家叶圣陶先生多次强调要重视散文的教学，他把散文比作书法中的楷书和绘画中的素描，认为学书法要从写好楷书开始，学绘画要从素描开始，而学习写作则要从散文开始，这是很有见地的经验之谈。我无论是学语文还是教语文，都是循着叶圣陶先生的这一教诲去做的，也都收到了较好的效果。在 20 年的语文教学中，我大都选择一些精美的现代散文作为教学的重点，通过串讲的办法，把作品的思想内涵和写作手法讲深、讲透，并针对学生作文中的一些问题，有的放矢地讲。这样做，也往往能起到较好的教学效果。

其次是要注意写与读的结合，即有计划地进行写作训练，把作文训练与重点讲授的名篇结合起来，甚至可以进行某些模仿性的练习。我在中学时代学语文时，常有意识地对某些课文进行模仿性的练习，或通篇，或某些片段，都有较好的收获。我以为，初中阶段的写作学习不能拒绝模仿，就像初学书法时要进行描红、临帖一样，模仿的阶段是很难逾越的。这方面，我在后来的语文教学中有过试验。20 世纪 70 年代末，语文教学尝试过一些改革。有一次，我在高中二年级的作文课上进行模仿练习，就收到了较好的效果。我先将当时初一语文课中的一篇比较浅近但又有特点的散文《一件珍贵的衬衫》印发给学生，这是一位女工写的纪念周恩来总理的文章。我对此文略做分析，指出其特点是由一件有纪念意义的物品引出一件事，再通过一件事写出一个人物。它的构思特点是“物→事→人”。我要求学生模仿这样的构思方法写一篇记叙文，题目自拟。这样的练习果然收到较好的效果，大部分作文言之有物，有东西可写，结构和语言也都较好。后来成为著名女作家的陈染就在这个班上，她模仿《一件珍贵的衬衫》写的一篇《一块难忘的手帕》，最为出色，被选为范文打印出来，在全区性的作文公开教学课上进行讲评。据后来陈染讲，这对她是一个极大的鼓励。她后来走上文学道路，同这篇作文的成功可能还有点关系。

教与学

任何一门课的教学都要处理教与学的关系。语文课尤其如此，它更需要教与学双方的情感交流，从而激发教与学的积极性。

我上中学时，大概经历过四位语文老师。初中一二年级的语文老师比较严肃，对我们要求过苛，我的作文大都在六十多分，最高只有七十几分，且评语中多是批评，很少表扬鼓励。这样就挫伤了我的学习积极性，我上语文课，或是上作文课，都提不起兴趣来。到了初中三年级，换了个语文老师，叫黄晋之，他前些年已作古。黄老师讲课生动风趣，对我们要求颇严格，但以鼓励为主。记得到了他手上，我的第一次作文就得了 88 分，且评语中多鼓励之词，这一下子调动起了我学习语文，尤其是写作文的积极性。他还鼓励我课外写稿投给《厦门日报》，一下子就把我引上了文学的道路。高中三年，换了两位语文老师，一是陈嘉言老师，一是吴士麟老师，他们的课都讲得好，且好写作，自己在教课之余也都写些东西向报刊投稿。他们两位对我的学习与写作影响都很大，平时除了课堂上讲课、评点外，课余还鼓励和指导我向报刊投稿。我高中毕业后，他们还指导我报考复旦大学中文系。可见这两位语文老师对我的生活道路影响之大。我从中学毕业至今已有 46 年了，但我同这两位高中时的语文老师仍保持着联系，在心中仍然存有对他们的敬仰之意。

当然，作为教与学这一对矛盾的另一方面，即学的方面，学生方面，也要发挥主观能动性。学习好坏、收获大小，还要取决于学生自己，这自然是不待言的。

语文老师的影响

/ 杨永善

杨永善　1938 年生于黑龙江省哈尔滨市，原籍山东省莱州市。清华大学美术学院陶瓷艺术设计系教授、博士生导师。著有《陶瓷造型基础》《陶瓷造型设计》《中国美术史谈义 · 陶瓷篇》《中国陶瓷》《民间陶瓷》《说陶论艺》等。

在过往的岁月中，在我的记忆里，有许多人，有许多事，都随着时间的流逝而消失得无踪无影；但有些人，有些事，却又从遥远的过去拉近了，而且越来越清晰，似乎让我看得更明白，理解得更深切了。这其中有亲人、朋友、同学，还有最难忘的老师。

我记忆中最深刻的，或者说对我影响最大的，就是初中时的陈霖孙老师和高中时的杨少桐老师。他们的音容笑貌犹如昨日还见过一般，想起来便感到温馨而亲切。他们都教我语文课，又都是我的班主任，在我成长的重要时期，给我以鼓励和帮助。他们不仅教我怎样学习，而且给我精神上的支持和督促，影响着我以后的生活道路。如今我霜染两鬓，再回忆少年时代的老师，写下这个题目时，我心里十分怀念他们，也更加敬重他们。

我的家境贫寒，从小学到大学，17 年寒窗生涯是很艰辛的。父亲童年时在山东老家读过两年私塾，1919 年 15 岁时到了哈尔滨，做了一辈子勤杂工和店员。父亲在困苦的生活中消磨得心灰意冷，希望我和弟弟去当学徒，混碗饭吃就行了。母亲在山东农村长大，一天学也没上过，却对上学读书十分羡慕，真有点“唯有读书高”的思想。她对我和弟弟的“启蒙”教育是：“要想不受穷，过好日子，只有一条路，就是读书，上大学，当工程师。”她对我们的职业选择，可能和她当时在橡胶厂做工时的见闻有关系。母亲对我和弟弟充满希望，她当时经常说，饿不死就要上学，还要上最好的学校读书。我更相信母亲的话，理解母亲的意愿，因此学习是十分努力的，小学六年中成绩都很优秀。我从小学就喜欢语文课，在油灯下把许多课文都背了下来，至今还有一些不曾忘记。但是，为什么要学语文，怎样才算学好语文，全然没有去想过，只是埋头努力认字、背书，可以说我是在懵懂中读完小学的。

考上初中之后，我感觉学习的天地更宽广了。增加了许多小学没有的新的课程，语文课本也厚多了，其中还有短篇小说和故事，我学习的兴趣更大了。领到课本的当天我就通读了一遍。

我总忘不了陈霖孙老师上第一节语文课时的情景。她是一位操着南方口音的女教师，装束朴素、整洁、大方，态度和善，诚恳之中透着一种严谨。因为是新老师，又是以后要管我们的班主任，同学们都“严阵以待”，课堂秩序很好。陈老师自我介绍之后，便在黑板上写下“语文”两个大字，然后又写了一行小一点的字：“语文是什么？我们为什么学语文？”那时候的中学生对老师的板书写得如何是很计较的。新老师上第一节课，如果字写得好，趁老师往黑板上写字的机会，同学之间就会彼此交流看法，或点头称赞，或伸出大拇指；如果字写得差，就会或摇头，或咧嘴，甚至伸出小拇指。但是，我们同学对陈老师的字看不出名堂来，对陈老师提出的问题也从来没想过，也就回答不上来，只好哑口无言。

后来才知道，陈老师出身浙江书香门第，读书时练过碑帖，字写得相当好。如今我知道一点书法知识，回忆起来那字真有点像魏碑《张玄墓志》的字体，端正、工整、雄健、朴拙。我们一群无知小子，根本不懂书体源流，只能傻眼看着黑板，听老师讲第一课。陈老师特别告诉我们，长大之后无论从事什么工作，学好语文都是有用的，科学家需要语文，工人也要会语文，人生活在世上离不开语文，学好语文会使人更好地发挥作用。她讲得很实在，也很恳切，没有什么高深的道理，非常明确地强调要打好基础。

陈老师首先要求我们认字，要会读、会写、会用，学过的字要记住，记不住就等于没学。解决记不住生字的办法是自己查字典，查字典不仅准确，而且能加深记忆，不容易忘掉，顺便还能了解字意。她还要求我们课外看书、看报遇到生字就要查字典，养成习惯。

其次是写字，陈老师要求我们一定把字写清楚，写工整，让人一看就认识；不能歪七扭八，不能似是而非，不能潦草难认。她让我印象最深的一句话是：“如果写给别人看的字草率杂乱，难以辨认，那就是对别人的不尊重、对自己的不负责。”她说，写不漂亮不要紧，先写规整了，使字容易辨认是最起码的要求，以后注意字的结构和笔画，慢慢会好看的。陈老师这样要求我们，自己也以身作则，处处示范。一直到我初中毕业和她分别，她写的板书、作文评语、操行鉴定等，都是那么认真，字字清晰，影响着每一个同学。

陈老师认为，用语言准确、简练地表达意思并不是一件容易的事，特别是条理清楚、明确易懂地表达则更难，是要下一番功夫的，因此语文课上要学会说话。她的语文教学是把说话和作文结合在一起的，她说，能把话说清楚，使之听起来既生动又吸引人，对写作文会有很大帮助。她常在语文课上出一个生活中的小题目，让同学来叙述，要求表达清楚准确，以锻炼我们组织语言的能力。她还在班里举办小型讲演比赛，每个同学都要参加，要求三五分钟讲一个小故事，或者发表一段自己的见解，谁讲得啰唆或不明白就罚唱一首歌，有说有笑，气氛融洽，增进了同学之间的交流。我就是从那时开始敢在全班同学面前讲话的，在此之前我当众说话会怯场的。

陈老师还把语文教学延伸到课外，差不多每个月总会给我们讲一次小说。每次讲一本小说，不超过两节课的时间。所讲内容都是经过她浓缩和提取的，都是最精彩的部分，很吸引人，我们听完之后都会去借原书来看。她讲的第一本小说是班台莱耶夫的《表》，后来又讲过《卓娅和舒拉的故事》《钢铁是怎样炼成的》《暴风骤雨》等，她就是这样引导学生读课外书的。在初中三年的时间里，我读了很多优秀的文学作品，当时虽然生活很艰苦，但精神上是很充实的。文学作品使我认识了人生，并从中得到了鼓舞和激励。

读高中时，高三的语文课印象最深，那一年，语文课改为由汉语和文学两门课组成。其中文学课本十分精彩，第一册从《诗经》开始，到南北朝乐府；第二册从唐诗到宋人平话，每册都附有两节文学史概述，为中国文学发展史勾画了一个极简要的轮廓。课本发下来之后，我想按照过去的习惯通读一遍，结果读得极慢，经常被卡住，读不下去了，只好等老师来讲课。这一年的汉语课和文学课都是由我的班主任杨少桐老师担任的，高二时他教过我们语文课，很受同学欢迎。这次新课本发下来，他是很兴奋的，他要我们树立信心学好古典文学，提高文化水平。我觉得那一年的两个学期，是我学习语文很重要的阶段。课本编得好，老师教得好，学生们自然会努力，教学效果是很好的，而且影响的时间也是很久远的。我至今还保存着这两册文学课本，四十多年过去了，从哈尔滨带到北京，经过多次搬家和下乡，不断清理掉一些书籍，但这两册中学时的旧课本却从未想丢掉。写这篇短文时，我又找出这两册课本来，感到十分亲切，又想起杨老师当年讲课的情景，睹物思人，感慨良多。

杨少桐老师毕业于北京辅仁大学，教我们的时候正值壮年，人虽清瘦，但精力充沛，声音洪亮，普通话非常标准，讲起课来很有感染力。他一个人担任汉语课和文学课教师，在这两门课的讲台上却判若两人。同学们在课下议论，说杨老师上汉语课像是上数理课讲定理和原理一样，冷静而平稳，一字一句，条理分明；但是一上文学课，他就热情奔放，充满激情，语言生动而富有意味，是真正的“老学究”。同学们说他是“老学究”没有一点贬义，而是认为他古文底子厚，有学问，很令人钦佩。由于他在古典文学上具有极高的修养，同学们也对古典文字产生了浓厚的兴趣，功课成绩不断提高。

听杨少桐老师讲课是一种享受，每堂课感觉过得很快，而且留下的印象深，这是他讲课时能够把学生的精力集中到课堂上来的缘故。他讲课时极少看教案和课本，但教案却放在讲台上，有时下课也不带走，似乎是“忘”掉了。同学们有一种好奇心，很愿意翻看老师的教案或记分册一类的小东西，他见到了也不制止。后来我们分析，实际他愿意我们看他的教案，那可能也是他教学的一部分。杨老师的教案写得很长，那些密密麻麻、工工整整的文字，都是用纯蓝墨水写成的，字体规范而漂亮，颜色清爽醒目，可以看出真是下了一番功夫备课，才会写出这样细致的教案。看杨老师的教案也是接受语文教育的过程。

杨老师讲课不看课本，因为他把每一课都背下来了，而且一字不差。同学们羡慕不已，都说他记忆力超常。他告诉同学们，他的记忆力平平，只是注意方法，在理解的基础上，再加上想象力，并勤于锻炼罢了。他特别强调一定要有信心才会记得住。他在教学中不仅要求同学们背诵规定的诗、词、散文，还希望同学们趁年纪小、记忆力强时，多背诵一些优秀的古典文学作品。他实际上是非常反对背死书的，他要求我们先把书学明白了，理解全文的意思，通过联想将其中的人、事、景、情自然顺应起来。他说优秀的文学作品不一定背熟就能懂，因为有许多内涵不是年轻时所能领会和理解的，只有经过生活的坎坷和磨难，才会更加深刻理解其中的深层含义和感情。他当时列举了陶渊明的《归去来兮辞》中的一句话“鸟倦飞而知还”，他说：“意思和比喻你们可能都了解，但更深层的思想和情感却是要在日后很长时间里才会理解和领悟的。”他希望优秀的古典文学能陪伴我们一生，丰富我们的思想情感，提高我们的精神境界。

我们当年学语文，有许多珍贵的记忆值得写，但提起笔来却百感交集，写得很散乱，但是两位老师有一个共同点，那就是他们热爱教育事业，爱护学生，尊重学生，关心学生的成长。在多年的相处中，我从来没见过他们训斥学生，他们的批评永远是善意的，更多的是鼓励和引导，他们对学生总是寄予希望，充满信心，帮助学生树立理想。我想，语文老师对我影响最大的可能就是他们身上体现的人文精神。

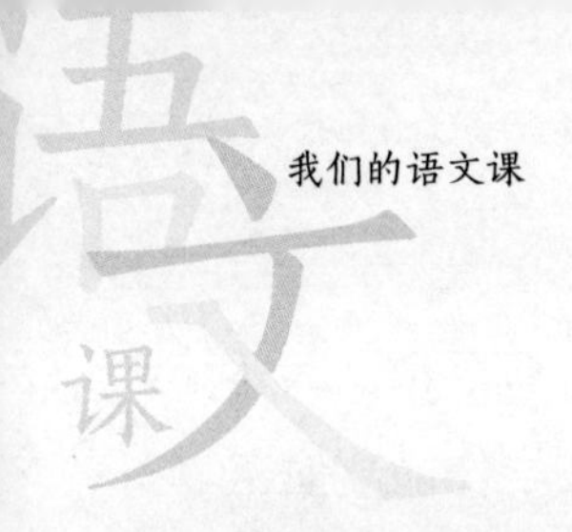

语文课外的书

/ 洪子诚

洪子诚　1939 年生，广东省揭阳市人。北京大学中文系教授。主要著作有《当代中国文学的艺术问题》《1956：百花时代》《中国当代文学史》《中国当代新诗史》(与刘登翰合著)等。

上初小的时候，我并不爱学习，经常逃学。虽然也翻了一点杂书，但语文课(那时应该叫国语课)没有给我留下什么印象。用的是什么教材，有哪些课文，是哪位老师讲课，现在一点都记不起来。只记得那时经常和同学到河里游泳，河很深，我游泳的本领很差，却居然敢往远处去冒险。再就是偷烟摊上的香烟。我不敢去偷，但有同学偷到了我会跟着抽。还有就是跑到断壁残垣间找蜗牛壳，然后比赛谁的坚硬。这样一来，我上课常背不出书来，经常被老师打掌心。期末考试，好几门课不及格。

家长对我这样胡作非为十分恼怒，终于把我转到另一所学校。这所学校是教会办的，冠以“真理”的校名(中华人民共和国成立后，这个校名被取消了，但在 20 世纪 80 年代后期却又被恢复了)。听说，我从此变了一个人，变得“老实”了，循规蹈矩了，一副“好学生”的模样，成绩也“突飞猛进”起来。对这些“改邪归正”的转变，我倒是没有一点记忆；这些，都是家里人后来告诉我的。

不过，事情总是有利也有弊。从此，我好像换了一种性格，变得不怎么爱活动，不喜欢热闹。与人交往就心存害怕，开口说话总不怎么利索，特别是内心的想法，从本能上就不愿意，也畏惧讲出来。要不是有这样的改变，我现在肯定不会在学校教书，做什么“学问”。我会选择去当兵，去野外考察，去做生意什么的。总之，上初中以后，我生活的圈子越来越小。在这种情况下，乱翻书成了我打发时间的最主要方式。我觉得书本为我提供了另一个世界。这个世界，比起我见到的、每日所过的日子来，要有趣得多。我在生活中不能实现的事，多少总能在书里得到弥补。

因为这些缘故，我在开始认真学习时，便很自然地喜欢上语文课。不过，教材里的课文、老师对这些课文的讲解，依然没有给我留下深刻的印象。肯定有许多名篇佳作被选入课本，但20世纪50年代的语文课已变得有些枯燥。上课时老师总是千篇一律地划分段落，归纳段落大意，让我们背诵一字都不让改动的“中心思想”，总结出几条“写作技巧”。久而久之，就很厌烦。但语文老师是好老师。除了这些例行的课程安排外，常常会向我们讲一些作家、诗人的事迹，介绍我们不知道的书籍。高兴起来，便朗诵起课本之外的诗文。班里也举办过文学讲座，组织文学社讨论作品，老师还要我们写诗和散文。有一次，我花了一个多星期的时间写了一篇抒情散文，总共有六七千字吧。文章中用了许多抒情排比句，来歌颂北至黑龙江、南到海南岛的祖国新貌。我很得意，在文学社讨论时，紧张地等待赞赏，还提醒自己不要太“喜形于色”。想不到，我得到的是老师言辞冷峻的批评：“空泛，夸张，还是写你有体会的东西吧。”我想我当时的表情一定是凝固了。后来，我甚至心存怨恨。但从此，我对夸张、空泛，总是十分警惕。这个告诫，是我当时未能真正领会的财富。

虽然喜欢乱翻书，但我们那个地方，书并不好找。我读高小是在20世纪40年代后期，我住在南方的一个县城里，当时那里大概有几万人口。每天上下学，我沿着两边有“骑楼”的街道，走过饭铺、杂货铺、药店的门口，也常常在青果行、米行、竹器行外面停下来观望：对新上市的香蕉、洋桃垂涎欲滴，或者愣愣地看怎样用竹篾做斗笠、箩筐。但是，记忆里这个县城并无专门的书店，也没有公共图书馆。虽然韩愈当刺史的潮州离我们那里不远，而县城中心就有据说是建于宋代、供奉着“大成至圣先师”牌位的“学宫”，但是县里也只有三两家兼售不多书籍的文具店。当然，也有藏书颇丰的人家，这是我后来才知道的事情。我家不是书香门第，父亲是个学徒出身的医生，家里只有一些医书、一些基督教的书籍，以及上海广学会发行的刊物。那时，得到一本喜爱的书，在生活里是一件重大的事情。

20世纪50年代我上中学以后，读书的条件有了改善。县里开办了文化馆，我就读学校的图书馆的藏书也慢慢多起来。我的一个同学，家里有不少三四十年代开明书店、良友图书公司、生活书店、文化生活出版社出版的新文学书籍。能读到好书的可能性大大增加。尽管如此，我对书籍仍有近于“神圣”的感觉，这种感觉保留了很长时间。当我从语文老师那里借到几本20世纪20年代的《小说月报》时，当我终于有零花钱可以订阅《文艺报》《文艺学习》杂志时，我清楚地记得那种幸福感。这是现在得到书籍如此容易的时代所无法想象的。小时候，我读得最多的课外书，其实不是最容易得到的武侠和言情小说。我的邻居就有许多这样的小说，但我并不喜欢。现在找起原因来，大概是我太缺乏想象力，对飞檐走壁、腾云驾雾总不能神会。这使我现在对武侠这类小说，仍是不感兴趣。这好像是我的一大“损失”，不能有生活中我不熟悉的另一种乐趣。因为我的外祖母和父母亲都是虔诚的基督教徒，我高小上的是教会学校，所以，读（和听别人读）得最多的，是《圣经》。星期天到教堂做礼拜，听牧师布道，参加学校、家庭里宗教性质的活动，都离不开《圣经》。在我脑子里，《圣经》中的许多句子，比后来读的任何书留下的印象都要深。

《圣经》究竟给我留下了什么，实在很难讲清楚。或者说，不能说清楚的比能说清楚的多。现在能想到的也有一些，比如有关“界限”的意识。人和神、已知和未知、今天和未来、善和恶、平庸的生活和理想的境界等，虽然经常混沌一片，但也不是不可区分。再有就是对词语的感觉。文字能够创造一个世界，对我来说，这真是一件奇妙，甚至神秘的事情。20世纪50年代，报纸杂志，包括语文课所推荐的文章，都是一种规范化的语体文（白话文）。这类文字读多了以后，我一度觉得《圣经》中的文字译得不大好。我知道这个通行本叫“和合本”，和当时的语体文相比，我觉得许多语词、句式很别扭，也不很顺畅。当时，我希望有人来重译。待到我厌倦了那些标准化的语体文之后，想法完全变过来了。设想《圣经》里的叙述，那些祝福、歌唱、劝诫的文字，也如五六十年代的标准化语言那样，那将如何是好？让亚伯拉罕、但以理、约伯、耶稣、犹大都说着我们说的那种“普通话”吗？我真庆幸没有人有我那样愚蠢的念头，去重新翻译《圣经》。

1949 年之后，我爱看的书有了改变。我读了大量“五四”新文学作品，也读了许多外国的，特别是俄国、苏联的诗和小说。鲁迅的《呐喊》《彷徨》和杂文自不必说，却不能理解他的《野草》和《故事新编》。读曹禺的《北京人》(也看县教师剧团的演出)，说来惭愧，最喜欢的人物，竟是相当概念化的人类学家袁任敢和他的女儿。初中有一个时期沉迷于巴金 20 世纪 30 年代的小说，但持续时间很短暂。我在笔记本上抄录普希金的诗，读他的《驿站长》，读屠格涅夫的《猎人笔记》，读契诃夫的短篇、普里希文的散文，也读《远离莫斯科的地方》《日日夜夜》《青年近卫军》《红与黑》,《包法利夫人》也是这个时期读的，却不能让我很投入。我上中学的这个时期，被看作中国现代史的转折时期。寻求、确立社会理想和价值观，是那时的时代主题。当时，引起我兴趣、让我产生共鸣的书，好像都和这一主题有关。浪漫是年轻人的专利，他们也和革命有一种天然的呼应。在有关革命的书籍中,《钢铁是怎样炼成的》对我影响最大。尽管它现在已不会有很多读者，文学史对它也不会有过高的评价，甚至有的学者认为它是不值一提的“惑人货”，但我永远不为曾经喜爱过它而羞愧。从上中学到 20 世纪 80 年代，我一共读过三次。当然，每次读的时候，都有很不同的体验。总的来说，当初那种对理想世界的期待和向往，那种激情，逐渐被一种失落、苦涩的情绪所代替。记得在“文革”中两派激烈武斗的日子里，窗外高音喇叭播放着激昂的口号，我却在为保尔和丽达无望的爱情而伤心。

我们一生中会读无数的书，但让我们难忘的其实不多。这不多的书最有可能是在上小学、中学时读的，而且往往不是语文书里的课文。它们是什么书，对每个人来说都不一样。它们给予我们的东西，有一些则可能永远是个秘密。

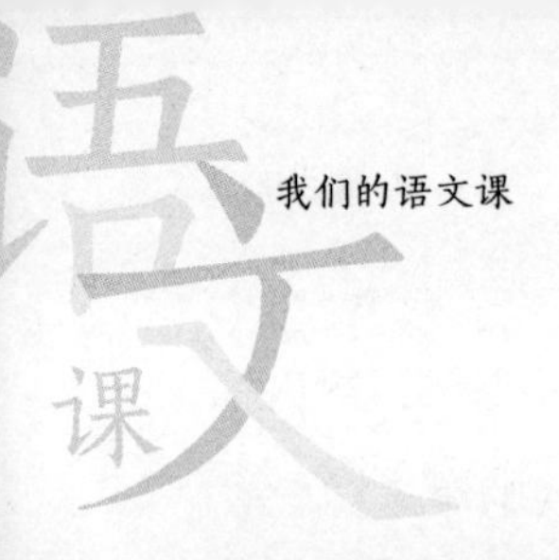

听故事，乱翻书

/ 陈四益

陈四益　1939年生于四川省益州（今成都），故以地为名。1962年毕业于复旦大学中文系。曾为新华社高级编辑、《瞭望》周刊副总编辑。从事杂文、随笔写作二十余年，著有《绘图双百喻》《乱翻书》《瞎操心》《轧闹猛》《丁丑四记》《呆是不呆》《世相写真图》《一枕清霜》等。

我从来没有想过要当作家，也从来没有想到这辈子竟同文字结下了不解之缘。因为写了一些文章，还突发奇想用文言做了二百多篇寓言，引起了读者的兴趣，所以常被问到是否有家学渊源，是否从小接受过专门的训练。然而我没有。这可能使发问者感到失望。虽说父亲教了一辈子语文，但他对孩子的学习始终不曾给予特别的关照。我只记得五岁的时候，他教我背过一首诗，当初咿咿呀呀背了下来，可全然不懂它的意思，直到读罢初中，自己找了本《唐诗三百首》乱翻，这才知道那首诗是杜甫的《蜀相》，也才知道我按音死吟硬唱的七言八句是哪几个汉字。还记得一件事：准备考大学的时候，我曾问过他《琵琶行》的主题是什么，他的回答是诗中的两句："同是天涯沦落人，相逢何必曾相识。"因为同授课老师讲的不同，所以我也没有再问他别的问题。

上小学的时候，我并不爱学语文（那时是叫国文）。记得第一课的课文是："来来来，来上学。去去去，去游戏。大家来上学，大家去游戏。"一共二十几个字，翻来覆去念了不知道多少遍。念完以后要抄，抄完以后要背，实在乏味至极。国文课上照例要学写作，一是写作文，二是写周记。作文不是每周都有，周记却是每周都要交的。一个小小的孩子，整天家庭学校、学校家庭，有什么好写？没得东西写而硬憋，不出八股才怪。所以，我的周记每次开始都是“光阴如箭，日月如梭，不知不觉一个礼拜又过去了”。次数一多，老师的分数就越打越低。后来竟连续地得到“丙”等，算是勉强及格吧。父亲好像没有检查过我的作业，倒是一直当小职员的爷爷有一次心血来潮，看了我的周记，说我没有长进，于是亲自捉刀替我做一篇交了上去。爷爷很得意地说：“这次你看还得丙等不？”不料老师并不恭维，只在丙字上多了一个“+”。回到家中，我很得意地把作业本翻给爷爷看，说：“你就比我多一个‘+’。”爷爷的自尊心好像受到了很大的伤害，从此就只管自己每晚以花生米下酒，再也不问我的作业了。我的作文大致也就一直没有什么长进，对语文课也一直没有很大的兴趣，倒是奶奶的故事让我很着迷。

奶奶没念过书，识得几个字，可也不多，但她的记性绝对是超一流的。苏州一带的弹词是讲述故事的说唱文学，不知怎的，奶奶竟听过不少，而且能够很完整地讲述整个故事。她讲述时也是边讲边唱，虽不如弹词表演那样婉转抑扬，却也有腔有调，并不单调。放学后，或寒暑两假，搬个小凳，依于奶奶膝下，听她一边做针线，一边讲故事，是我童年的一大乐趣。什么《再生缘》《文武香球》《笔生花》《点秋香》，都是那时听的。尽管都是些关于才子佳人的故事，但情节曲折，故事生动，要比枯燥的语文课本美妙多了。奶奶的故事里有两个最特别：一个全由花组成，一个全由虫组成。由花组成的以洛阳（花）公子和凤仙（花）姑娘的爱情为主线，由虫组成的则以螳螂（郎）、纺织娘的婚事为样本。小时的我听来更觉有趣，直到现在我还能记得其中的一些唱词。

到了我能结结巴巴看书的时候，奶奶就要同我“换工”了。如果我要听她讲故事，就要替她念一段小说。她要我念的是《红楼梦》。那时我自己也识字不多，《红楼梦》中许多字还不认得。好在奶奶要求不高，她说：“你只管念，不认得的字，就‘啥啥啥’地带过去。”这办法倒也简便，我就这样“啥啥啥”地读完了第一遍《红楼梦》，后来又“啥啥啥”地读了另一些书，也因此换得了奶奶的许多故事。如果问我是什么最初引起了我对文学的兴趣，那就是奶奶的故事。

到了小学五年级的时候，不知是因为听的故事多了，还是因为看的书多了，笔底下好像词儿也多了一些，“光阴似箭，日月如梭”那样的老套子，自己也觉得无聊。这时又遇到了一位特别的语文老师，我的作文终于出现了比“优”还高的“超”等。那位老师的姓名我已经记不得了，现在回想，他可能是受了陶行知先生的影响，主张到生活中去学习。他教我们一首歌，歌词是：“我们参观去，处处都留意。得到活知识，好像活宝贝。”所以，语文课也常常同远足、春游结合在一起，作文就以描述这些活动为题材。这一来，我觉得可写的东西实在太多了，平时听来或看来的一些词儿——桃红柳绿、莺啼燕舞什么的，都上了作文本。老师的评语常常是“描写细致”“词汇丰富”，还有什么已经记不得了，只记得老师叫我当堂朗读和回家把作文拿给父母看时心里的那份激动。从此，作文对我就不是什么苦差事了。

上初中时，结束了听故事的阶段，我开始了乱翻书的时期。语文课照例引不起我学习的热忱。那些课文，多半显得枯燥乏味，老师的讲解——主题思想呀，段落大意呀，每段又分多少层意思呀，刻板得让人心烦。倒是自由自在的课外阅读兴味无穷。我是1950年考入北京汇文中学的。这所教会学校很快就被人民政府接管成为公立学校了。校长高凤山先生只是挂名而已，当家的副校长陶桀好像是一位地下党员。这位陶校长喜欢文艺，讲话很有煽动力。有一次，他在全校大会上讲话，忽然讲起新出版的《绞刑架下的报告》，背诵了其中许多段落，都是少年人喜欢的格言或警句——有些现在还能记得，譬如“人们，我爱你们，但你们要警惕啊！”“幕布拉开了，生活中是没有观众的”等——于是，尤利乌斯·伏契克的这本书便风行全校。课外读物比语文课内的篇目对我的吸引力要大得多，晚自习时，一做完作业，几个爱好相同的同学就聚在一堆儿，读喜欢的书籍。像鲁迅《狂人日记》这样深刻的作品，我们也似懂非懂地读得津津有味，时不时发出阵阵笑声。这当然引起了其他还在规规矩矩做作业的同学的不满，一状告到了班主任老师那里。这样，我们的课外阅读就成了不轨之举，受到了严厉的批评，此后我们就只敢课后看了。

现在回想起来，语文教学如果不同课外阅读结合起来，收效是极有限的。好的语文教师应当善于引导学生广泛地阅读，培养起读书的兴趣。“熟读唐诗三百首，不会作诗也会吟。”广泛的课外阅读对作文的影响，是远胜于对有限几篇课文做所谓细致分析的。

我一点也没有贬低语文课堂教学的意思，但课堂教学毕竟有限，如果所选篇目并非上乘，效果就更差。在我的经验里，觉得编得最好的一套课本，是高中时代使用的由张毕来先生主编的《文学》。从《诗经》起始，迄于现代，《楚辞》《史记》、汉乐府、唐诗、宋词、元曲、小说，一脉贯通，选的都是名篇佳作。一路学来，不但有文学的享受，而且对中国文学发展的脉络也有了基本的概念。可惜这套课本很快就停止使用了，原因是什么我至今没弄明白。据说，是为了加强课文的思想性及爱国主义精神，但对爱国主义的褊狭理解，恰恰弱化了爱国主义教育。其实，就语文课来说，把中国最优秀的作品介绍给学生，让他们在愉悦的欣赏中知道中国历史上曾产生过这么多伟大作家，写出了这么多优秀作品，这本身就浸透着爱国主义精神。硬把优秀的作品分为爱国主义的或非爱国主义的，是极其可笑的形而上学。读幼安词是爱国主义，读易安词就不是吗？近来中学语文课本究竟选了些什么课文我不知道，但同一些读罢高中的青年朋友接触，他们似乎对中国文学的历史所知甚少。我不敢妄做批评，不过在回顾语文学习的时候，我是很感谢张毕来先生主编的那一套《文学》课本的。

对祖国语言文字的学习，大概是没有止境之时的，所以我至今仍在学习。但在“很绅士”“很德国”一类话语风行，且见怪不怪的时候，来谈语文学习，大概已经是很落伍的了。

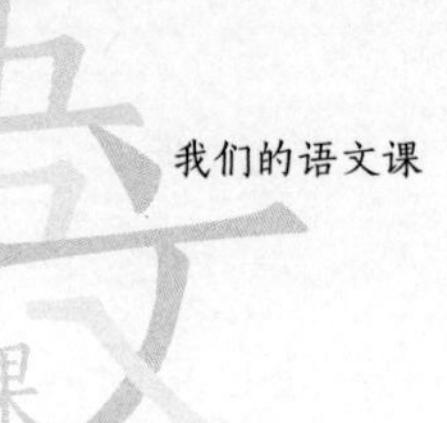

我的中学语文老师　/ 母国政

母国政　1939年生于辽宁省锦西县（今葫芦岛市），毕业于北京师范学院（今首都师范大学）中文系。曾任北京市崇文区业余大学（今北京市东城区职工大学）教师、崇文区文化馆文学辅导员、北京出版社副编审。著有《母国政短篇小说选》《他们相聚在初冬》《小巷里的怅惘》《父亲的叛逆》《寻梦》等。

要问中学语文课是一门什么样的课程，我真说不出。下定义是专家们的事情。我上中学时把语文课分成两种——我爱上的，我不爱上的。这种分类方法，全凭感情用事，没有任何根据。决定我好恶的，仅仅是任课教师。

我没有资格评价我的老师们，也没有能力识别他们教学的优劣。在这种情况下，说自己爱上某位老师的课或不爱上某位老师的课，不仅轻率，甚至荒唐。可是，当时我就这样把语文课分类了，或者说，把语文老师分类了。

上高中的最后两年，我跟随一位据说在我们这里很有名气的老师学习语文。听同学们说，这位老师常常在《语文教学》之类的杂志上发表文章。那时我并不很懂“常常发表文章”意味着什么，不过我听了仍是肃然起敬。

这位老师的一切都无可挑剔。小背头总是一丝不乱，长短也总是恰到好处；脸庞丰腴，又红又白；五官端正，搭配适宜；鼻梁上的眼镜，加上那身干净整洁的蓝布制服，使别人一看，便知他是以为人师表为己任的。

他的板书也极规矩。字不大，却圆润娟秀；横着写，就像拿尺子比着，笔直笔直的。条理分明，充实严谨，是他讲课的特点。几乎每篇课文他都从时代背景、作者介绍讲起，然后解释生词，逐段分析，在黑板上写出段落大意、主题思想、写作特点，让我们一一抄在笔记本上。

他讲得那么认真，嗓门大得惊人。在炎热的夏季里，他会满脸潮红，汗珠凝聚在白皙的前额上，顺着两腮流淌。望着他，有时我会胡思乱想——这位老师讲课，怎么像干体力活儿似的？

过了一个学期，我便不愿意上他的课了。我觉得他总是让我们忙忙碌碌地抄写，抄时代背景，抄段落大意，没完没了。而他讲的所谓每篇课文的写作特点，我虽然不懂，但从笔记上看，几乎都大同小异，不过是几句套话的不同排列而已，我很难区分它们。

我希望在语文课上还能听到一些课本以外的东西，那会有意思得多。可惜，这位老师从来不说题外的话。当然，我对这位老师印象不佳还有其他原因，但那是政治运动中的事，是老师们之间的事，我毋庸置喙。

我更怀念在他之前给我授课的几位语文老师。他们在课堂上常常说题外的话。听着老师们说古道今，旁征博引，我常常觉得如坐春风，如得雨露，不仅对老师产生了强烈的亲近感，心中好像还充实了什么东西。那种灵妙的感觉，至今仍然令我心动。

我在北京市第四中学念初二上学期时，教我们语文的女老师休产假了，代课的是一位身体十分结实的老先生——续玉虎——短短的白头发茬儿晶莹闪亮，和他紫檀木似的脸以及一身笔挺的黑呢子中山装，形成鲜明对照。在自我介绍时，他微笑着向我们宣布，他是我们的学长——1917 年于本校高中毕业，是本校足球队队员。他还告诉我们，大诗人冯至先生也是我们的学长，比他低一年级。他特别强调，就学问而言，他这个学长比冯至学长就差远了。这个开场白，一下子就获得了我的好感。

和众多的中学语文教师相比，续先生的口头表达能力不算高明，但有时他在讲课之余，会说起 20 世纪初他们在我校的一些往事，非常有趣，令人神往，很快我就爱上他的课了。

一次，在讲完正课之后，他又谈到冯至先生。他说，他高中毕业后，“侥幸”考入北京大学中文系，但依然以踢足球为乐事，对学业并不重视；而冯至先生呢，第一年高考不幸落榜，但并不气馁，足不出户，刻苦攻读，第二年终于如愿考入北京大学，尤其可贵的是，冯先生将刻苦精神持之以恒，最终取得了大成就。他自己呢？纵然也有过雄心壮志，但终因没有踏踏实实读书，到老一事无成，只能惭愧度日了。讲这些话时，他走下讲台，置身于一排排课桌之间，仿佛他就是我们中间的一个，我们都深深地感受到他发自内心的懊悔。我们都静静地望着他，他的每一句话，都像暮鼓晨钟似的响在我们心上。我们知道，这些话，他是为我们说的。

他忽然走回讲台前，闪闪的目光在我们的脸上一一巡视着，他问我们："你们当中有喜欢写作的吗？有吗？我这几十年搜集了很多生动的民间语言，记了整整两大本子。我愿意奉送。喜欢写作的同学，下课来找我吧。"

那时我正热衷于踢足球、打乒乓球，而且认为作文的得分全凭运气、全看老师对你印象如何，对那两个大本子，我当然毫无兴趣。至于是否有别的同学保藏了那两个本子，我就不得而知了。

这件事我一直没有忘记，每次想起它，心中总会涌起一种既美好又伤感的情愫。我觉得，那位身穿黑呢子中山装的白发老人，对他的学生们，对他的小学弟们，怀着真诚的厚望，这在人世间是十分珍贵的。也许我们辜负了他，但他给予我们的那份感动，永远照耀着我的心。

上初三的时候，教我们语文课的是杨锡之先生。杨先生如何授课，今天我已经丝毫回忆不出，我只知道，我喜欢他。后来，我有幸见过一些我国老一辈的真正的大知识分子，但论风度的儒雅，迄今为止，我还没见到有超过杨锡之先生的。即便 20 世纪 50 年代初期杨先生像国家工作人员一样，穿着松松垮垮的灰布制服，也遮挡不住他出众的风采。他个子高高的，清瘦，背稍稍有些驼——驼得那么有味道，斯文，持重，从容不迫。那时，他头发已经灰白，面容却依然俊美。难得的是，浓重的书卷气几乎遮掩了他的俊美，那张脸上现出的是一种奇特的魅力——睿智、宁静、慈和，还有几丝不易觉察的孤傲。

我们班有一多半同学是来自农村的，其中有两位年纪比我们大得多，其中一位当时已娶妻生子了。他们俩是杨先生最喜爱的学生。那时，作文是要在课堂上完成的，他们俩却享有特权，可以在作文课后继续写下去，因为他们每篇作文都写得很长。一个作文本，我们可能用两三个学期；他们呢，两三次作文就写满了。杨先生总是称赞他们的作文内容充实，语言流畅，给他们改作文时花费的心血也最多。他用红笔随处圈圈点点，还用他潇洒的毛笔字写上眉批、总批，都是密密麻麻的，光看作文本上那错错落落的红字蓝字，就是一种美妙的诱惑。那两位同学得到杨先生的鼓励，作文就格外用心了。

有一次 —— 我忘记是讲哪课书了 —— 杨先生忽然谈起写作的甘苦。他几乎是用抒情的语言描绘了深夜，描绘了寂静，描绘了孤灯，描绘了寻章索句的艰辛与快乐。他的目光与往常不同，回忆使它有些飘忽，动情使它如水般湿润。他也没有像往常那样注视我们，他的目光越过我们的头顶，穿透了厚厚的墙壁，不知望向什么地方。我觉得，那些话，他不只是向那两位农村同学说的，也是对他自己说的。那一瞬间，他的眼神是空茫的，带着些许欢乐，些许忧伤。他心里在想些什么呢？我们都怔怔地望着他，期待他的下文，然而，他微微一笑，目光转向我们，戛然而止了。

在我的中学语文老师中，最令我念念不忘的是北京市第十三中学的马钧先生。

直到今天，我仍说不清马先生的年纪。他给我们授课时，我就觉得他的年纪很大了，因为他已经谢顶，清瘦的脸也不光滑；但他穿着米色绸衫，浅色卡其布西裤，亮洁的三接头皮鞋，特别是镜片后面那双炯炯有神的大眼睛，又使他显得非常年轻。不仅如此，他动作敏捷，有时动作幅度很大 —— 也许他真是很年轻的。

与当时绝大多数严谨庄重的中学教师不同，他具有一种潇洒甚至疏狂的气质。那时尚无“启发式教学”之说，他在讲台上洋洋洒洒，滔滔不绝，旁若无人，讲课文，讲与课文有关的各种知识，甚至对时事发些议论，似乎都是信手拈来；有时讲着讲着，他会突然转身，飞快地在黑板上写下两句古诗，或某位我们还不知道的作家的名字。我们都觉得马先生的课精彩极了。

记得在讲老舍先生的《我热爱新北京》时，他念了几句课文，忽然激动起来。他尖锐地批评了老舍先生的新作《春华秋实》《无名高地有了名》《青年突击队》等。他说，老舍先生的政治热情固然可嘉，但这些都是平庸之作，有谁相信，曾写出过《骆驼祥子》的作家，会写出这么一堆玩意儿！他告诫我们：读老舍，要读《骆驼祥子》，读《月牙儿》，读《断魂枪》，《青年突击队》之类的东西不必读。令我惊讶的是，马先生在 20 世纪 50 年代中期的即兴之谈，二三十年后才成为某些老舍研究者的严肃话题。遗憾的是，当时我们是一批懵懵懵懂懂的中学生，对文坛上的事情一无所知，对马先生的高论不但无动于衷，而且觉得他目中无人。

确实，马先生傲气十足。我们在课堂上写作文时，他常常捧着一本精装的原版《莎士比亚全集》，有时专心阅读，有时走到窗前望着院中的大槐树沉思默想。那神气，早已把我们忘到九霄云外了。

他说，朱生豪先生把莎士比亚的全部剧作介绍到中国来，功不可没，但误译、错译之处不少，他很想搞一套新的译本，可是没有时间——得判我们那些一挥而就的破作文。言下之意，是我们妨碍了他。

让我们感到意外的是，他也有“目中无己”的时候。在他给我们讲授的一册语文课本上，有一篇他写的散文，如果我没记错的话，标题为“狄西”，写的是他去匈牙利参加世界青年联欢节时结识的一位匈牙利的青年。能被辞章学家们选作高中语文教材的文章，当然都是十分精粹、十分规范的，这对任何作家来说都是一种荣耀。在没讲这课之前，我们都猜想，马先生一定不会错过给自己树碑立传的机会，至少要把青年联欢节上的趣闻、趣事畅谈一番。没想到，在课堂上，他只轻描淡写地说了一句：“这篇东西没什么可讲的，也不该收进课本。翻过去吧。”这就完了，讲下一课了，让我们大失所望。

对中学生来说，鲁迅先生的文章，尤其是杂文，是最艰涩难读的。马先生可能是鲁迅先生热烈的崇敬者。他有时会在课堂上对鲁迅先生的“论敌”发表很激烈的批评意见。有一次，他气愤地说：“鲁迅先生逝世后，周扬还有脸给先生抬棺材，装模作样！”我们都大眼瞪小眼，不知他为什么如此义愤填膺。几年之后，学了中国现代文学史，我才知道，那是属于“两个口号”之争中的事情。当时我们怎能理解呢！

讲起鲁迅先生的作品，他博论宏议，神采飞扬，自得其乐，可惜，我都似懂非懂。只有一句话，我至今记忆犹新。在讲到鲁迅先生作品的深远含义时，他说：“读鲁迅先生的文章，你不读完最后一句话，最后一个字，最后一个标点符号，你就不可能全部读懂这篇文章！不可能！”

我，不止我，我们全班同学都傻呆呆地望着他，既觉得他危言耸听，又觉得像是有些道理——对刚刚学完的《我们不再受骗了》，我们正有一些不解之处。于是，教室里像突然刮起一股清风，书页被翻动得“哗哗”响，我们都睁大眼睛，看课文的最后一句话，最后一个字，最后一个标点符号。当时是否有新的领悟，已不记得。

附带说一句，在 20 世纪 50 年代中后期，像马钧先生这样恃才傲物、富于独立思考精神的知识分子，是难逃厄运的。1957 年，他成了“右派”。从那以后，马钧先生就从我的视野里永远消失了。

以上三位语文老师，是我喜爱的。我愿意上他们的课，盼望上他们的课，就像期盼一场球赛、一个晚会、一次郊外远足。现在想来，他们的课之所以有魅力，其共同之处就在于：他们都重视语文课中的文学成分，利用它开拓我们的视野、启迪我们的灵智、丰富我们的情感，引导我们亲近文学、热爱文学。

正是在他们的熏陶和辅导下，有的同学开始写作、投稿，参加报社和北京图书馆组织的各种文学活动。他们精力充沛，热情似火，头脑灵活，组织文学小组，组织话剧团，干得有模有样。后来虽然由于各种原因，他们当中的绝大多数都改弦易辙了，但对文学的痴迷，曾使他们中学时代的生命分外活跃，分外充实，并留下永远美好的记忆。

在这方面，我觉醒得晚。可是，一旦我爱上了文学，爱上了写作，那些封闭多年的记忆立即苏醒了。续玉虎先生、杨锡之先生、马钧先生生动的身影，亲切地浮现在我的眼前，原来，他们很早很早就在我心中埋下了文学的种子，只是我太迟钝了，那么晚，才让它破土而出，拱出芽儿来。

我的妻子也是中学语文教师，我问过她：“你的学生中有喜爱文学的吗？有人向报纸杂志投稿吗？”她说，20 世纪 80 年代还有，极少。20 世纪 90 年代以后，一个也没有了。

难怪！ 20 世纪 90 年代以后的中学语文课，以争得中考、高考分数为主要目的，哪里顾得上培养学生对文学的兴趣！

我为自己庆幸。毕竟，我曾经有过我喜爱的语文老师；毕竟，我曾经上过那么多打动我心灵的语文课。

第四辑
（1940—1949年生）

1940—1949年出生的作者，上中小学大约是在20世纪50年代。

■时代背景

1950年6月，中华人民共和国中央人民政府出版总署编审局出版了全国统一的语文课本。“国语”“国文”的学科名称被取消，新建的学科定名为“语文”。1952年9月，教育部指示，全国私立中小学全部由政府接管，改为公立。到20世纪50年代后期，中国历史上绵延数千年的私塾基本绝迹。

1956年4月，教育部下发通知，决定从1956年秋季起，中学、中等师范学校的语文科分汉语、文学两科进行教学，并且使用新编的汉语课本和文学课本。但到了1957年下半年，这两套课本停止使用。次年，人民教育出版社编辑出版了一套《语文》课本，主要课文是毛泽东著作以及反映“大跃进”、人民公社化运动与歌颂“总路线”的作品。其中特别突出的是增加了政论文和新民歌。

■语文课特点

语文教学受苏联模式影响很深。在相当长的时间里，“红领巾教学法”几乎成为语文教学的唯一方法。同时，为体现“大跃进”精神，有的学校甚至把语文课和政治课结合起来，名之曰“拔白旗，插红旗”。作文则要求学生模仿创作新民歌。本辑中的一些作者，即是这种语文课的亲历者。

文外求文

/ 徐城北

徐城北　1942 年生于重庆市。曾任中国京剧院研究部主任，现任中国艺术研究院研究员、中国作家协会会员、北京大学兼职教授。曾出版各类著作 50 余部。代表作有《京剧与中国文化》等。

我的全部中学生活，是在北京市第三中学度过的（那时是男校，简称为三中）。上初中时，整个是个混孩子，不注意功课，只知道疯玩，成绩中间偏上。上了高中，略微清醒，知道到高二就该用功了，也开始观察自己的老师和学校的风气和风格了。我发现，我们三中与附近的北京市第四中学（那时也是男校，简称为四中）在许多方面是有着根本区别的。如果上了四中（尤其是高中），奋斗目标就直指清华大学、北京大学，因为在他们学校，高三应届毕业生有一半要走进清华大学、北京大学。在三中，能够各进去七八名，就算是放了“卫星”。但三中还是三中，它的历届学生都是这样，它的老师似乎也比较“拧”。

单说语文课。我初中语文成绩一般，但高一忽然当上了语文课代表，一连当了三年。教我们语文的老师叫何之常，是昔日辅仁大学的毕业生。人很胖，走路咚咚有声，字却很潇洒，像舞蹈似的，板书尤其漂亮。他长了一脸大胡子，每次上课都刮得很干净，他以为这是对我们同学的尊敬。除了在学校给我们上课，他每周还定时在电台里上初中语文的辅导课。当时没有电视，电台是主要的宣传工具，何老师不在重点中学供职，却能够进电台，是很不容易的。他一接我们班，立刻就来了个下马威，宣布作文有一个错字扣一分，一个白字扣半分（当时是百分制）。以往，我错字、白字都不少，但此时作为课代表，必须以身作则。狠心咬牙克制了半学期，终于基本上和错字、白字分手。这是关乎我一生的大事，实现了当然高兴。我在座位上仰看何老师的板书，禁不住模仿起来，大约又过了半个学期，以往我那东伸胳膊西伸腿的“书法”，居然从此销声匿迹。我当时的字，一度很得何老师的真传。

何老师开始赏识我，可我见异思迁，又开始钦佩别人的板书了。他叫张瑾，也是语文老师。当时高中四个班，他和何老师各教两个班。说到书法，何老师用偏锋多了些，字就少了些骨力。张老师呢，他家原来是荣宝斋的股东，他自幼就接触书画，笔画虽瘦，但内涵可多，有些像宋徽宗的瘦金书，比何老师的字更耐看。张老师是杂家兼全才，会跳高，会唱京戏，会开摩托，还会用木刻方法绘高尔基和鲁迅的头像。

我开始观察我们的老师，也真绝了，几乎个个是“人物”——化学老师杜开伦，曾经给张学良开过飞机（这一度成为他交代不清的历史问题，“文革”后移居澳大利亚）。在课堂上他经常从分子式说到北京附近的特产，诸如通州的小枣、香河的小米……他一说就是一大套，顺口溜似的。等我们慢慢听熟了，心中也形成那个顺口溜节奏时，诸多分子式也就在不知不觉当中记熟了。

英文老师李秋霜，是印度尼西亚华侨，刚回国时在北京大学教书，后来不知怎么就“下放”到中学，他跟没事人儿似的，从不见有情绪。和我们打羽毛球时，他经常使出“扣腕”的假动作。他对我们同学绝对是真心，但和其他老师说话，就时不时带“扣腕”了。

初中语文组的组长潘渊若也给我留下了深刻印象。我上初中时他没教过我，那时和他并不熟。高中毕业后，我曾在三中的初中代过几天课，他作为教研组长，曾给过我许多辅导。这时，我才多少知道了他肚子里的“深沉”，并且为他在中学教书叫屈。最近，我在阅读北京市政协编辑出版的《北京文史精华》八大卷时，意外见到了他的名字，是作为某一领域的专家被提及的。

总之，昔日的三中藏龙卧虎。他们来自社会的四面八方，深深浅浅，同时假假真真，彼此情况各异。他们当中不得意、不得志者很多，此际锐气削减殆尽，但仍不失赤子之心，尤其是对我们这些天真调皮的孩子！他们诚恳认真地教书，教着各种门类的书。不认真教，从最低处讲，就对不起自己所得到的那份工资；但他们更要把自己最真、最深的人生体验教给我们。他们热爱男校，认为男孩子将来是社会的栋梁，调皮些是天性。他们不屑于教“小”（指完成课本教学）；他们力图去教“大”，在当时那个历史条件下，不动声色或旁敲侧击地去完成这一门中学“社会学”的教授。这就是说，他们一方面很认真地教着课本知识，同时又努力去教课本之外的东西。这，大约就是本文标题“文外求文”的含义了。按照今天的解释，就是先努力在社会大环境中求得“文理”或者“文化之道”这样的大规律，然后再去完成既定的学业（其中，也包括语文课所要求的各种规程）。

在这样的大背景下，老师对我们的要求，从表面看就明显宽松了许多。举几个例子。

一是允许和鼓励我们逛庙会。三中在西城的祖家街（今富国街），距离白塔寺和护国寺都很近。当时一旬中四天有庙会，所以在这四天下午的第二节课后，班上只要有同学喊一嗓子“白塔寺（或护国寺）——”，顿时教室里的桌椅就会空下一大半，同学们有的成群结队、有的零零散散地奔向了庙会。到庙会干什么去呢？无非是玩！我喜欢在说书的场子里听一个艺名叫“小蜜蜂”的艺人说刘罗锅的故事，他说的是大鼓，属于曲艺范畴。最初，我特别欣赏他把上下嘴唇“嘬”起来一忽闪一忽闪的小动作；慢慢地，我琢磨起这种曲艺形式——就一个演员，也不化妆，通过不断的“跳进跳出”，就能把整个故事的来龙去脉和其中的主要人物逐一交代清楚。应该说，在庙会上观摩曲艺并思索曲艺表演形式的特点，对我后来迷恋并从事京戏研究，产生了莫大的益处。

二是在校庆时大唱京戏。20 世纪 50 年代我校曾举行校庆，文艺演出中前边是歌舞节目，因为是男校，歌舞表演没有女生，不好看，后边则是由老师演出的《女起解》和《法门寺》。正式演出前，我们多次看过老师彩排，看他们不穿戏装就进入角色，运用各种远离生活的腔调说这唱那，感觉很可笑。但看着看着，见他们很认真，我们也就跟着“认真”了，何况我还有在庙会上看“小蜜蜂”的经验呢！没料到的是，他们到了台上，居然现场临时编新词。比如演刘瑾的老师施浒，上台之后竟把刘瑾戏词中的“你那脑袋当中”改作“你那大脑皮层里头”（因为他是我们的生物老师）了！他这一改词，弄得全场哄堂大笑。也不妨说，我是经历了这一次的见识之后，才慢慢进入了当时的戏园子！

三是在 1958 年掀起的写作民歌的浪潮中，由于有古典诗词和京戏的“底子”，我们学校便把这股浪潮渐渐转移到了对古典诗歌和京剧的研究上。记得最初民歌浪潮来临时，学校里贴满了大字报般的诗歌。老师们带头写并带头张贴，其实也是老师之间在比赛。学生也在比较老师作品的文学性和书法水平。随即是学生自己上场——学生的作品有的像古诗，有的像戏词，我开始属于后者，后来就一点点补古典诗歌的课，向古诗靠拢了。等 1958 年全民大写诗歌的浪潮过去，我们三中少数同学的热劲可没跟着完结。年级里几个喜欢旧诗的同学经常唱酬，语文老师不但不干涉，还很支持。我就是其中的一个。直到现在，我们有时老同学聚会，冷不丁会有某位同学吟哦出某个古诗般的句子，我觉得耳熟，忙问“谁的”，他当即回答“你的”，马上就又把相关的几句念了出来。

我曾经给母校写过文章，指出我们三中学生有两个“中上游”——一个是上学时候的，另一个是毕业之后走上社会的。前者，我们上学时虽然学习成绩比不过四中，但毕竟畅快地度过了男孩子该畅快、该疯玩的年月。高二开始收心到功课上来，高考成绩仍然是比较好的，在整个北京市是“中上游”。再一个“中上游”，是我们三中的学生进入社会后比较有后劲，虽不是人尖子，也绝不会拖后腿，遇到大波折大动荡，不会灰心丧气，更没人想不开去自杀，许多人反而能入乡随俗和自得其乐。我觉得这就很好，因为三中的教育是从“人——男孩子”出发。学生就是学生，从小处看是个体的人，往大处说就是人类。人类几千年的历史和地球四十几亿年的历史比，实在是太短太短。任何事物都有两面性，在还需要长身体的少年时期，就那么死读书，未必就有大好处。人这一辈子要经历的事儿多了去啦，人类要给历史创造的东西多了去啦，什么才是最好的呢？我认为，还是“到什么山上唱什么歌”，这才是比什么都要好的！

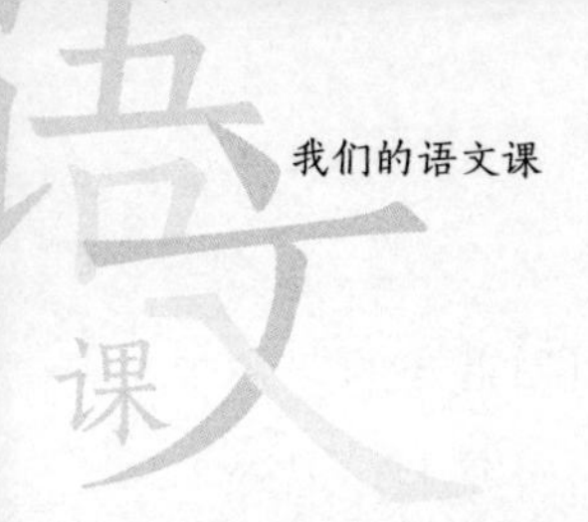

我的三位语文良师

/ 赵仁珪

赵仁珪　1942年生，北京市人。有10年中学教师经历。曾任北京师范大学中文系教授、博士生导师。著有《宋诗纵横》《论宋六家词》《苏轼文选》《中国古代文字史长编》（宋辽金卷）等。

我小学是在原北京师范大学第一附属小学（现北京市第一实验小学）上的。在那里，我打下了较坚实的语文基础。那里的老师教学都很规范，所以我从小写字很少会出现“丢胳膊短腿”或“倒插笔”的现象，除非我根本不会写；读音也比较规范，很少出现念别音的情况，除非我根本不认识它。我还培养了一定的理解文章的能力。记得有一次，老师让我们从某课书的某一段中挑出一句话作为这段的小标题，大家都抢着挑一些好听的语句，老师都不同意，我却从中挑了一句“吃秤砣——铁了心啦”，引得大家哄堂大笑。不料老师却极力称赞，因为这段写的就是如何下定决心的事。那时也写作文，但似乎没那么多的“八股”格式要求，只要语句通顺，字词正确即可，所以没有留下多么深刻的印象。只记得最初还要求用毛笔写，至今获益匪浅，不管是上课写板书，平时写钢笔字，还是偶尔刷点毛笔字，都能应付自如。特别是给新同学上课，一写板书，大家都觉得这个老师还有两把刷子。

我是在北京市第四中学念的初中。先后有三位老师教过我们语文，我印象最深的有两位。初一教我们语文的老师叫王镜如，她同时做我们的班主任。这是一位温文尔雅、慈祥可爱的女老师，每次走进课堂总是那样和蔼可亲。她其实是学外语出身，毕业于辅仁大学英语系。但那时英语课大部分被“封杀”，所以她就改教语文。那时的教学都是按苏联的模式进行的，极其教条机械：范读、解词、分段、归纳中心思想及写作特点，一路下来，寸步不差。但王老师总是尽力把课堂搞活，尽量提些问题让大家讨论，培养同学们的阅读能力和分析能力。记得有一课是“谚语若干则”，其中一条是“一粒入土，万粒归仓”。王老师就让大家讨论这条谚语的含义是什么。大家都争着回答，但都仅局限于字面上的理解，不外乎“种下一颗种子就能收获很多粮食”之类，几乎站起来半个班，都不得要领。急得王老师直强调：“我问的是‘含义’是什么，就是编这条谚语的用意是什么。”这时我站起来回答：“是为了鼓励农民劳动的积极性。”王老师这才如释重负地说：“对呀，这才是这条谚语最根本的意思呀！”通过这个例子，她教会我们，什么是从字面上“解释”文章，什么才是深入“分析”文章。从此以后，我读文章时，总是力求透过字面去探求更深一层的含义。可以说，一次问答，终身受益。

王老师还特别鼓励我们参加课外学习。于是，出板报，随手画上几笔，再配上几句歪诗，就成为我的喜好。再有就是参加作文比赛。我们那时参加作文比赛绝对全是出自自己的手笔，连请别人帮助看一眼的因素都没有，因为我们头脑里根本没有借助旁人的想法。我还曾得过两次小奖。一次是校内的作文比赛，我写的是参加夏令营的事，文章的结尾现在还记得，大约是说“远处隐隐约约传来的几声汽笛，使我又一次回过头去，望着那即将离去的地方”。一次是北京电台组织的作文比赛，主题是记童年生活，我写的是我亲身经历的一次家庭暴力事件，里边也尽量用了一些环境描写和景物描写，颇有一些感染力。总之，那时虽然没有接受过正式的综合描写之类的训练，但通过平时的阅读和思考，也能初步地运用它了。

到了初二，换成線鹤汀老师，他当时只是代课老师的身份。这是一位旧式先生，恐怕没受过什么新式的现代教育。但他有深厚的旧学基础，精通诗词古文，擅长绘画书法，在当时已是一个很有名气的书法家了。他上课时经常穿一件大褂，脚上穿一双皮鞋。可能是胡须太重，虽然刮得干干净净，但脸上总是泛着一层铁青色。让这样一位旧学出身的人去机械地总结什么中心思想，讲什么主、谓、宾，显然有些勉为其难。对他来讲，这都是弱项。但他善于变弱项为强项。记得那时我们最盼着他讲“中心思想”了，因为每到此时，必定要写板书。我们欣赏的不是那套“通过……表现……”的死板套路，而是欣赏他的书法。只见这时，他便转过身去，略微目测一下黑板的位置，然后抬起胳膊，在空中抖一抖宽大的大褂袖口，便龙飞凤舞地写了起来，几行下来，简直就是一幅精妙的书法作品。这时我们往往忘了抄写，只顾瞪大眼睛去欣赏，有时还用赞赏的眼光互相示意一番，有时干脆惊叹起来。这时，缐先生也会回过身来，向我们报以微笑。有时讲解词汇，他也能发挥特长，比如讲“当窗理云鬓，对镜贴花黄”，我们不知道什么是云鬓，什么是花黄，他就信笔一钩，给我们画出来，至今仍记忆犹新。

他批改作文也单有一套，不全是“中心明确，语句通顺”之类的套话，而是经常采用评点式的夹批，不知这是不是他小时读八股文养成的习惯。记得有一次我写的是游北海公园的情景，其中有一句大概是这样的：“我低着头，看着地上的方砖一块一块地从脚下掠过，不禁又想起一件件往事。”缐先生批曰：“兴也。”并在作文讲评时，向全班推荐我这一比兴的“佳作”。那时虽没有讲解什么朱熹的比兴理论，但通过这一例，我已对比兴手法有了很深的感性认识。缐先生的作文课也比较灵活，写什么体裁都行。记得他曾布置过一篇庆祝十月的作文，我一时兴起，写了一篇几节共二十多行的新诗，每节都以“十月的风啊”开头，除了歌颂国庆外，还有歌颂新建成的武汉长江大桥等内容。这首诗深得缐先生的赞许，他还在讲评课上宣读了一番。总之，那时上语文课、写作文对我来说都是一件很愉快的事。而且我也渐渐悟出了这样一个道理：语文绝不单单是文字上的东西，它还有更广阔的天地，它是和整个的艺术结合在一起的。

高中时，我阴差阳错地来到另一所学校。老实说，那压抑的环境，再加上那压抑的时代，完全摧毁了我本来就少得可怜的“才气”。在两年多的时间里，我几乎没写出一篇自己感到满意的作文，讲读课还是那老一套，因此，我对语文课渐渐失去了兴趣。现在想来，作文课实在很重要，它是展现个人语文水平和语文才华的阵地，如果失去了这种展示自我的机会，只去听那千篇一律的课文讲解，还有什么兴趣呢？幸好，后来我遇到了另外一所学校的马钧老师。

马钧老师出生于香港的富商家庭，后来毅然“背叛”家庭，走上革命道路，但不幸又被打成“右派”，有着传奇般的生活经历；他又是西南联大的高才生，才华横溢，博览群书，有着丰富渊博的学识。他个子不高，略有些谢顶，精神矍铄，词锋锐利，浑身上下透着精干。最初，我只是随他学习写文章。他的方法与众不同，从不搞命题作文，爱写什么就写什么，决不随着高考的指挥棒去猜题。批改的方法更独特，篇篇都是“满江红”，不但最后有总批，而且文内有许多修改和批语，大至段与段的联系，小至词语的使用，无不详加批改。也常适当地加入一些称赞语，以资鼓励。我估计他批改一篇作文，没有半小时下不来。每次拿到批改，看到那密密麻麻而又漂亮的红字，我都要激动一番。看到自己写得好的地方受到称赞，固然高兴；看到被批改的地方，更为动心，总要把自己的原文和修改过的新文反复比较，体会为什么要这样改，这样改的好处到底在哪里。因此，每篇作文写下来都觉得有很大的提高。有时若时间允许，他还进行面批，那效果就更好了。这样连写带改了十几篇以后，我自己觉得作文已经过了关，遇到什么题目都不会有问题了。果然，高考前的几次模拟考试，我都得了很高的分，高考的成绩也不错。记得那年高考的题目是“唱国际歌时想到的”，如果不是因为我不太熟悉国际歌的歌词，有几句没想起来，我还会得更高的分。后来我和马先生的交往更多了，每次见面都听他“神侃”一番，谈论时局，评点历史，评论文章，每次好像都没得到什么具体的知识，但每次都有一种如沐春风的感觉，觉得自己的境界在潜移默化间提高了很多。这当然已超出了中学语文的范围。但他使我在原来已领会的道理上，进一步懂得要想学好语文，做好作文，还必须有更广泛、更扎实的学识作基础。更重要的是，我从马先生那里不但学会了怎样作文，而且学会了怎样做人，做老师。那一篇篇批改，凝结了一个老师艰辛的劳动，体现了一个老师殷切的期望，包含了一个老师无私的奉献。没有这样一颗爱心，哪有这样一份责任感！

后来，我也做了八年的中学语文老师，也把从中学老师那里学到的知识和教学方法运用到自己的教学工作中。如提倡学生搞课外写作，用图画辅助教学，特别是坚持那种全面具体，甚至是巨细无遗的作文批改法，并尽力安排面批。当然，针对不同水平的学生也会适当突出不同的方面，但详尽批改的原则始终没变，时间不够，就每次详改三分之一或一半。我觉得详细改一篇，比让学生做十篇，却只在最后批上一个“阅”字，或只写上一行无关痛痒的批语要管用得多。因为照那样做下去，学生基本上还是在原水平上写，很难有改进和提高。

我的三位良师都已经作古，但他们的音容笑貌和留给我的宝贵知识、宝贵经验却永远铭记在我的心中。

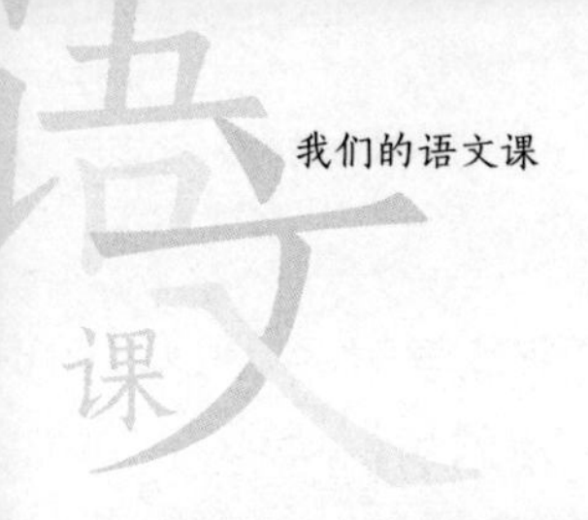

中学文学课本的记忆碎片

/ 王学泰

王学泰　1942 年生于北京市，1964 年毕业于北京师范学院（今首都师范大学）中文系。曾任中国社会科学院文学研究所研究员和研究生院教授。主要著作有《华夏饮食文化》《游民文化与中国社会》《中国人的幽默》等，还与傅璇琮等人合编有《中国诗学大词典》。

忆旧大约是老的标志，快退休了，近来常常怀念起小学与中学接受教育的情景。

从 1954 年到 1960 年，我在北京读完初高中。初中就读于北京师范大学附属中学，高中就读于北京市第六十五中学。这六年特别是 1957 年以后是学校和社会上大折腾的时期。现今人们若在现实生活中遇到一些不顺心的事，老是想起 20 世纪 50 年代，以为那时经济繁荣，人际关系和谐。这样想，对那些没有经过那个年代的人来说是误解，对亲历过那个年代的人来说，是经过头脑过滤之后的想象。实际上，那个年代许多能干的老师被划为“右派”，被轰下了讲堂（在北京师范大学附属中学和六十五中这样的老学校、好学校中就更为明显），课本变来变去，三十年来无定本。“拔白旗，插红旗”，搞“红专教育”，批个人主义，推行“教育改革”“教育革命”，几十年来教育领域内几乎没有宁静的日子。最后闹得学生以不读书为荣，以不学为革命的地步。

语文，中华人民共和国成立前叫“国文”，中华人民共和国成立后，为了与旧社会划清界限，把“国文”改为“语文”。两者虽属同一门课，但是内容还是有很大差别的。国文偏重于对本国文学和文化史的教育，而语文则偏重于对政治立场、政治品德、政治观念和写作的教育，而且有时为了突出前者，后者还往往落空。在20世纪50年代初的小学和中学课本中，政治内容占了很大比重，这些在当时被认为是很重要的、而且是无比“正确”的教材，事过境迁之后，其重要性、正确性也如夏日的冰凌日渐融化了。它们大多已从我的头脑中消失得无影无踪了，甚至连篇名也不记得，更谈不到影响了。中学语文课本给我留下最深刻印象的是1956年向苏联学习（当时学习苏联也是必须遵守的政治标准之一）期间语言与文学分治的文学课本。那时把语文分为语言和文学两科，并分别编撰了“语言”和“文学”课本。这套课本实际上只用了两年（1956年和1957年，“反右”之后就被废除了），而且只在一些学校试点了一下，并未推广。我只学过两本（初中三年级的第五、六册），读过三本（高中的第一、二、三册）。中小学语文课本中具体有哪些篇章和内容，大多记不得了。唯有这五册书，给我留下了极深的印象，现在想起来，许多文学作品尚历历在目。

把“语文”改作“文学”，所选就都是文学作品了。在我的印象中，似乎没有选政治文献，课本可以做闲书读，读起来很有趣。初中课本所选主要是古代和现代文学作品，也有少量的外国文学作品，如莫泊桑的《项链》、都德的《最后一课》等。这两册书中我还记得的是范仲淹的《岳阳楼记》、苏轼的《石钟山记》、《红楼梦》中的《刘姥姥一进大观园》、《儒林外史》中的《范进中举》。“刘姥姥”那一课还附有插图，画的是王熙凤低着头用铜箸拨弄铜手炉中炭灰的情景，大约是女画家王叔晖的手笔，虽是插图，却也精致细腻，形神兼备。

在十余册文学课本中，我记得比较清晰的是高中的三册书。那是按照文学史顺序编的，第一册起于《诗经》的《关雎》，终于南北朝；第二册起于李白的《梦游天姥吟留别》，终于文天祥的《正气歌》；第三册起于关汉卿的《窦娥冤》第三折，终于近代。每册之后，都有个对本册所选文学发展史的简介。这三册书后对本册所涉及的文学作品的介绍，实际上是个小文学史。这三册书中以第一册印象最深。

我几十年来一直从事古代文学和古代文化的研究，最早接触的文学史就是这部小文学史，最早系统接触的古代诗文就是这三本文学课本中所选的诗文。我觉得文学课本的篇目选得特别好，不仅有代表性，多是精品，而且适合当时学生的理解水平。例如，高中第一册《诗经》选《关雎》《蒹葭》《黍离》三篇，第一篇是“四始”之始，其代表性不言自明，后两篇则特别能反映《诗经》的唱叹之美，感情也特别深沉。我记得1957年初冬我到河北省某地办事，那里沼泽遍野，曲水回环，清霜满地，草木萧瑟，芦苇已经泛黄，在寒风中摇曳。这使我体会到“蒹葭苍苍，白露为霜”的意境，事隔四十余年而不忘，是有赖于诗的感染力的。两三千年前能写出这样的诗，真是了不起。这本书中选的《左传》的“重耳出亡”、乐府中的《陌上桑》《羽林郎》、陶渊明的《归去来兮辞》，都是读后令人难忘的作品。

第二册、第三册课本中所选的诗词名篇，使我认识到中国古代诗词的美，许多名句深深地刻在我的脑海里：“山从人面起，云傍马头生。”“人烟寒橘柚，秋色老梧桐。”“邻人满墙头，感叹亦歔欷。夜阑更秉烛，相对如梦寐。”“请为父老歌，艰难愧深情。歌罢仰天叹，四座泪纵横。”“多情自古伤离别，更那堪，冷落清秋节！今宵酒醒何处？杨柳岸，晓风残月。”“渐霜风凄紧，关河冷落，残照当楼。”古代诗词名句对提升人的素质有很大作用，是人格修养的重要组成部分。过去，人们说“腹有诗书气自华”，谙熟古代诗词，并能将其贯彻到自己的生活中，是能把人们从尘俗的日常生活中解放出来，并给人生增加几分洒脱的。

现在“爱国”这个词很流行，事无巨细，要提升一件事的价值往往就要与爱国联系起来，不管这样做是否正确。我想，要谈爱国，首先要懂得和尊重自己民族的传统文化。中国的文化传统（主要体现在制度文化和传统政治学上）是专制主义的，这无疑是应该否定的和摒弃的。但是，中华文化是极成熟的农业文化，世界上还没有另一个能与之比肩的农业文明。它在许多方面表现得十分独特。在非政治领域，它发展得十分精致，具有感染力。比如文学和艺术领域，中国古代的文学家、艺术家们创造了许许多多优美动人的传世之作，它们足以使每个中国人感到自豪，可是这些在20世纪五六十年代却遭到空前的厄运。

20世纪50年代编撰的这套文学课本是向苏联学习的产物。俄国的文学史并不算太长，如果从罗蒙诺索夫算起，不过三百余年，但是俄国自上至下，对自己这段历史特别珍惜尊重，即使在斯大林时代也是如此。俄国把普希金、果戈理、屠格涅夫、托尔斯泰、契诃夫这些名家的代表作品都改编成电影，在民众中普及，使普通老百姓都知道，并以它们为自豪。苏联的中学文学课本也是按照俄国的文学史系统编纂的，即使在苏联最“左”的时期也没有批判过普希金、果戈理之类，统治者们也认为他们是俄国的骄傲。

20 世纪 50 年代，中国学术界只肯定几个与劳动和劳动人民有关的古代作家，如白居易、施耐庵等。有的学者还写了《劳动文学史》，古代作家大多数都被认为与“劳动无关”，被当作地主阶级作家给否定了。到了 1953 年，世界和平理事会把屈原定为世界四大文化名人之一来纪念，这种情况才有所变化，后来苏联对文学遗产的态度传入中国学术界后才发生了根本的改变。上面所说的那几册文学课本正是在这种条件下产生的。

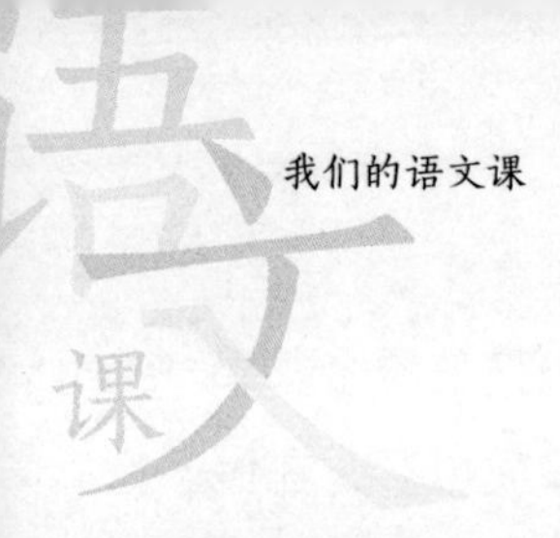

语文课

/ 赵园

赵园　1945 年生于甘肃省兰州市。1969 年毕业于北京大学中文系，1981 年毕业于北京大学中文系研究生班，获文学硕士学位。现任中国社会科学院文学研究所研究员。著有《艰难的选择》《论小说十家》《北京：城与人》《地之子》《明清之际士大夫研究》《赵园自选集》等。

无论是小学还是中学的语文课，都没有给我留下多么深的印象。我对文学的爱好，主要是在课外阅读中形成的。但课堂上也绝非一无所得，比如小学六年级语文课上的复述课文。当时我们的语文老师兼任班主任，她鼓励创造性的复述，即可以在课文的基础上添加想象，仅仅这一点就足以令孩子们兴味盎然。我不知道其他同学怎样，我自己是很高兴能有机会发挥一下想象力的。

中学的语文课令我受益的，是任课老师对于朗读的重视。我曾经醉心于朗诵。初中时期正在"大跃进"前后，我常在舞台上与同伴们一起，朗诵自己参与创作的"长诗"，其中充斥着豪语、流行的标语口号，诗味稀薄，却音调铿锵，情绪豪迈。高中阶段则朗诵课文，尤其是收入课本的古文、古诗词，像是获得了极大的快感。这一爱好维持了相当久，走长路甚至洗衣服时，也要用背诵《楚辞》、唐诗、宋词打发时间。只是不知从何时起，将这种爱好放弃了。但我相信，倘若你希望能"进入文学"，朗读是一种极好的路径。说放弃也不准确。即使到了今天，我在写作时仍有默读的习惯，因而讲求节拍、音调，是实实在在的"咬文嚼字"（或许老舍所说"咬言咂字"更贴切）。

进入高中是在 1961 年，那之前的一种"文学"课本已不再使用，这让我有点沮丧。我至今相信，读过那套课本的学生，即使将来从事理工类的工作，文学知识已不致贫乏。但我们所使用的课本中，有些篇目仍然令我着迷，比如屈原的《涉江》、杜甫的《登岳阳楼》、辛弃疾的《永遇乐·京口北固亭怀古》。我至今也不大能解释自己当时的偏好，即如为什么较之《小石潭记》《石钟山记》之属，更能被贾谊的《过秦论》、诸葛亮的《出师表》打动，且有着与年龄不称的对“沉郁顿挫”的偏嗜。或许在当时，我的内心深处就已然苍老，此外还有一种莫名所以的激越情怀，和对英雄事业的向往。一些年后自己教中学，已是“文革”后期，我仍然重视“范读”，试图以朗读吸引、打动学生。因“革命”的课本过于意识形态化，我另选了一些文字读给学生听，以补其课外读物之不足。我至今相信自己当时的朗读虽非讲授，但对培养个别学生的文学兴趣更有效果。

中学语文课使我受益的还有古文的讲授 —— 分析词义，疏解语法，掰开了揉碎了地说。尽管我并不曾因此而养成良好的学风，对语法知识有本能的拒斥，依旧“好读书，不求甚解”，往往只知大意，却仍然提高了古文阅读能力。后来自己教中学，也照此办理，不知学生怎样，我个人的所得，至少是多识了一些字。

由我本人的语文教学经验来看，让学生最难以接受的，是其时课本中大量的社论、马列主义经典文献与鲁迅杂文。最不可解的似乎是，鲁迅杂文的教学普遍失败 —— 我由前一时的报章读到过中学生对鲁迅的反感，自以为很能理解。鲁迅本人就说过，他的文字宜于有一定阅历者阅读。条件似乎还不止于此，还应当有社会文化氛围。而鲁迅的有意曲折，也的确有违于少年人的接受习惯。

我读中小学时，语文课中最有趣的是作文讲评，这种课堂上总会有一些被老师挑了出来“示众”的病句，令大家为之捧腹。我自己的作文，往往被作为范文读给同学听，甚至粘贴在学校的布告栏上。据我的经验，这种做法对刺激学生的写作欲作用甚大。事后看来，那应当是最初的“发表”。高三那年的语文老师似乎不欣赏我的文字 —— 那一时期因迷恋古文，半文不白起来 —— 对我的自信心打击不小。现在想来很无谓，当年却真的有过一点文人式的失意。

那时已有杨朔模式，对我却像是没有什么影响。我不大记得总被命作“一件小事”（或“一件好人好事”）一类题目，逼得你非编出帮老人过马路，或将捡到的钱交给警察叔叔一类故事。我的老师似乎没有兴趣训练学生造假的技术，他们不曾限制我的表达，诱我入某种“八股”，也不曾依他们的个人口味给我加桎梏，强令我这样或那样写。刚入高中时，班主任老师要求学生写周记，似乎意在与学生沟通。记得我在周记中偶尔也会出言不逊，话说得很放肆，倒是我的老师，总是宽宏大度，用了平等的语气写下他的意见。当然那时另有制约，这却是不应当归过于语文课的。你只能承认，无论师还是生，都无法脱离所处的时代。

读中学时，对语文老师不免挑剔，自己做了中学教员，似乎并不比我的那些老师高明，也不免有主题思想、写作方法、段落大意一类“八股”。写作特点通常就那么几条，贫乏、枯燥，面目可憎。却也是在自己执教之后，才体会到了这类“八股”的便利之处 —— 没有这一种刻板的程式，你会苦于无法填充那漫长的课时。我不知道倘若我再返回中学讲台该怎样讲语文课，我的能力是否能适应一种更灵活的教学方法。

想得更多的，是倘若能再学一遍，我或许会选择自学或私塾、家塾式的学习方式，少一点束缚，有可能有稍多的精力于爱好的学科，给此后所从事的事业打一点“幼学”根底，不必为了各项达标，而将过多的精力花费在了其他科目上。自然一定会另有其弊，即如片面化，另如失却了适应社会的能力。我明白使个人“自由发展”—— 当然这“自由”尚需界定 —— 的“教育制度”，几乎是不可能实现的，却设想或许能让这制度形式多样化，使不同的教育目标得以实现。

近几年，我的两三位朋友参与中学语文教材的改革，很惹了点风波。我尽管依然置身局外，却自以为理解他们的热情。我们都曾经是中学教员，不消说还都做过中学生，有切身之感，因系“过来人”而自觉有一份责任。无论付出了何种代价，问题总算提了出来，且引起了普遍的关注，我对他们的工作怀了敬意，尽管仍然不会参与其间。

长明的烛光

/ 卢晓蓉

卢晓蓉　1946 年生于重庆市，1982 年毕业于华东师范大学政教系经济学专业，从事国际航运工作。曾在《十月》《中华散文》《美文》《红岩》《北方文学》《当代散文》以及香港的《文采》《明报月刊》等十多种报刊上发表作品，1998 年获第六届冰心文学奖。

在我的学生时代，对我影响最大的老师是我的高中语文老师。他姓罗，名光鑫，至少在我的心目中，他人如其名。

我念书的那所中学在当地颇有一点名气，在贯彻阶级路线方面也不例外。由于我们班集中了几位干部子弟和烈士后代，凡任课老师都要经过严格筛选，以保证“政治”上绝对可靠。即使是被选中的老师，稍不留神也会消失得无影无踪。比如平时不修边幅，上课却极其认真的俄语老师牟老师；头发梳得溜溜光，讲课从不用讲稿的几何老师张老师；动不动就用考试来证明“物理不是豆芽科学”的物理老师刘老师等，都是中途莫名其妙失踪的。

罗老师却是个异数。我们刚从初中升上高中，他就接手教我们语文，而且一教就是三年，这不仅在我们学校的历史上绝无仅有，而且在其他学校也不多见。罗老师的出身并非“红五类”，又是走“白专道路”的典型，于是一有风吹草动，我们的心情就紧张，逢上语文课时同学们都恨不得把脑袋伸到教室外面去打探来者是谁，直到映入眼帘的仍然是罗老师那熟悉的身影，才舒一口气。类似这样的虚惊场面在我们整个高中时代，反复出现过好几次。罗老师为什么能逢凶化吉，教完我们最后一课，在我心中一直是个谜。

罗老师身材修长，在个子偏矮的四川人中显得有些“鹤立鸡群”。他与当时红遍大江南北的电影《青春之歌》的主角卢嘉川不仅形似，而且神似，才二十六七的年龄却显得老成持重。我们上高二时，罗老师和他那位青梅竹马、在工厂当工人的女友结了婚，我们曾争先恐后去目睹师母端庄贤淑的风采。三十多年后，我去罗老师家拜望，给我开门、让座、沏茶的仍然是这位师母，头发虽已斑白，风韵、仪容犹存。

语文老师首先要过普通话关。罗老师是地道的四川人，有言道:“天不怕，地不怕，就怕四川人说普通话。”大抵是因为“四川普通话”没有卷舌音、鼻音之分，很不受听的缘故。可罗老师却说得一口标准的普通话，原来，他身上总是揣着一本字典，为了不让谬误与普通话一起被推广，凡有吃不准的字，他都要查过字典才出声。罗老师不仅在课堂上坚持讲普通话，课下也讲；不但在校内讲，校外也讲。记忆中我从未听见他讲过一句乡音。在我的家乡，推广普通话的阻力很大，一个四川人常会嘲笑不讲四川话而讲普通话的同乡，轻者说你“鹦鹉学舌”，重者骂你“贵州驴子学马叫”。罗老师此举实在有些曲高和寡。我离开中学 13 年后，从农村考进上海的一所名牌大学，罗老师千里迢迢到上海出差来学校看我，说的还是一口纯正的普通话。有时我甚至想，罗老师如果改口说四川话反倒有些做作了。

罗老师到学校看我很有一点迂回曲折。他一开始去数学系找我未果，又去物理系、化学系，直到去了我们隔壁的生物系，才打听到我在政教系。我猜他准是按照我在中学的各科成绩排序来确定寻找我的路线的。当罗老师兴致勃勃地告诉我这段寻人经历时，我心里不免有些抱屈。其实，中学时代我虽然也受了“学会数理化，走遍天下都不怕”的思潮影响，但对罗老师的语文课自始至终还是很喜欢的，而且 1978 年高考如果不是政治成绩考了 97 分，也许我就进了中文系的门。尽管如此，我的一生还是与中文结下了不解之缘，当然这是后话了。

大凡中学语文课，从时代背景到解释词语、分段、写段落大意、归纳主题思想、分析写作特点总是免不了的，但是到了罗老师的语文课上，这些枯燥无味的程式却变成了引人入胜的“万花筒”。罗老师从不按教材的顺序讲课，而是按照课文的内在联系重新分拆、组合成不同的单元给我们讲解，有的课文侧重讲篇章结构，有的则侧重讲写作特点，这让我们对他的语文课始终充满好奇心和新鲜感。他还将课文分为“重点”“次重点”及“阅读”三种类型。属于“重点”的课文，罗老师必字斟句酌认真解析；对于“次重点”的课文，他就提纲挈领讲个大概，余下的让我们自己完成；而“阅读”类型的课文，则完全放手让我们自己咀嚼消化，但也马虎不得，因为罗老师会变换不同的方式来考核我们。

我们的高中语文教材曾选用过杜甫晚年的诗作《羌村三首》中的一首，诗中写道：

峥嵘赤云西，日脚下平地。柴门鸟雀噪，归客千里至。
妻孥怪我在，惊定还拭泪。世乱遭飘荡，生还偶然遂。
邻人满墙头，感叹亦歔欷。夜阑更秉烛，相对如梦寐。

罗老师把这首诗归于“阅读”类型，在交代了杜甫写诗的时代背景后，他让我们做一篇作文，将这首诗改写成白话文。

作文成绩发下来，我竟然得了 95 分。这不仅是我本人中学时代作文成绩的最高分，也是我所在的中学六年级作文的最高分。兴奋之余，我心知肚明，凭我少不更事的年纪，何以能揣摩老年杜甫忧国忧民的沧桑情怀？这只能归功于罗老师的“传道、授业、解惑”给了我灵感。他向来很重视我们的作文课，认为写得一手好文章是人生最重要的技能之一。每两周一次的作文及作文后的评讲他都雷打不动。而每次评讲他都会挑选一两篇同学们自己写的作文来朗诵和分析，从中我们不仅获得了自信，同时也悟出了他所欣赏的文章离不开真诚、平实和富有内涵。

在我们高中三年的语文课本中，鲁迅所有的文章、诗词都是罗老师的重点。“闰土”“祥林嫂”“小栓”“老栓”和“破帽遮颜过闹市”的“我”等鲁迅笔下的人物，经过罗老师绘声绘色的讲解，都在我们眼前变得鲜活起来，直到现在还栩栩如生。我还记得他在讲《纪念刘和珍君》时显得特别激动，仿佛当年他也曾和刘和珍们一道面对敌人的枪炮，发出自由的呐喊；而听他讲完《论费厄泼赖应该缓行》，我们都跃跃欲试想去痛打“落水狗”了。

语文课当然不是政治课。罗老师充分利用他的形象和语言的优势，把中学语文的结构美、文字美、韵律美、情感美等表现得淋漓尽致，就如他反复吟诵，又带领我们齐声朗诵李白的古体诗《蜀道难》一样。虽然大部分的原文我已不能流畅地背诵，可历代文人留下的美文精品中那铿锵优美的韵律、那震撼心灵的气势、那精练简洁的文风和感天动地的爱国情怀，却深深地渗透到了我们的思维模式中，滋润着我们的心智性灵，规范着我们的行为举止。

进入高三，社会上的“左风”愈刮愈烈，校园不再鸟语花香，书声琅琅。我们班又一次成为全市的“重点”，不过这一次不是“优秀班级”和“五好中队”，而是“贯彻阶级路线”试点。教室后壁往日生意盎然的“学习园地”，如今被“小字报”所取代。“小字报”者，“大字报”之前身也，里面的内容清一色是“出身好”的同学批判“出身不好”的同学。我也在一夜之间从“年级主席”“班长”沦为“批判对象”，不仅昔日的同窗好友纷纷反目，部分老师也忙不迭地划清界限，甚至出台了上课时“出身好”的坐前面、“出身不好”的坐后面，考试时“出身好”的开卷、“出身不好”的闭卷的闹剧。

罗老师此时犹如“泥菩萨过河自身难保”，平时闲话就少的他，更加沉默寡言。但是只要一站到讲台上，他依然焕发出昔日的光彩，腰板依然挺直，眼光依然一视同仁。有一次，罗老师在课堂上突然宣布，要我们每人每天像小学生一样，在方格纸上用钢笔写一页小字，理由是我们的字都写得很糟糕，必须坚持练习方能进步。全班四十多位同学每人每天写一页，一年就有一万多页，而罗老师必一笔一画认真批改，改完了还要评分。仅此一项，他的工作量就可想而知。得了五分的习字作业，他都张贴到“学习园地”展览。开始时我的字只能得三分，后来渐入佳境，多半能得四分，偶尔也得过五分。而我得五分的小字也可以和其他同学一样光荣地进入“学习园地”，盖住那些批评我的“小字报”。那一刻，方格纸上的红五分，就像黑夜里明亮的烛光在我面前快乐地跳舞。

高中毕业后我被剥夺了上大学的资格，下了农村。凭借罗老师教给我的一手写字、作文的绝活，我在当地小有一点名气，不时被抽调去帮这个领导写报告，帮那个会议写发言稿，不仅可以免去几日劳役之苦，还可以乘机打几顿“牙祭”。整党建党时，我们公社被确定为全县的试点单位，县委副书记带领工作组进驻我们公社，我因此而时来运转。尽管那时我还不是党员，但因为我们大队的党员都是文盲，所以工作组要我列席大队的整党建党活动并担任记录。整党建党结束时，我被那些农民党员朴素的阶级感情所打动，写了一篇题为《用毛泽东的哲学思想指导整党建党》的总结报告。县委工作组把这份报告选送到地委，地委则对我们县的整党建党工作给予了充分肯定。不久之后，我被上调到一所公社中学教书，永远地结束了知青生涯。

事有凑巧，我在公社中学教的也是语文。毋庸置疑，没有受过正统中文教育的我，传授给学生的语文知识全都是从罗老师那里“复制”来的。在那个交“白卷”光荣、学文化可耻的时代，学校里的正常秩序完全被打乱。为了让学生能学到真本事，我坚持带学生早读，坚持给学生布置作业（包括每天写字），也坚持批改评分，为此招来不少流言蜚语，但有罗老师做榜样，我充满了百折不挠的勇气。

打倒“四人帮”后，我终于圆了大学梦，也就有了前面和罗老师在校园里久别重逢的一幕。大学毕业后我投笔从商，历经荣辱盛衰，后来嫁给一位教书先生。我先生在大学里教了一辈子中文，他鼓励我重新提笔，学习写作，使我在硝烟弥漫的商场上找到一片寄托灵魂的净土。

校园重逢以后，罗老师给我写了一封信，信中披露了一个埋藏在他心底十多年的秘密。由于“出身的低贱和血统的卑微”，他在我轻信盲从、应该有人给我指点迷津的时候，却违心地选择了沉默，为此他深感内疚。可是在我看来，罗老师虽没有“在沉默中爆发”，却也没有“在沉默中灭亡”，作为一个极富才华的语文老师，他以“保持沉默”的高昂代价，捍卫了自己的良知和人格；而我则借助他教授的行为准则和基本技能，在人生的磨难中学会了独立思考。

改革开放以后，罗老师被抽调到市教师进修学院。我衷心祝愿罗老师的学生薪火相传，烛光长明。

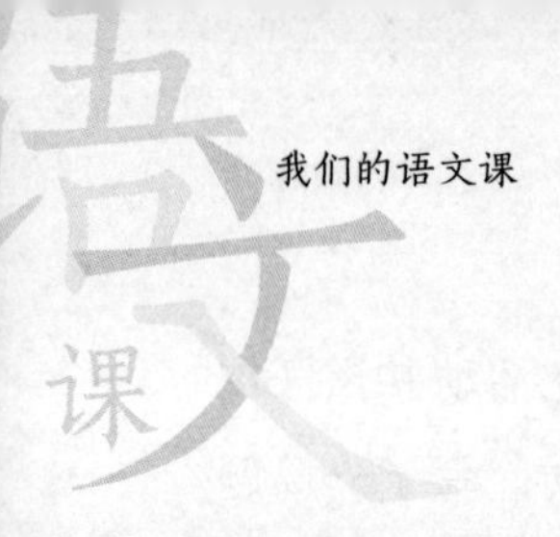

快乐时光

/ 申力雯

申力雯　国家注册医师，中国作家协会会员。出版有《女性三原色》《梅太太的宅院》《法兰西不相信礼物》《只因我认识了你》《京城闲妇》等。

回想起我对语文的兴趣，首先来自那段快乐的时光：我的少女时代是在北京市第十二中学度过的，这所学校的前身是贝满中斋，谢冰心先生毕业于此校。谢冰心先生说："那时的贝满女中是在灯市口公理会大院内西北角的一组曲尺形的楼房里，在曲尺的转折处，东南面的楼壁上，有横写的四个金字'贝满中斋'—— 那时教会学校用的都是中国传统的名字：中学称中斋，大学称书院，小学称蒙学。……这所贝满中斋是美国人姓Bridgeman的捐款建立的，'贝满'是 Bridgeman的译音。"

我进校时，时代已经变了，墙上贴着标语：做有文化的、有社会主义觉悟的劳动者……我最喜欢的是校中尖顶的灰色教堂，像童话中的梦境。这所中学依然保留着贵族的矜持与优雅，钢琴房是开放的，学生可以随意练琴，阅览室里有各种中外期刊，图书馆藏书颇丰，并摆满了鲜花，教师保持着特有的尊严与教养。让我印象最深的是语文老师张仲立，那时的她至多不过二十岁出头，在当时我们便觉得她是个了不起的大人了。她身着长长的裙子，衬着修长的身材，挺拔得像一棵春天的白桦树。她的干练、洁净和美丽令我十分愉悦，最令我们高兴的是她总是能结合课文给我们讲一些故事、寓言和成语，她从未让我们刻意去记住一个词，或一个词写十遍之类，而是让我们造句或编故事，这样在学习的过程中便有了创造性与活力。她鼓励我们写日记，写什么都可以，可以写事也可以写感受，重要的是真实。她说，日记是我们自己的内心生活，不是作业，更不是要展览的，所以她决不检查，我们只要坚持去写，养成一种习惯，等五六十岁的时候就是一部历史了。所以，至今我依然保持着写日记的习惯，并给我的日记起名叫“梅思”，因为我是冬天生的，喜欢梅花也喜欢思索。梅思正像另一个我，我常常自己对自己倾诉，日记陪伴我度过人生的如水年华。

张仲立老师注意培养我们对语文的兴趣和对生活的热爱，这样其他的诸如预习、分段、写主题思想、归纳段落大意、背作家小传等都在兴趣与热爱中融入于心了。

她很善于寓教于乐，年少的学生与年轻的老师在一起是快乐的。她有一种蓬勃的精神，身上像装有弹簧，有弹性与张力。元旦她与我们一起开班会，她带来一长串鞭炮和几支红烛，亲自到院子里将鞭炮点燃起来，噼噼啪啪好一阵子，满教室烛影摇红，少女们笑声洋溢。在欢笑中，老师要我们围绕着灯、炮、烛编谜语，我们永远不会忘记那个幸福的除夕夜，至今回忆，尚鲜明如昨。

我们班同学都养成了读课外书的习惯，那时我爱读的书有《红肩章》《远离莫斯科的地方》《红楼梦》《冰心散文选》，每读一本书都要写读书笔记，老师在墙上开辟了一块“读书园地”，供大家交流。

张仲立老师经常鼓励我们去看电影，她说，电影使文学具有画面感、流动感，所以“红星”“大华”影院是我们常常光顾的地方。我最喜欢的电影是《乌里扬诺夫一家》，我非常喜欢列宁的哥哥，至今他还是我的偶像。

那时，我们这些十几岁的女孩子已经开始演话剧了，当然有一种游戏的性质，其中有苏联话剧《毕业生》、日本话剧《到温泉去》，虽然只演些片段，但很投入，觉得很有意思。导演就是我们的语文老师。北京人民艺术剧院就在我们学校旁，它的宿舍在史家胡同，我们经常在街上或胡同里看见舒绣文、赵燕茹、朱琳、刁光覃、于是之、焦菊隐、蓝天野……我们常常走过去和他们讲话，他们待我们也很亲切，有时还邀请我们去剧院看彩排。虽然初中只有三年，可当岁月渐渐逝去，我才发现这段生活对我具有异常的渗透力，并像雾一样弥漫开来，渗透到我的生命里，至今我对文学的热爱、气质的形成都首先来源于这段生活的熏染。

初中毕业后，我去北京师范大学第二附属中学读高中了。那时，我已长成一个多愁善感的15岁少女。高中有两个班，我被分在高一（一）班，教我们的老师是毕业于北京师范大学中文系的李文林。她慈爱而严谨，有很深的文学底蕴。如果说高中的生活有些枯燥的话，李文林老师的语文课就是我心中的一片阳光。我们所用的教材是北京师范大学编写的，而不是普通高中的统一教材。记得第一堂语文课讲的是鲁迅先生的《呐喊》自序，第二堂课是鲁迅先生的《故乡》。我惊异于李文林老师教书的精致与讲究，她对语言有一种天生的感悟力，她将难懂的古文诠释得像音乐一样流畅并充满了美感与节奏。她要我们注意词汇的积累与提炼，如讲《故乡》中夏天的瓜园，她就指出鲁迅先生用了充满色彩的词语——碧绿、橙黄、金黄……来衬托闰土活泼的性格。如讲朱自清的《荷塘月色》，老师详细地跟我们讲什么是文眼，那是我第一次听说文眼，这篇文章的文眼仅仅是开头的第一句话："这几天心里颇不宁静。"整篇文章层层揭示，创造了静的境界，点染宁静的氛围，荷塘小路的幽静、淡淡的月光，烘托着荷塘的静谧，也烘托着作者内心的动。老师要我们找出并记住文章中的三十多个叠词：田田、婷婷……她说，正是这些叠词使荷的颜色典雅清丽，雅而不俗，像淡淡的水墨画，并给我们讲解了通感的修辞方法；正是听觉、视觉、嗅觉、味觉、触觉的互相沟通丰富了作者的想象。几乎每一篇文章老师都像剥洋葱一样层层剥开。老师讲的每一节课，我都能切实地掌握一字一词一句的意义，老师讲的每篇课文，我几乎都能背诵。如果说初中学语文是自由奔放快乐的，那么高中学语文就多少有些治学的意味。

李文林老师的目光像月光那样亲切，我经常去她家玩。她住在护国寺一条僻静的巷子里，自己有一个简朴的小独院，院落里有枣树和丁香，我时常坐在院子里的石凳上与老师闲谈人生的理想和读书的感悟。有一次我们谈起庐隐的《海滨故人》，老师的眼里竟有了泪花。她说，庐隐曾执教于北京师范大学附属中学，她的性格极其热烈，少时既失父母之爱，长大后又受命运的捉弄，一个热情的人处于这样冷酷的环境，好像一朵玫瑰开在冰山上。她不幸死于难产，去世时年仅37岁，如果她再多活二三十年，又该有多少好作品问世呀！这时的老师就像我的朋友，一种深情融入心中。

我高中毕业以后又去老师的小院，只见小门紧锁，邻居说她调往西安了，我呆呆地站在门外，院里高高的枣树倚墙摇着一树的葱绿。从那以后我一直未打听到老师的下落，随着时光的流逝，我对老师的思念愈来愈强烈，并凝固成一种永恒。现在的我韶华已逝，红颜已憔悴，但李文林老师在我心中永远是青春和美丽的。

第五辑
（1950—1959年生）

1950—1959年出生的作者，上中小学大约是在20世纪60年代。

■ 时代背景

1960年冬，党中央决定对国民经济实行“调整、巩固、充实、提高”的方针。教育部据此制定和下达了全国中小学工作条例，陆续颁发了各学科教学大纲，并修订和重新编写了各科教材。这个时期还发生了两场语文教学方面的大讨论，均由上海《文汇报》发起。第一场讨论的主题是“语文教学的目的和任务”，即所谓的“文道之争”；第二场讨论的主题为“怎样教好语文课”，其影响波及全国。

■ 语文课特点

语文教学界明确提出了“加强‘双基’”的口号，即加强语文基础知识和基本能力的训练。上海还把“双基”的内容概括为“字、词、句、篇、语（语法）、修（修辞）、逻（逻辑）、文（文学）”八个字，称之为语文教学的“八字宪法”。

小学语文课和青年时代读的书 / 孟繁华

孟繁华　文学博士、中国社会科学院文学研究所研究员、文学评论家。
著有《众神狂欢》《1978：激情岁月》《梦幻与宿命》《想象的盛宴》《中国 20 世纪文艺学学术史》（第三部）等。

严格地说，我只念过完整的小学，中学一年级就“文革”了。

“文革”期间只“实践”不学习，“实践”就是写大字报批判老师，初一的学生说老师执行的是“资产阶级教育路线”。两年之后我下乡当知青，或者劳动或者无所事事。没有书念的日子非常轻松，和同学或同年的老乡玩，有时也坐在“五保户”单身老汉的炕上，听他讲他 18 岁时和一个姑娘恋爱的故事，很是快乐。那时还没有学会焦虑或忧患。待考大学的时候，没读中学的问题就暴露出来了：数学只考了五分，除了因式分解外，其他的试题全不认识。要不是文科考得好一些，估计现在也是个“下岗”工人。这个经历已经说明了我现在的成绩和中学教育没什么关系。

中学我只读了一年，自然对中学语文课了解甚少。但读小学的情形还是记得的。上小学时我就不喜欢算数，经常考试不及格，但一直很喜欢上语文课。我的父亲是工人，母亲也识字不多，没有“家学”是肯定的。语文课的重要性没什么人告诉我，喜欢语文课唯一的理由是语文老师喜欢我。语文老师是我们的班主任，姓王，女的，那时可能也就三十来岁。她上课时总是满脸笑容，不大批评学生。记得她上课很简单，读课文、解词，然后就带我们造句。作业就是写一篇作文。因为她喜欢我，我就认真听她上课，造句总是抢先发言，每次造句都会得到她的夸奖，于是就更认真努力地造句，她表扬的次数也就越多。我们班的孩子大都伶牙俐齿。老师的表扬实在太重要了，它培育了一个人最初的自信心和荣誉感。

王老师很少布置作业，几个生词在课堂上造句时就学会了。放学前她会让我们写篇小短文交给她，下节课让同学自己念比较好的作文，告诉大家要向这些同学学习，然后学新课文：“秋天到了，天气凉了，一行大雁向南飞，一会儿排成一字，一会儿排人字……”没有作业的小学，实在是太好了。于是，大家都热爱学校，放学了也不回家，在操场上踢足球，沙土操场被我们踢得乌烟瘴气，或是到工厂俱乐部等工人下班了打乒乓球。大家乐此不疲，日复一日。小学读书的日子就这样悠然过去了。中学一年级也没有作业压力的印象，就几本课本，还多了俄语课，但玩的时间还是很多，家长也不督促学习，几乎是不闻不问，更不要说参加什么补习班之类的课外学习了。教我中学语文的老师姓黄，男的，他当时 22 岁，可能也就高中毕业，他写的字很漂亮，他的板书同学们都很佩服。他也很喜欢和大家一起玩，开玩笑。但他好像更喜欢我们班里的一个女生，有的同学说，放学后他经常骑自行车带着这位女同学，于是大家很是嫉妒和失望。一个学期之后他就参军去大连了。我 15 岁以前的记忆，大多和玩有关，比如打乒乓球，现在还制度化地每周打几次。一想到如今女儿度日如年的中小学生活，“今不如昔”的感慨便油然而生。

我在“文革”期间读了不少书。下乡时带了郭小川、严阵、陆棨（这个诗人“文革”后没再写诗，但我在天桥剧场看过他 20 世纪 80 年代后期写的歌剧《火把节》）、徐迟等当代诗人的诗集，经常读。特别是郭小川的诗，我非常热爱。像《向困难进军》《闪耀吧，青春的火光》《致大海》《深深的山谷》《白雪的赞歌》《林区三唱》《厦门风姿》都背得烂熟。阴雨连绵的日子不用出工，同学到老乡家玩耍去了，我却坐在窗前为《白雪的赞歌》中的医生无望的爱情深深地惋惜和感伤，眼前总晃动着一个懦弱、无言、悄然远去者的形象。那时的文学评论者对郭小川诗歌成就的评价多有不同，但我仍然认为他是那个时代最有才华的诗人。于是，我也开始疯狂地写诗，然后给当地的报社寄去。有一位同学的哥哥是我的好朋友，他和这份报纸的副刊编辑是好朋友，他和这位编辑说：“你怎么一个星期才给他发表一首诗？要是我就一天给他发一首。”我的这位朋友不知道副刊一个星期只有一期，能够经常发表诗歌已经很不容易了，但这位朋友对我的情感可见一斑。不久，我居然成了延边地区名噪一时的“诗人”，还出过两本诗集。

后来，我在林区一个职业性的宣传队编节目。大概是1973年5月的一天，我发现一个被钉死的厕所里堆满了书，顿时就生出一个念头，心怦怦地跳，悄悄地和一个小学同学说了。那个同学说：“这算什么，你请我喝啤酒就行了！”他当时就领着我把厕所撬开，我装了满满一大手提袋书，藏到宿舍的木箱子里。一想到有那么多书属于我，我每天都像过节一样激动和兴奋。这些书是“文革”开始时从图书馆搬出来的，大多是文学作品。像《红字》《牛虻》《复活》《钢铁是怎样炼成的》《青年近卫军》《俄国文学史》《悲惨世界》《儒林外史》《聊斋》等，就是在这个时候读的。后来，我又在朋友那里借到了没有公开流传的《多雪的冬天》《州委书记》《叶尔绍夫兄弟》《摘译》和一些“黄皮书”“灰皮书”。白天，我为宣传队编歌颂“文革”和林区大好形势的节目，晚上在俱乐部的后台读这些“偷”来和借来的书。

我喜欢上文学并将文学作为我的专业，除了因为我对数理化一无所知之外，我觉得和王老师，和后来读的这些书有些关系。王老师对我的鼓励至今让我心怀感激。她简洁的教学方法让少年时代的我觉得学习既不是一件枯燥的事，也不是一件困难的事。是她的鼓励培养了我对文字最初的兴趣，而兴趣比任何形式的强制都更能调动学习的自觉性。青年时代读的那些书，大多是中外文学史上的经典作品，到大学中文系学习文学史时，很多作品我已经很熟悉了。这些作品在“文革”期间为我打开了另外一个空间，它虽然与时代格格不入，自己也不敢张扬，但时代一发生变化，它们便顿时被激活，不仅使我对文学有了进一步的理解，还让我对人性和生活的丰富性有了更深入的理解。对我个人来说，青少年时代读的书究竟给予了我什么，可能至今也说不清楚，能够记得的是，那时没有卡拉OK，没有VCD和美国大片，于是读书就成了一件快乐的事情。

我们这一代人的语文教育

/ 傅书华

傅书华　1953 年生，太原师范学院文学院教授。著有《山西作家群论稿》《蛇行集》等，与人合著有《中国当代文学》《鲁迅作品讲析》等。

“文革”那年，我小学还没毕业，家破人亡、四处漂泊了几年后，我到了农村插队落户，一待就是八年。直到恢复高考，才得以进入高校学习，毕业后从事专业教学与研究，一晃又是数年，有了高级职称，有时又被人称为专家学者。我想，这样的一种经历，在我们这一代人中间，是有代表性的。而我们这一代人，在高考前受的又是什么样的语文教育？

印象最深的是那铺天盖地的大字报，是满天飘洒的红卫兵传单，后来是两派斗争的传单，这些也可以算作是一种语文教育读物吧。排比的句式，反诘、质问的语气，感情色彩强烈的语词，让人感到了一种逼人的气势，感到了一种心灵的震撼。这些文字曾经深深地打动了我，我反复地阅读它们，惊异于文字竟能有这样的感染力。现在想来，那时的大字报和传单的作者是把自己的一腔真情、激情溢满于字里行间的，这样的一种真情、激情还是能够打动人心的，尤其是一颗少年的心。前几年，我读到了刘小枫的《沉重的肉身》，他在那本书中讲，在武斗的年代，他们是围绕着一个初三的孩子，听他讲雨果的《笑面人》。我没有这样的幸运，我是在大三的时候，才读到了《笑面人》。我相信，在那样一个年纪读大字报、传单与读《笑面人》，对日后成长的影响是截然不同的。

插队的八年，与语文教育直接相关的，我想可以算是那时的阅读与写作了。乡下无书，那也不是一个读书的年代，队部仅有的一张报纸，因为放在队长办公室，也不是像我这样的人敢随便进去翻阅的。但读大字报与传单养成的阅读习惯，使我总想找点什么来读读。说来可笑，我读的那本《红楼梦》，因为被撕得无头无尾，以至于我当时不知道自己读的是《红楼梦》。那是一个深秋，秋风萧瑟，秋雨绵绵，虑及个人前途，心情十分忧伤，所以，当我读到林黛玉所写“秋花惨淡秋草黄，耿耿秋灯秋夜长。已觉秋窗秋不尽，那堪风雨助凄凉”时，我的心中产生了深深的共鸣。那年秋天，我把《红楼梦》翻来覆去读了几遍，我相信，它在无意中培养了我对文字的感觉。我还读到了一本缺行少页的唐代诗文集，那里面有这样的句子：“冯唐易老，李广难封。屈贾谊于长沙，非无圣主；窜梁鸿于海曲，岂乏明时。”我记得自己当时激动极了，对这样的句子佩服得不得了，觉得它说出了我们家当时的遭际。我把那本残破不全的唐代诗文集放在枕头边读了很长时间，以至于后来给生产队写个快板什么的，那韵脚张嘴就来。

说到写快板，我那时连平仄的概念都没有。一个朋友写了一首诗让我看，倒是押韵，但韵脚平声一面倒。我告诉他不能这样写，并且按平仄要求给他做了修改，他问我为什么，我却说不上来，只是觉得念得顺口，与我念过的诗词感觉一致。1977 年高考的时候，有一道题是让把一大段话中的关联词与过渡句填上。天可怜见，我那时连关联词与过渡句的概念都没有，就从念得顺口的角度出发，填上了一些自以为是的词与句子，下来与懂行的人一核对，却也没发生错误。还有一道古文题，虽然没见过，但由于平时读过一些古诗文，所以，翻译自不待说，就是该题要求的对若干难词的解释，我也可以根据上下文而把词义说出来，我想，这都是平日阅读的原因吧。记得那年高考的前几天，我们去县城看考场，晚上跑到县一中混在高考复习班里听辅导。一位老师费尽气力口干舌燥用了两个晚上讲若干词的辨析，我们听得昏昏欲睡，脑子一片空白。那年高考，县一中的高考复习班几近全军覆没。当然，靠自己阅读，往往要走许多弯路，譬如，还是在读大字报和传单的年代，那时盛行毛主席的两句诗：“宜将剩勇追穷寇，不可沽名学霸王。”由于这两句诗出自毛主席的《人民解放军占领南京》，涉及战争打仗，所以，我一直把“宜将”这个词视作对打仗将领的指代，把“霸王”这个词视作不要打下江山就不思进取、坐享其成、称王称霸。直到多年后，一位长者纠正了我的错误。就是依仗着这点阅读功夫，也是因为乡下缺少文化人，我那时给队里、场部、县里写了大量的批判稿、工作总结、先进材料、演唱材料等。记得第一次给场部写先进材料时，我找了一份大报上刊发的某单位的先进材料的框架充作我文章的结构，然后照猫画虎，把我们农场的所谓先进事迹填进去。材料送上去后，上级部门的一个“大秀才”专门把我叫去，问我是哪里毕业的，然后很奇怪地看着我说，没想到这样的大材料出自我的笔下。我第一次给县文化馆写小戏，也是先找了个剧本作底本，然后按唱腔的要求把唱词换上去，居然也让县曲艺队上演了若干场。

这样的写作，固然锻炼了我的行文能力，但也给我的写作带来了难以疗治的创伤。为什么呢？我那时急于脱离大田劳动，所以，上边让我怎么写我就怎么写，功利性很强，渐渐地养成了习惯，以至于不会说自己的话。直到今天，这么多年过去了，自己写起学术文章来，还难脱此痼弊。我的许多同时代人，在那时的乡下，以一种非功利的自由心态与朋友书信往来，表情达意，或者写写抒情议论的诗、文，及至时代变化后，他们就能以健全的心态较快地发展。语文教育，确实与育人密不可分，文字表达，毕竟是人的一种外化形式。

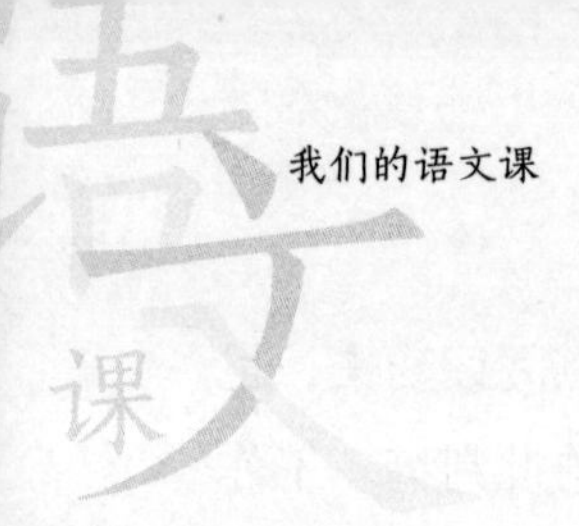

所谓语文

/ 孙郁

孙郁　1957 年生，辽宁省大连市人，1975 年中学毕业到农村插队。学者、作家。曾任《北京日报》文艺周刊主编，并兼《中国现代文学研究丛刊》副主编。主要著作有《百年苦梦》《鲁迅与周作人》《鲁迅与胡适》《文字后的历史》等。

23 岁那年，也就是 20 世纪 70 年代末期，我在辽宁一所县办中学做了一段语文教员。虽然时间很短，但对语文教学的甘苦，略有些心得，知道了它的不易。我当时对语文这门学科知之甚少，可以说毫无经验可言。那时确有点以其昏昏，使人昭昭。开始的时候，觉得语文是很好传授的课程，只要抓住了程式，大抵就没有什么问题了。但后来期末考试成绩出来，我才知道，孩子们并没有多少长进。无论是作文还是对古文的理解，都很苍白，于是先前的自信心大受伤害。不久便趁着一个机会，放弃了教书工作，跳槽到别的单位去了。这段经历，使我对我们的语文教育生出另外一种感觉，好像它与我们的读与写，并没有什么联系。后来混迹于文坛，看到一些颇有些创作能力的人，并未从语文书中受到启蒙，而所喜欢的东西，又与课本中的文风迥异，于是也暗暗地想，中小学传授的知识与我们真实的人生大多是隔膜的。天底下好的文章，有时并未在语文选家的视线里。

直到前两年，学界猛烈抨击中小学语文教育的时候，自己才私下随之欢欣了多时 —— 人们终于敢直陈教育的弊端了。我们这些年，培养不出像王国维、钱钟书那样的人才，和中小学教育大有关系。

回想我们这一代人的读书生涯，可谓苦不堪言。小学三年级，便遭遇“文革”，对历史概念知之甚少。那时可看的书籍很少很少。不仅外文无从谈起，连古老的文言文，也是看不明白的。所以，倘要谈语文，老实说来，自己并无资格。

但是如果以一个喜爱阅读者的身份发言，我倒以为，语文应是以阅读为主的课程，语法、修辞之类，应放到大学里去。至于教化、八股化的东西，也自应到它应去的地方。孩子们上语文课的时候，应是快乐的、知识与情趣交融的。大量的意义分析、语词解剖，常常会淹没了人本的价值。语文应是人性化的。

可惜我们的教育，至今尚不能做到这一点，仍在旧路上徘徊着。我有一回翻女儿的课本，大吃一惊，先前我曾教过的篇章，在今天的书中还比比皆是，八股之调久矣，选家们对此仍欣欣然以为得道，其实是大为悖谬的。

语言的丰富与否，大抵可看出一个时代的风气，流行什么样的文章，亦可知道文化的风貌。“文革”后期，当我还是个中学生时，便感到了流行小说的无趣，私下读起俄国的汉译作品。那时偷偷崇拜过普希金、莱蒙托夫、托尔斯泰，觉得他们的作品是美好的。我还曾暗暗模仿过这些作家的诗歌和散文，以为那样的翻译体是世上最好的文体。在思想被牢牢囚禁的年月里，那些异样的存在打开了我的精神之路。我至今仍对那些作品充满怀念。一生中最早的阅读兴趣，是从俄国文学中真正建立起来的。

所以，“文革”结束初期，有那么多可读的文章问世，我以为与苏俄文学的传播大有关系。应当感谢这些异邦的艺术，倘不是它们的存在，不知道我们的写作还停留在什么地方。

后来的情况又变了。欧美的东西渐渐取代了苏俄的艺术，知识界忽变得唯欧美是趋，读书人的口味变得单一起来。崇洋之风日盛，翻译体的文章渐多，于是知识界又流行起“洋八股”来，文章生涩、意义隐曲，折磨着阅读者。“文革”时，人们不会说话；打开国门后，又一次不会说话。我们的语言文字里，这么易于生出“八股”的文体，是应深入反省的。

中国有几位真正的文学家，他们的文字是漂亮的，读了让人神清气爽。以杨绛为例，她不仅深谙西文，也颇懂国故，所以文章很有力量，没有古老的腐气和西洋的腔调。张中行的文章，高远清淡，有暗香传来，也是语文中的典范。至于孙犁的隽永、邵燕祥的峻急，亦非流俗可以比肩，都是人间的佳品。看他们的文章时，我就想，其实语言的天赋固然是存在的，但自由的阅读和自由的书写，亦有不小的意义。上述诸人，既通晓历史，又深味现实，不为外物所累。中国的语文，外在的东西过多，常常将人的血肉模糊了。古老的文言是一条旧路，“文革体”也是死路；“洋八股”走不通，乡土语也有局限。翻阅近代史，语言文字颇有建树者，唯“五四”那一代。目前优秀的作家、学人，他们诱人的作品，大多继承了“五四”的余脉，这一传统的可贵，已被世人认识了。

所以，谈及语文的现状，我以为关键在于精神的自由与宽容。其实我们的母语是有相当的潜力的，看鲁迅、周作人的文章，就可以感到，表达什么和如何表达，其路径是那么宽广。从事写作与文学研究的人们，对这一隐秘是该深入思考的。然而这样的文章，我却很少见过。倒是“五四”那代人，给我们留下了丰厚的遗产。倘若回溯到新文化初期的起点，重新设计我们的文化，那结局，当会与今天大大不同了。

第六辑

（1960 — 1969 年生）

1960 — 1969 年出生的作者，上中小学大约是在 20 世纪 70 年代。

■ 时代背景

在十年“文革”（1966 年～ 1976 年）中，教育部门成了重灾区。语文教育首当其冲。各种语文课本、教学大纲、教学要求乃至语文教师本人，都成了“批判”对象。语文教材强调“突出政治”，对我国古代文化遗产持批判和否定态度。

■ 语文课特点

语文课成了“大批判课”。作文课主要用来写作“小评论”“大字报”和“大批判”。学校甚至要求小学生写批判“孔老二（孔子）”的文章。不少学校上语文课不用课本。语文教学经常采取“开门办学”的方式，将课堂搬到工厂、农村。

稀里糊涂学语文

/ 朱铁志

朱铁志　1960 年出生于吉林省通化市。曾任《红旗》杂志编辑、《中国体育报》记者、《求是》杂志编审。著有《固守家园》《自己的嫁衣》《思想的芦苇》《精神的归宿》《被亵渎的善良》《克隆魂》《浮世杂绘 —— 小人物系列杂文》《你以为你是谁》等。

我的中学时代始于 1973 年，止于 1978 年，地点是吉林省通化市第三中学，亦即后来以抗日将领杨靖宇将军命名的靖宇中学。总体而言，这五年的学习是零散、混乱的，一会儿赶上“回潮”，正儿八经地念一点书；一会儿又赶上“学工学农”，整天折腾在田间地头；一会儿批“读书无用论”；一会儿又批“智育第一”。

对我来说，学校教育灌输给我的，与其说是系统的知识和正确的价值观念，不如说是满脑子的疑问和官司。比如，读书到底有用还是没用？学生到底应该以学为主，还是以做工务农为主？这些今天看来近乎荒唐的问题，在当时却实实在在地困扰着我。在我朦胧的意识中，学生当然应该“以学为主”，而且毛主席也是这样说的。可实际上，我们经常一劳动就是一个月，差不多已变成了“以劳动为主”。在这样的现实面前，我是把主要精力放在读书学习上，还是放在劳动上？如果放在学习上，怕人家说我不热爱劳动，有资产阶级思想；如果全身心地劳动，又怕自己将来真的成为“大老粗”。

好在父亲是个明白人，当我十分热衷于在劳动中表现自己的“心红”“苗正”时，他不容置疑地说：“扯什么扯？小孩儿爱劳动没错，但学生总该以读书学习为主业，念不好书，将来喝西北风去？”在他的心目中，“万般皆下品，唯有读书高”，不论何时何地，他的儿子是不能不读书的。

平心而论，我们那时的学习压力比现在的中学生轻多了，学习难度也小多了。这使我在中学阶段基本可以比较轻松地完成那点儿学业，不曾为学习考试犯过大愁，而成绩总是名列前茅的。余下的时间就是读各种各样的书，满足好奇心和求知欲，其中当然也包括那么一点儿虚荣心。如果硬要问我当年是怎么学语文的，应该说是从乱翻书开始的。

从那个年代过来的人都知道，当时哪有什么书啊！我的父亲原本是个苏俄文学迷，家中差不多藏有当时已经翻译过来的所有苏俄小说译本。但“文革”一来，父亲成了“走资派”，家中的藏书当然也成了“封资修”黑货，被红卫兵抄家时付之一炬。当我具备读书能力，特别是具备读“大书”能力的时候，家中已经没有多少可读之书了。急剧膨胀的读书欲望和日益萎缩的读书资源构成了很大矛盾，使我像乞丐似的到处跟人借书。不管从什么渠道，只要听说一本书，也不管读得懂读不懂，都死乞白赖地跟人家借。借来就昏天黑地地一通乱看。那时有一种心理，只要别人说话时提到的书，我就一定要找来看！如果人家说到，而我竟然没看过，就觉得很不甘心，非要“后娘打孩子——暗中使劲”，把它补上不可。在这样的心理支配下，我除了看大家都看的《钢铁是怎样炼成的》《欧阳海之歌》《艳阳天》《金光大道》《征途》《西沙之歌》《向阳院的故事》《林海雪原》等大路货以外，还在被窝里打着手电筒偷看了《红楼梦》，在浑江边上看完了《三国演义》，在玉皇山后坡儿看完了《西游记》。这些优秀的古典名著使我隐约地感受到了文学的美和作家的伟大。宝黛故事让我知道了“情为何物”，三国争雄让我明白了智谋的重要，而孙猴子的无边法力极大地拓展了我的想象空间。那段时间，我整天迷迷糊糊的，望着遥远的山峦、落日的余晖，总是若有所思。

那个时候，读书是谈不上系统的，许多好书是在令人啼笑皆非的情况下阅读的。大概是1975年左右吧，全党号召读“六本书”，即六本哲学著作。我从父亲那里知道有这回事，就自不量力地读了《共产党宣言》。虽然一个初三学生肯定并不全懂，但也绝非全不懂。我实实在在地受到了震撼，不仅为深奥的道理，也为马克思、恩格斯那博大的胸怀和气魄。恰是在那时，我不知又从什么渠道看到了青年马克思写的《青年在选择职业时的考虑》，心灵再次受到震撼，对伟大导师充满了仰慕和敬佩之情！与此同时，我还试图阅读列宁的《国家与革命》，终因学养和阅历的局限，没有读下去。但《国际共产主义运动简史》却使我好像一下子长大了许多，我少年的心也开始从家乡通化飞到遥远的地方。这本书使我感到，人可能会终身生活在某一个地方，而他的思想却可以飞升到世界的任何角落。

这样的阅读经历还有很多。比如，我最早接触《水浒传》不是通过正常的渠道，而是通过“评法批儒运动”。原本作为批“投降派”教材供“内部批判”用的《水浒传》，却让我看得如痴如醉、如梦如狂，我整天梦想着杀上哪个山头成为绿林好汉，一张嘴就是“招安、招安、招甚鸟安”，觉得非常神气，非常男子汉。

最早看《论语》的情形也大同小异。那时年少无知，跟风赶浪，整天“孔老二、孔老二”地叫着，被父亲大喝一声：“混账！孔老二是你叫的吗？要叫孔夫子！”在这种情形下，我似懂非懂地看完了《论语》。不仅如此，还看了当时作为领导干部参考书的《孔丘教育思想批判》，虽然颇有腹诽、很不以为然，但并不敢说出来，不知道自己的想法到底对不对。

一个偶然的机会，我得到一本已经缺损封面的《李白诗选》，一看之下竟爱不释手，不仅认真读了两遍，还用当时拥有的最好的笔记本工工整整地抄了一遍。那一阵子又陶醉在诗歌的美妙之中，看见什么都想来两句。找不到更多的诗读，就读当时能够读到的张永枚、纪宇、贺敬之、李瑛等人的诗，还设法弄来一本臧克家的《学诗断想》津津有味地读了起来。后来，我的“诗作”不断出现在学校的板报上，差不多成了每期板报的固定栏目。

中学阶段读了多少书我没做过统计，大概比上不足、比下有余吧。除了上边提到的书以外，我还认真通读了《毛泽东选集》1 至 5 卷，读了艾思奇主编的《辩证唯物主义和历史唯物主义》以及罗森塔尔、尤金编的《简明哲学辞典》。在没书读的时候，我甚至翻过爷爷的医书《汤头歌》和妈妈的《医用人体解剖学》。虽然我对医学并没有兴趣，但在杂览当中意外发现鲁迅、郭沫若等作家都是从医学走向文学时，我还是硬着头皮翻看了一点医书。

说到鲁迅，不得不多说几句。我中学时代接触鲁迅主要有两个渠道，一是当时的大批判中经常引用鲁迅的句子，那种初期白话文的语言，半文半白，不知为什么让我感到格外有味道；二是受父亲的好友迟达明的影响。这位学医出身的叔叔具有很好的文学修养，后来做了吉林省出版局局长。是他多次向我谈起鲁迅，并且郑重其事地将一本《吉林日报》采访手册送给我，鼓励我说，要当记者、当作家，就得好好读鲁迅。迟叔叔是我少年时代崇拜的人，他推崇的人肯定是没错的。

从那时起，我开始关注鲁迅先生的书。当时，那种白色条纹背景、上面印有鲁迅浮雕头像、绿色书名、黑色署名的小册子，在任何一家书店都能买到，而且一本只要几毛钱。我还清楚地记得那个夏天的午后，我刚刚踢完一场足球，满头大汗，兜里揣着姐姐给的五毛零钱，直奔新华书店，用其中的三毛一分买了一本《故事新编》，又把《野草》拿在手里看来看去，舍不得放下。店员看我那么爱不释手，就说："喜欢就一块儿买了吧。"我说："我是喜欢，可我只剩下一毛九分钱，而这本书要两毛钱。"店员大概是个喜欢爱读书的孩子的人，痛快地说："算了，拿走吧！"那会儿没有个体书商，店员肯定是自己垫付了那一分钱。我当时乐得跟什么似的，连"谢谢"都忘了说，一溜烟儿地跑到江边，迫不及待地看了起来。

此后，我又用有限的零用钱买齐了当时出版的鲁迅先生的所有著作，并且一一拜读了。应该说，在少年的阅读中，我颇以此为自豪！鲁迅先生深刻地影响了我，使我最终走上了杂文写作的道路。有一年 7 月，当我以鲁迅文学奖获奖者身份第一次踏上先生的家乡绍兴时，我久久地伫立在先生的旧居前，心中充满了崇敬和感激。

回头想来，人的素质真是个说不清、道不明的东西。少年的心是敏感的，对什么都感兴趣，读什么都不白读，有付出就肯定有收获。我感谢自己有一个爱读书并且会读书的父亲，如果没有他的言传身教，我不会养成读书的习惯。我也感谢我的姐姐和哥哥，虽然他们没有我那么幸运，赶上了恢复高考，接受高等教育，但他们都是非常爱读书的人，他们默默读书的身影就是对我无形的教育和影响。我还十分感谢我中学时代的几位老师，一位是语文老师赵丽仁，我第一次从他那儿听说北京大学哲学系。后来，我幸运地考到那里学习。另一位是历史老师杜润泽，是他引导我接触历史著作，从读史当中得到乐趣。还有一位是数学老师隋继民，这位老师不仅有高超的数学造诣，而且有很深的文学修养，早在初三时，他就让我读《左传》。虽然我根本读不懂，但我身上那种追求高尚精神生活的意念是由隋老师灌输的。还有一位已经去世的张梦飞老师，他文学、书法、摄影无所不通，而且风流倜傥、风度翩翩，是我少年时心目中的才子化身。他虽然并不直接教我，但常对我讲读书、作文的道理，使我获益匪浅。我中学时代多次获通化市中学生作文竞赛第一名，张老师都是评委会主席。每次我竞赛获胜，他都要高高举起我的文章，称赞有加。现在想来，一个中学生的作文能好到哪里去呢？而张老师的鼓励对我增强自信心，最终走上文学道路有着至关重要的作用。上述不少老师还给我一个特权，就是可以不上他们的课，根据自己的兴趣自由阅读。如此宽松的“政策”，大概今天的中学生很少有人能够享受吧。我觉得自己真是一个幸运的人，在求学和工作中总能遇到好人。

我的中学时代物质条件虽然远不如现在，但精神生活似乎并不逊色于今。除读书外，我还经常组织和参加各种文体活动，这些活动可以视为语文训练的延续。每次学校文艺会演，我都是班级的总撰稿兼总导演，我们班的演出总是在学校引起轰动。我创作并演出的相声在全市会演中不仅得了创作二等奖，还得了表演奖。高一的时候，我斗胆写了一个电影剧本。怕写得不像那么回事，还特意找来夏衍先生的《写电影剧本的几个问题》研读。本子写成后像模像样地寄给了长春电影制片厂。除此以外，我还热衷于足球运动，在胜利和失败中体会喜悦与悲伤，增强抵御挫折的能力和意志品质。在夜晚的孤灯下，我每每满怀深情地记录下比赛中的所思所想，所感所悟。我曾不无感触地写道：“小伙子一定要踢足球！足球中所蕴涵的东西绝不比书本中少，聪明人在足球中不仅能够找到健康的体魄，还能感悟到人生的哲理。生为男儿而无此体验，那是非常遗憾的。”这些被我自己叫作“随感录”的东西，很好地锻炼了我的文笔和文字感觉，对我日后走上写作道路起到了不可低估的作用。

信任的力量

/ 杭间

杭间　1961年生，浙江省义乌市人。文学博士，中国美术学院教授、博士生导师。曾任《装饰》杂志副主编、主编，清华大学美术学院艺术史论系主任、教授。著有《设计的善意》《手艺的思想》《中国工艺美学史》等。

回忆起自己少年时代的老师，我的思绪会不由自主地落入俗套。我以往看过一些同题文章，大致分为两类：一种是抒发作者苦尽甘来、功成名就后的感慨，一种是曾经沧海后居高临下的感激。总之，是有一些衣锦荣归式的快意。而这样的文章我是不愿意写的。

我的语文老师是我的同乡，用一句俗话说，是知根知底、近距离的，以至于时至今日，在我与他分别了将近三十年，我的思绪进入时空隧道的时候，我仍然没有像许多人那样，有一种陌生了的激动，而是一种亲切和熟悉，甚至是一种安宁的平和。

当然，我知道我今天之所以能以文字作为谋生手段，还是要感激我这位语文老师的。但是与其他的回忆者不一样的是，我感激我的老师的主要原因在于：他不是在教我作文技巧，而是在日常生活中时时让我相信，我有写好作文的能力。这种信任，对于少年时的我来说，真是一种巨大的力量。我的老家有一句乡谚，说对付顽劣得让人头痛的孩子只有一种方法，那就是“戴高帽”（意思就是表扬）。对于生活优越或是境遇良好的人来说，这种方法自然不值得一提。但我的体会是，孩子的顽劣往往不是天生的，而常常是一种社会氛围影响的结果。一些孩子因为家庭的缘故或个性过分独特被歧视，他就会用一种极端手段来反抗。我那时就处在那种境遇之中。父母在 20 世纪 60 年代初被下放到农村后，因不擅长干农活而受到乡亲的蔑视。我在秋收季节与弟弟到晒场打粮的时候，常常因工分不够而被拒绝，在学校中担任班长的我，此时却在一些顽劣同学的哄笑中，垂头挑着筐回家。可见在这样一种情形下，语文老师的信任对我是多么重要了。

我少年时候因为读了一些乱七八糟的书，原本明朗的性格变得敏感脆弱。记得有一次写作文，题目是写学校的运动会，我当时恰好在杂志上看到一篇有关运动会的散文诗，觉得非常好，在做作文时，不知不觉地用上了许多精彩的语句。第二天，我还等着老师的表扬，但老师不但没有表扬我，甚至连看也不看我一眼，我这才隐隐感到不妥。这以后的几天里，老师一直冷淡我，"抄袭"这个字眼在我的脑中闪过，我顿时如五雷轰顶，心事重重。

作文本发下来了，邻座的同学依着习惯又要借去看看，我心急火燎地一把抢过来，一口气跑到学校围墙外高高的山坡上，急急翻开作文的那一页，却意外地发现上面赫然打着"90"分。我又激动又沮丧又惭愧，在长久的不平静以后，内心却浮起一个坚定的信念：今后永不做对不起老师的事！

日子一天天过去，老师对我一切如常，这让我更没有勇气去问老师是否知道我所犯的错。曾有过几次机会，在我欲言又止的时候，老师似乎知道，又谈起了别的话题。

在北京久居的日子，听父亲说，语文老师在五十多岁的时候终于由民办教师转正，成为正式的公办教师，而这时他已有三十多年教龄了；过了几年，又听母亲来电话说，老师已经退休，在经过短暂的返聘后，回家泡茶馆了。20 世纪 90 年代初的一天，我突然收到一封信，上面是我久违了的熟悉的笔迹。老师说，从我父母处得知我考上博士研究生后，他特意买上一挂鞭炮，到我家门前燃放庆祝，并作诗一首以做纪念，我读着老师有力但却显得有些苍老的笔迹，百感交集。

我的老师有一个十分普通的名字——王化德，"化"是他在族中的排行。我少年时无限尊敬他的时候，总想在他的名字的意义中找点证明，但除了"德"字外，我无法将"化"字与他联系起来，最后干脆不想了。随着时间的远去，老师的形象就凝固在我初中时的那一刻了，以至于每次回乡的时候，我总无法将这个日益衰老的小镇小老头，与印象中有着一个智慧的前额的中年人联系起来。现在他还健康而平凡地生活着。我近年来回家乡的次数已日渐稀少，我们很少见面也很少通信联系，我对他的怀念是淡淡的但却是绵长的，因为他的信任一直是我生活和工作的动力。

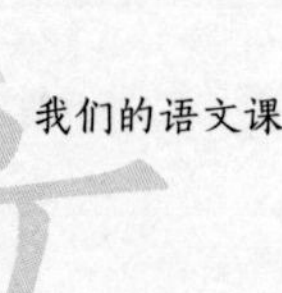

荒唐年代的语文课

/ 王彬彬

王彬彬　1962年生，安徽省望江县人。1992年毕业于复旦大学，获文学博士学位。现任教于南京大学中文系。著有《在功利与唯美之间》《鲁迅晚年情怀》《为批评正名》《城墙下的夜游者》等。

现在的孩子，倘爹娘稍有知识，在咿呀学语时就开始背诗了。往往在学龄前，就能背几十首唐诗。每见幼儿在那里奶声奶气地"床前明月光"或"春眠不觉晓"，我都有点羡慕，甚至有点嫉妒。以美妙的诗歌开始一个人的文学教育，这真好。

可我这代人，却没有这样的福气。余生也"早"，落草于"文革"爆发前的数年，在庆祝"九大"的锣鼓声中进小学。学龄前是不可能接触李白、孟浩然这类"封资修"的。不过，也有可以自傲于今日幼儿的地方，那就是，我们这代人，在刚会说话时，就开始背《毛主席语录》了。幼儿时期，我最幸福的记忆，便是深夜起床，迎接毛主席的"最新指示"。那时节，毛主席最新做出的指示传到任何一地，家家户户，不分男女老幼，都得立即走出门来，用震天的锣鼓、鞭炮和口号来"接"。倘"最新指示"传到时正是深夜，那也得立即起床。那时候，我们家住在一个小镇上，每当夜间被外面的锣鼓、鞭炮和口号惊醒，我就知道又是"最新指示"到了，顿时睡意全消，兴奋不已，一骨碌跳下床，抢在磨磨蹭蹭的大人之前冲出门去。那时，过的都是"革命化春节"，谈不上热闹，而迎接毛主席"最新指示"可比过年要热闹得多，怎能叫我不兴奋呢！

这就是我对学龄前“语文教育”的记忆。待到 1969 年入小学后，就开始正式接受学校的“语文教育”了 —— 那就是大背特背《毛主席语录》。那时我们家已迁到农村，上的是大队的小学。小学一共有一大一小两个教室。大的那间由一、二、三这三个年级的学生合用，小的那间由四、五两个年级的学生共享。一、二、三年级的语文课由一个老师担任。他每堂课都从一年级开始，每个年级讲十几分钟，轮着来。在给一个年级的学生上课时，其他两个年级的学生则陪听。而老师手里拿着的，只是一本《毛主席语录》，这是三个年级共同的语文教材。他挑那种最简单的语录教一年级，稍复杂些的教二年级，再难一点的教三年级 —— 此人就是家父。我现在偶尔还拿这事打趣他，他总是红着脸说：“那几年根本没有教材，上面指定用《毛主席语录》……”

怀着满腹的《毛主席语录》，我进了中学，也就开始接受诗词教育。不过，这可不是唐宋诗词，而是毛泽东诗词。现在想想，中学阶段语文课本里所选的毛泽东诗词真是不少。从“粪土当年万户侯”到“我自岿然不动”，从“战地黄花分外香”到“前头捉了张辉瓒”，从“横扫千军如卷席”到“赤橙黄绿青蓝紫”，从“快马加鞭未下鞍”到“红军不怕远征难”，从“不到长城非好汉”到“钟山风雨起苍黄”，从“今日欢呼孙大圣”到“冻死苍蝇未足奇”等，似乎都在课本上学过。对着今天的孩子，我可以无比自豪地说，我在中学时能把当时公开发表的所有毛主席诗词背得滚瓜烂熟。当然印象最深的，还是那首似乎发表最晚的《念奴娇·鸟儿问答》。“怎么得了，哎呀我要飞跃”“还有吃的，土豆烧熟了，再加牛肉”“不须放屁，试看天地翻覆”……这些句子，明白如话，但其中的深意，即便听了老师的讲解，当时还是不懂。只是从此看见土豆就想到牛肉，看见牛肉就想到土豆。这两样东西，我们那里都不多见，烧在一起的吃法更是没有。后来我离开家乡，到了土豆和牛肉都很多的地方，特意品尝过几次土豆烧牛肉，实在没有吃出什么滋味，对“苏修”就更加鄙视了。

我所受的语文教育，今天听起来似乎都是笑话。它对我究竟有哪些好处，我至今也很茫然。回想起来，我小学时期所受的文学教育，更多的得益于课外。有一段时间，我外公每到晚上都为村里人“讲古”。外公读书不多，但记忆力极好。年轻时读过的《三国演义》《隋唐演义》《水浒传》《聊斋志异》一类书，不但记得故事大概，连许多细节都能讲得生动传神。每天晚上，村中一些固定的听众就会来到我家，静静地坐着，听外公在煤油灯下讲那些或刀光剑影或凄婉动人的故事。我也夹在大人中，听得如痴如醉。在听过的故事中，印象最深的是《聊斋志异》中那篇《连琐》和那首人鬼合作的诗。故事是说，有一位书生独自住在远离人烟的旷野，与葬身近旁的一位年轻美丽的女鬼相识、相知、相爱，最后女鬼复生为人，二人终成眷属。那可真是一个动人的故事。而两人的结合，可谓是以诗为媒。书生有一天深夜正秉烛读书，窗外忽有女子吟诗声，反复吟诵相同的两句，像是在苦苦思索后面的句子。第二天深夜，书生伏身墙头，见一女子从草丛中姗姗走出，手扶小树，又在哀吟那两句诗，书生脱口续了两句。那女子当场被吓跑了 —— 当然最后还是回到书生的怀抱中的。那首前两句为鬼所作、后两句为人所作的诗是："玄夜凄风却倒吹，流萤惹草复沾帏。幽情苦绪何人见？翠袖单寒月上时。"外公一字一句地把它背完时，我怔怔地坐在那里，半天回不过神来。我当时并不能懂得诗的意思，但诗所传达的那种情调、那种氛围，却深深地打动了我。或许，这是我第一次强烈地感受到诗歌之美、文学之美。我从此便牢牢地记住了这首诗。

但外公讲的这些故事，当时被认为是"封资修"，是有毒的东西。因担心外公讲这些会招来灾祸，不久，母亲便严禁外公再讲了。我当时心中的沮丧真是难以形容。这样有趣和美好的故事，为什么不能讲呢？但我不知道该去问谁。

我所接受的语文教育

/ 毕飞宇

毕飞宇　1964 年生，江苏省兴化市人。作家。1987 年毕业于扬州师范学院中文系。出版有小说集《慌乱的指头》《祖宗》《睁大眼睛睡觉》《青衣》《款款而行》等。

回想起来，我所接受的语文教育既不是语言的教育，也不是文学的审美教育，而是意识形态教育。

我的语文教育的中心词只有一个：听话。这不是我毕飞宇的命运，而是整整一代人，甚至不止一代人的命运。我的语文教育开始于 1969 年，启蒙老师是我的母亲。我的母亲花了整整一个学期带领我们喊“万岁”。这个“万岁”，那个“万岁”。“万岁”为我的语文教育铺上了底色，“万岁”不只是我们的知识结构，也成了我们的情感主题。比方说，我们在高呼“万岁”的时候，不仅需要发音准确，而且要做到声情并茂。如果让我给我们这一代人的语文教育打分，我不会打零分，因为它不是零分，而是负数。我之所以这样说，一点都没有故作惊人的意思。我们都有这样的体会，在接受了小学、中学的语文教育之后，我们不得不花上很大的力量再来一次自我教育和自我启蒙。

语文教育是复杂的，和数学、物理、化学比较起来，语文教育对一个人的影响要巨大得多。在今天，我们业已建立了这样一个共识：语文教育不只是一个知识谱系，它同时具备了塑造心灵、建立人格以及培养审美趣味的功能。语文不只是字、词、句，语法与修辞，篇章与结构，语文暗含着受教育者的“质地”。

说起语文教育，当然就不能不提写作文。毫不夸张地说，那时候我的所有作文里头没有一句我自己的话，没有一句真正属于我内心的话。从小到大，我在作文方面得过数不清的小红旗与五角星，我成了一只快乐的鹦鹉。当我意识到自己是一只鹦鹉的时候，我已经是一个大学中文系的学生了。必须承认，直到那个时候我依然不会表达我自己，首先是勇气问题，然后才是技术问题。如何表达我自己，我必须从头学习。北岛说："万岁 / 我只他妈喊了一声 / 胡子就长出来了。"在我自我启蒙的时候，舒婷这一代诗人的作品成了我选择的教材。

这些年我注意到《北京文学》和《书屋》等刊物发表的有关语文教育方面的文章，许多都是从教材入手的，着重点是素质教育。我觉得我们谈素质教育一开始就出了大问题，什么是"素质"？是学舌的"素质"，"永远有理"的"素质"，还是丰富自己、表达自己、尊重生命、尊重个体、合作共建的"素质"？"自己"是什么？"表达自己"又是什么？这个问题教师们不弄清楚，"素质教育"将永远是一笔糊涂账。

我对那些勇敢地质疑语文教材的朋友们心存钦佩，然而，质疑教材依然是不够的。在教学中，教材的重要性远远不及教师。一个连基本的人权都不尊重的教师，你还能对他手中的教材抱有多高的期望呢？我们不能要求教师都去做道德上的典范，这样的要求是不切实际的，我们不在这个问题上啰唆。然而，一个语文教师起码应是一个人道主义者，我认为这是一个底线，只有这样，教材的意义才会显示出来。

前些日子相关教育部门喊我过去和语文老师座谈语文教育改革问题。集中起来说，我们讨论了三个话题。一是发言是否要先举手。我不认为在语文课堂上发言必须要"先举手"，"得到同意"才能够"站起来"。语文教育第一要做的事情不是指导学生"举手"，而是鼓励孩子们说话。学生的发言权必须得到尊重，任何人都有参与讨论的权利。否则，一个只会"听老师说"的学生，长大了只能"听领导说"，"听权威说"。我们还是应当把课堂上的"举手"和一些特殊的场合"举手"区分开来，课堂上毕竟不能只关注礼仪。二是启发式教育是否可行。启发式教育作为一种"教学法"我没有任何疑义。可是我觉得，现在的"启发式"变成了一个下流的东西。它通常是这样的：做教师的先有一个先验的结果，然后，慢慢地把学生往一条胡同里头赶，最后让学生一头扑到老师的怀里。“启发”只是“打开”，而不是“诱导”和“诱供”。三是想象力是否可以培养。我觉得“培养想象力”是一个很荒谬的说法，想象力是一种原生的东西，它属于生命的本体，它与生俱来。一个与生俱来的东西要你“培养”吗？你只要尊重它、爱护它就可以了。我们的老师们老是在那里谈论“培养”想象力，这只能反过来说明一个问题，孩子们的想象力已经被压抑多时了，甚至，被扼杀了。

这三点是我对自己所接受过的“语文教育”的反思。我不是语文教育的行家，但是，我们这一代人所接受的语文教育可以说太失败了，这一点我有深切的体验。我把我的三点意见说出来，求教于今天从事语文教学的老师们。

跋

Postscript

一个终于了却的心愿

如果说，在已经逝去的2001年里，有什么事情让我感到欣慰的话，那便是我编的这本书。

事实上，早在两年前——1999年9月，我便已经开始本书的约稿工作。南京大学教授、时年86岁的程千帆先生与全国著名特级教师、上海的于漪先生已应约为我写了稿子。程千帆先生当时已因病住院，接到我托钱谷融先生捎去的约稿信后，竟扶病为我誊写了自己以前发表过的一篇千字短文——《有恒斋求学记》，还附上一封亲笔信寄给我。当我收到那份用颇有书法功底的钢笔小楷一笔一画誊写出来的文稿与信后，心里真是说不出什么滋味！没过多久，程先生便去世了。我不知道，这是不是老人家的绝笔。他的手稿，我一直保存着。每次一看到，便觉有一种无言的督责，叫我坐立不安。于漪先生当时也身体欠佳，在家养病。我去上海看望她时，她一听这个想法，非常支持。待我回到北京后，她的稿子便寄到了，而且写得情深意挚，真切感人。

可后来，由于一些我个人无法克服的困难，约稿工作被迫中止了。时光飞逝，一晃两年过去，新的世纪转眼来到。2001 年 8 月，经过一番准备，我又重新打印了约稿信，开始了本书的约稿工作。我觉得，如果再延宕下去，有些稿子也许就再也约不到了。

说实话，一开始，我并不是充满信心的，因为我毕竟是以个人 —— 一名普通中学语文教师 —— 的名义来做这件事的，而不是通常所见的由一家出版社出面来组稿。凭我这一纸约稿信，能取得这些作者的信任吗？更何况我要约的都是当今文化界、教育界及别的领域的名家，而且至少要约上几十位作者，才能编成一本书。

我收到的第一篇来稿的作者是清华大学建筑系教授陈志华先生。我是读了他的《乡土中国 —— 楠溪江中游古村落》一书后向他约稿的。他的文笔集科学的简洁明晰和文学的清新优美于一体，令我倾心不已，于是我冒昧地给他寄了一封约稿信。出乎意料，他很快便给我寄来了稿子，是用书信体写的。刚读完第一页，我的眼睛便开始湿润；而当我一口气读罢全文时，已是热泪盈眶了。我没想到，一个少年竟然会有如此艰难困苦的经历！我更没想到，在那个国难当头、民族危亡的年代，我们的老师 —— 尤其是我们的语文老师，是以怎样的勇气和精神担负起教育的重任、延续着中华民族不绝的薪火！整整十四年抗战，就是这样一群默默无闻的老师，带领着几百个十来岁的孩子，在浙江东部的群山中，一边与日寇周旋，一边弦歌不辍！

陈志华先生是这样评价他的国文老师的：

> 在整个抗日战争时期，也就是我的小学和中学时期，我们的语文老师给我们选的教材，大体上都是这类洋溢着爱国主义和英雄主义情怀的文学作品，什么《正气歌》《过零丁洋》《史可法答多尔衮书》《阎典史传》《张睢阳传》，等等。它们所蕴含的充塞于天地间的浩然之气，给我们的教育远远不是“语文”这两个字所能概括的；它们蕴含着我们的民族精神，这是我们这个民族能够长存于世界并兴旺发达的根本。

他说得多好啊！他的话道出了语文教育之于国民教育的特殊价值。正如我在约稿信中所说，“语文教育是国民教育的核心”，“是中华文化的‘根’”。

当我按着陈先生信中留给我的电话向他表示感谢时，他却再三地说："不，应该谢谢你。是你给了我这么一个机会，让我了却了多年来的一个心愿，把一直想说的话说出来……"

陈先生的来稿给了我莫大的鼓舞，也使我更深切地体认到编这本书的意义。随着约稿工作的进展，我发现，怀着陈先生这样的心愿的作者又何止一个。北京大学中文系教授孙玉石先生告诉我，我约的这个题目，也是他早已想写的。这回写的时候，写到最后，他自己都掉泪了。还有谢冕先生也同样，他文章的题目便叫"无尽的感激"。

在约稿过程中，我拟的约稿信也起了不小的作用。有些作者告诉我，他们就是看了我的约稿信之后，产生了共鸣，才愿意给我写的。我在信中说：

我们每一个人自开蒙伊始，上的第一堂课就是语文课。小学语文课本第一课 —— 人、手、足、刀、尺，永远是老一辈人记忆中温暖而鲜明的一页。我们的情感体验方式、思维方式和表达方式，以及我们成年后的价值观和审美观，无不受着早年语文教育的影响。从这个角度讲，语文教育影响着一个人心灵中最深层、最本质的东西。

著名古典文学专家、文学评论家敏泽先生告诉我，是我的约稿信打动了他。敏泽先生不但从自己的亲身经历和体验出发，对自己当年所受的私塾教育做了认真的回顾，而且对这种教育的得失 —— 包括整个传统文化的价值都做了颇为深刻的分析，融感性与理性于一体，既生动又有说服力，显出一个学者深厚的学术素养和谨严的学术精神。华中科技大学建筑系教授张良皋先生结合自己一生学语文的心得经验，对文言文学习的价值以及语文教材的编写都提出了自己的独到见解，思路开阔，颇给人启迪。

每当我收到这样一篇好文章时，我的信心就增添了一分，觉得离目标便近了一步。那些日子，每当下班回家，打开信箱，看见里头躺着一封或两封厚厚的信件时，心里的快乐真是难以形容。从 2001 年 8 月到 2002 年 2 月，半年间我发出了一百五十余封统一打印的约稿信，其中五十多封信里又特意附加了给作者本人的手写信。打过的约稿电话更是难以计数。幸而作者们都对我表示很信任，他们热情地说："王丽老师，你做的这件事很有意义，我们大家应该支持。”有的说：“你出了一个好题目。”柳萌先生接到约稿信后，放下手头别的稿子，先给我写。庞朴先生不但为我推荐舒芜先生，还特地打电话帮我联系，陪我上舒芜先生家约稿。牧惠先生特意为我开列了一份他所熟悉的作者名单及地址，嘱我向他们约稿。浙江大学的徐朔方先生第一次给我寄的稿子不知为什么没收到，他又没留底稿。他在电话里听说稿子没收到，马上说，我再给你写一遍。还有童庆炳先生、刘锡庆先生、徐葆耕先生、王春瑜先生、陈志华先生等，他们都尽其所能地为我提供帮助，使这本书能够顺利编成。

我想，我不过是一名普普通通的中学语文教师，与这些作者素不相识，且他们多是各个领域中声名卓著的专家学者，有的忙于著述教学，有的稿约如山，有的还兼着各种社会职务，社会活动很多……但他们都慨然应允。我何德何能？正如他们自己所说的：“为孩子们做事，应该的。”他们是怀着中国知识分子的使命感，怀着对21世纪中国文化复兴的深切冀望，怀着对未来一代的责任感来做这件事的。事实上，不少作者都在文章中提到了当今的语文教育，并情不自禁地与自己当年做对比，而因此流露出由衷的忧虑。我想，这也是促使他们写这篇文章的动因之一。

收进本书的文章，从作者的出生年月来说，横跨了从20世纪初至20世纪60年代之间的六七十年，年纪最大的是北京师范大学历史系教授、著名历史学家何兹全先生，他1911年出生。作者中有作家、科学家、教育家、哲学家、书法家、美术家、文学评论家、表演艺术家等。他们的切身经历和体验，反映了不同时期的中国语文教育的特色，既为20世纪的中国语文教育——尤其是传统中国语文教育提供了一份鲜活而宝贵的历史见证，又显示了20世纪中国语文教育演变的历史轨迹，并由此而折射出政治、文化、教育、经济等各个层面的丰富内涵。对研究20世纪中国文化教育的学者来说，这些个案有其特殊的意义。

由于作者们写的都是经过岁月沉淀的、对自己一生影响最深远的东西，所以几乎篇篇都是精心之作，有的可作美文来读，如陈志华先生、谢冕先生、王充闾先生、谢云先生、曾恬先生等的文章凝聚了对那些在少年岁月里曾经给予他们文学和精神的营养的师长们的无限感念。清华大学美术学院的杨永善先生对我说，等这本书出来之后，他要多买两本，放在他已故的高中语文老师杨少桐先生（杨少桐先生于2001年春节去世）的坟头，以感谢先生生前对他的哺育之恩。他再三说:“没有老师，就没有我们；老师不但教我们语文，还教我们做人。他们是对我们一生影响最大的人。”

如果有人问，编完这本书，中国语文教育给我留下最深的印象是什么，我可以这样回答：中国传统语文教育最成功的一点，是培养了学生对母语——汉语言的热爱，并因此影响了他们一生的立身处世，即在他们心中扎下了一个文化的根，精神的根。中国第一家民间环境保护组织——“自然之友”协会会长、历史学家梁从诫先生说得好：

> 如果说我今天尚能写出像样的中文，首先是因为我爱这个语言和文字，爱它所体现的文化传统……我想，我国的每一位小学语文老师都应当认识到，培养孩子们对母语的这种感情，应是自己的首要天职！

而这一点，难道不是进入新世纪的中国语文教育应该加以深思的吗？一个人一生能做的事是有限的，我也一样。我很高兴自己终于了却了一桩夙愿。唯愿我编的这本书能给已经进入新世纪的人们一些缅怀，一些沉思，一些启悟……

王丽

写于2002年3月惊蛰之日

修改于2007年8月28日

附录

Appendix

约稿信

尊敬的 ××× 老师：

我们每一个人自开蒙伊始，上的第一堂课就是语文课。小学语文课本第一课——人、手、足、刀、尺，永远是老一辈人记忆中温暖而鲜明的一页。我们的情感体验方式、思维方式和表达方式，以及我们成年后的价值观和审美观，无不受着早年语文教育的影响。从这个角度讲，语文教育影响着一个人心灵中最深层、最本质的东西。如果让我们做一个调查：在你早期受教育的经历中，哪门课的老师对你影响最大？——可以肯定，大多数人会选择语文老师。

而另一方面，语文教育又是国民教育的核心。无论是过去还是现在，世界各民族都是通过自己的语文教育将民族文化中的精华及本民族特有的价值观，一代代传承下去，并不断地积累和发扬光大的。因此，语文教育也是中华文化的根。我们无法想象，一个缺乏深厚语文教育基础的民族会在文化上对世界做出贡献；我们同样难以想象，这样的民族会有足够的自信心立足于世界民族之林。

以汉字为载体的中国语文教育有其特殊的规律，她和古老的中华文明一样源远流长。我们的前人在这方面积累了许多成功而宝贵的经验，并且逐渐形成一个传统。然而，到了20世纪下半叶，由于各种各样的原因，这个传统渐渐被破坏乃至断裂了，今天中国的语文教育现状之堪忧是有目共睹的。

所幸的是，尽管相隔半个世纪，这个传统仍然能够在你们老一辈学者、专家深厚的语文素养中找到经脉，而这种素养对一个人的影响无疑是意义深远的。并且，由于家庭出身、生活经历以及年龄的差异，你们早年所受的语文教育本身就是一个个具体生动、有血有肉的个案，有着鲜明的时代特色和个人特色，可以从中折射出历史、社会、政治、文化、教育等丰富而深刻的内涵。因此，我想以“我所受过的语文教育”为总题，约请老一辈学者、作家、自然科学家，撰写自己早年所受语文教育的经历和体验，借此对中国传统语文教育做一个认真的总结和回顾，也为处于世纪之交的中国语文教育如何继承传统、面向未来提供一个很好的参照。

以上约稿，敬请各位师长大力支持，并推荐自己熟悉的学者参与。

来稿字数不限，最好在五千字以内，题目可自定。

截稿时间：1999年7月。

王丽

1999年3月19日

图书在版编目（CIP）数据

我们的语文课 / 王丽主编. — 上海：上海教育出版社，2018.11（2019.3重印）
ISBN 978-7-5444-8810-5

Ⅰ.①我… Ⅱ.①王… Ⅲ.①语文教学—教学研究—文集 Ⅳ.①H19-53

中国版本图书馆CIP数据核字（2018）第238979号

策　　划　源创图书
责任编辑　董　洪　谢冬华
特约编辑　吴法源　张香凝　王　莹
责任印制　梁燕青
版式设计　许　扬
封面设计　奇文云海

Women De Yuwen Ke
我们的语文课
王　丽　主编

出版发行　上海教育出版社有限公司
官　　网　www.seph.com.cn
地　　址　上海市永福路123号
邮　　编　200031
印　　刷　北京东君印刷有限公司
开　　本　710×1000　1/16　印张　21　插页　1
字　　数　330千字
版　　次　2018 年 11 月第 1 版
印　　次　2019 年 3 月第 2 次印刷
印　　数　6, 001—11, 000 本
书　　号　ISBN 978-7-5444-8810-5 / G. 7295
定　　价　68.00元

如发现质量问题，请向本社调换　电话 021-64377165